Guido Schwarz

Qualität statt Quantität

Motivforschung im 21. Jahrhundert

Leske + Budrich, Opladen 2000

Der Autor:
Guido Schwarz wurde 1966 geboren und lebt als selbständiger Philosoph und Sozialwissenschafter in Wien.

Neben dem Studium der Philosophie, Soziologie und Gruppendynamik erfolgte eine Ausbildung zum Motivforscher sowie zum Kommunikationstrainer. Als Folge der Spezialisierung auf den qualitativen Bereich entwickelte der Autor neue Anwendungsmöglichkeiten der Motivforschung, die vor allem die Verwendung qualitativer Methoden in Verbindung mit niedrigen Kosten ermöglichen.

Seine Betätigungsfelder liegen hauptsächlich im Schulbereich, der Industrie sowie im Dienstleistungssektor.

Gedruckt auf alterungsbeständigem und säurefreiem Papier

Die Deutsche Bibliothek – CIP-Einheitsaufnahme

Schwarz, Guido:
Qualität statt Quantität : Motivforschung im 21. Jahrhundert / Guido Schwarz.
– Opladen : Leske + Budrich, 2000

ISBN-13: 978-3-8100-2448-0   e-ISBN-13: 978-3-322-80860-8
DOI: 10.1007/ 978-3-322-80860-8

© 2000 Leske + Budrich, Opladen

Inhalt

Interviewer: *Sophia* (gr.: die Weise)

Interviewperson: *Phileon* (gr.: der Liebende)

Sophia: Gut, fangen wir an. Was ich zuerst wissen möchte: Du hast ja eine interessante Arbeit über Methodologie und philosophische Hintergründe qualitativer Motivforschung geschrieben und dafür eine sehr unkonventionelle Methode der Darstellung gewählt. Wie bist du darauf gekommen?

Phileon:

Die Idee zur äußeren Form dieser Arbeit

kam mir Mai 1996, als ich im Zuge eines Interviews aufgefordert wurde: „Können Sie mir nicht irgendwas über diese Art der Forschung schicken..?"
Meine bejahende Antwort kam ein wenig zögernd, da ich kein wirklich brauchbares Akquisitionspapier hatte.

Sophia: Wieso nicht?

Phileon: Naja, mit all den bisher entwickelten, mehr oder weniger guten Papieren – zweiseitiges Manuskript, 20-seitige relativ ausführliche Beschreibung etc. – konnten die angesprochenen Personen wenig anfangen. Das Gebiet der qualitativen Motivforschung ist sehr komplex und wirft bei den meisten Menschen, die sich damit beschäftigen, eine Menge Fragen auf. Diese Fragen kann man den jeweiligen Interessenten auch beantworten, allerdings bisher besser im persönlichen Gespräch und nicht in Papierform.

Sophia: Was für ein Gespräch?

Phileon: Das persönliche Gespräch ist stets ein Dialog, wo z.B. ein potentieller Auftraggeber nach Einzelheiten der Methode fragt und ich antworte und erkläre.

Sophia: Wie könnte nun ein Akquisitionspapier aussehen, das diesen Anforderungen entspricht?

Phileon: Das war eben die entscheidende Idee: es müßte ebenfalls in Dialogform sein, denn dann kann ich die Fragen stellen und sie auch gleich beantworten. Ich kann natürlich nicht alle Fragen einbauen, aber die wichtigsten kenne ich bereits und weitere lassen sich bei eventuellen Überarbeitungen ergänzen. Es sind ja oft die gleichen Fragen, die mir gestellt werden.

Sophia: Und was ist das Ziel dieser Mühe?

Phileon: Ich möchte einem Interessenten das Thema auf einfache Art näherbringen. Die Dialogform ist dafür sehr gut geeignet, sie bietet eine ganze Menge Vorteile.

Sophia: Und zwar?

Phileon: Man könnte Freuds Idee, daß eine Abhandlung über das Lachen auch zum Lachen sein muß, ein wenig abändern und annehmen, daß eine Abhandlung über die Frage somit auch in Frage- und Antwortform dargestellt und vermittelt werden kann. Der Leser kann am Ende der Lektüre selbst beurteilen, was er von dieser Form hält.

Ein zweiter Vorteil besteht darin, daß ich dem Leser Fragen beantworten kann, die er mir sonst persönlich stellen müßte – oder die er beim Lesen sowieso – sich selbst – stellt. Das spart Zeit, denn es gibt immer noch offene Fragen, die aber dann bereits recht spezifisch sind. Zumindest die allgemeinen Fragen, deren Beantwortung zum Verständnis des Gesamtkonzeptes der qualitativen Motivforschung notwendig ist, brauchen nicht mehr gestellt und nicht mehr beantwortet werden.

Sophia: Welche Rolle spielt die Frage in der Praxis der qualitativen Motivforschung?

Phileon: Das zentrale Element der qualitativen Motivforschung ist das offene Interview – etwa in Gestalt des Tiefeninterviews. Wie so ein offenes Interview aussieht und wo seine Möglichkeiten liegen, läßt sich aber auch in einem ausführlichen Papier nicht erklären.

Sophia: Warum nicht?

Phileon: Weil ein offenes Interview lebt, es ist kein starres Instrument wie das quantitative Interview. Es wird immer wieder neu erschaffen, mit neuen Inhalten. Jedes Interview hat andere Fragen und demgemäß andere Antworten, es ist nicht standardisierbar und besitzt somit auch keine Schablone, die man darstellen oder erklären könnte. Um zu erkennen, was ein Tiefeninterview ist und kann, muß man eines gelesen haben.

Sophia: Also so wie wir das jetzt dem Leser ermöglichen?

Phileon: Ungefähr. In dieser von mir gewählten Form kann ich dem Leser einerseits die Inhalte und die Methodologie der Forschung näherbringen und verständlich machen, andererseits gleich ein Beispiel des zentralen Elements liefern. Er bekommt einen Eindruck, wie so ein Interview geführt wird, mit welchen Mitteln der Interviewer die Interviewperson sozusagen „bearbeitet", wie er ihre Motivwelt zu erfragen und zu erforschen versucht. Er kann einen Eindruck erhalten, wie die Techniken des Interviewens funktionieren: das Nachfragen, die zustimmende Aufforderung weiterzureden oder auch das Zurückführen auf ein Thema. Dazu gehört auch, daß die Interviewperson von Zeit zu Zeit vom Thema abkommt und in ein anderes Thema oder besser: in einen anderen Bereich desselben Themas hineingerät. Dies ist in einem Tiefeninterview nichts Schlechtes, denn es zeigt die Dynamik der Motivlandschaft. Die Interviewperson findet nun einmal die Zusammenhänge der von ihr angesprochenen Bereiche wichtig und baut daher Übergänge. Sie davon abzubringen und zum gerade angesprochenen oder fehlenden Punkt zurückzuführen, wäre ein Interviewfehler und würde die Gedankengänge der Interviewperson an einer Stelle durchschneiden, wo von ihr gar keine Schnittstelle vorgesehen ist. Dies wäre dann die Schnittstelle des Interviewers, die aber nicht eingebracht werden soll.

Sophia: Und ist das, was der Leser jetzt gerade liest, also ein echtes Tiefeninterview?

Phileon: Nicht ganz. Es geht zwar auch um die Motivlage der Interviewperson, also um mich, aber nicht als zentrales Element des Interviews, wie das bei einem Tiefeninterview der Fall wäre. Hier geht es um die Inhalte der qualitativen Motivforschung.

Sophia: Wo sind die Unterschiede bzw. Gemeinsamkeiten?

Phileon: Gemeinsam ist dieser Arbeit und einem „echten" Tiefeninterview die Fragestellung des Interviewers. In dieser Hinsicht ist es aber auch wieder nicht echt, da ein Interviewer in einem lebendigen „realen" Gespräch mehr Fehler begehen würde als hier, wo die Fragen am Papier geduldig darauf harren, ausgebessert zu werden.

Sophia: Zum Beispiel den Fehler, daß er eigene Interpretationen in das Interview einbringt, also Behauptungen aufstellt, die der Interviewperson gar nicht eingefallen wären!

Phileon: Richtig, denn er verleitet die Interviewperson damit zur Zustimmung.

Im großen und ganzen lehnt es sich an ein echtes Interview an – trotzdem sind auch in diesem Gespräch nicht alle Fragen fehlerlos, es kann z.B. da und dort ein suggestives Element in einer Frage stecken.

Der Leser kann daran erkennen, wie nachgefragt wird, wie der Interviewer durch die Aussagen der Interviewperson auf neue Fragen kommt und wie er neue Themen anschneidet. Der Leser kann auch nachvollziehen wie es ist, ein Interview zu lesen, auch wenn dies ein sehr langes Interview wird, so scheint es mir im Moment jedenfalls.

Der Gesprächsanteil stimmt übrigens auch mit einem durchschnittlichen Tiefeninterview überein, in dem der Anteil des Interviewers ca. 5-10% betragen soll.

Sophia: Du hast vorher von Gemeinsamkeiten, aber auch von Unterschieden gesprochen. Welche sind das?

Phileon: Die Unterschiede dieses Gesprächs zu einem „echten" Tiefeninterview sind auch wichtig: es geht hier nicht um die emotionale Motivlandschaft der Interviewperson, also um mich, sondern um das Thema und das, was ich darüber weiß. Das Interview ist somit eher ein Fachinterview, wo es dem Interviewer darum geht, möglichst viel Wissen zu einem bestimmten Thema von der Interviewperson zu hören. Dich interessieren aber auch meine persönlichen Ansichten zum Thema, das rückt dieses Interview wieder ein wenig näher an das eigentliche Tiefeninterview.

Sophia: Verstehe ich Dich richtig: der Leser liest einen Dialog, in dem er etwas über Inhalte erfährt, die ihn interessieren. Was hat er für eine Position?

Phileon: Wir kommen jetzt schon ein erstes Mal in den Bereich der Hermeneutik. Der Leser dieser Zeilen ist in gewisser Weise in diesen Dialog integriert, er nimmt daran Teil, er hat An-teil daran.

Sophia: Welchen An-teil?

Phileon: Der Dialog wird an ihn herangetragen. Um ihn nicht wahrzunehmen, müßte er sich ihm entziehen, indem er aufhört zu lesen. Tut er das nicht, so erlebt er das Wechselspiel zwischen Frage und Antwort mit, es ist fast so, als ob er selbst die Fragen stellen würde. Was ja durchaus beabsichtigt ist, da es das Verständnis der Zusammenhänge fördert. Außerdem erkennt der Leser, daß viele Fragen aus den Antworten der Interviewperson gebildet werden – auch das gehört zur Interviewtechnik beim offenen Interview. Eigentlich sollten dem Leser genau die Fragen einfallen, die hier gestellt werden.

Sophia: Was ist, wenn der Leser Teile überblättert und an einer bestimmten Stelle weiterliest?

Phileon: Das ist kein Problem, dafür gibt es ja auch das Inhaltsverzeichnis. Der Leser steigt aber immer wieder in den Dialog ein und wird bei einer Frage anfangen weiterzulesen. Spannender ist es natürlich, wenn er es von Anfang an liest, denn es gibt Querverweise nach hinten und nach vorne, es werden Themen wiederaufgegriffen, die noch nicht entsprechend geklärt wurden. Deswegen gibt es außer dem Inhaltsverzeichnis noch ein Indexverzeichnis. Dort kann man nach Stichworten suchen, an welchen Stellen der Arbeit ein bestimmtes Thema behandelt wird. So ähnlich geht es in der qualitativen Motivforschung bei der Auswertung eines Interviews zu.

Sophia: Aha, der Leser bekommt also auch einen Teil der Auswertung mit dazu?

Phileon: Ja, aber natürlich nicht alles. Z.B. die sogenannten „Kategorien" bekommt er nicht vollständig.

Sophia: Die „Kategorien" von Aristoteles oder Kant?

Phileon: Weder noch. Mit „Kategorien" ist nur ein Einteilungsprinzip gemeint. Das ist ein Teil der Arbeitsmethode der qualitativen Motivforschung – Kategorien sind Formen der Aussage. Das Wort „Kategorie" bedeutet ursprünglich „Redeweise", von „kategoria" abgeleitet auch „öffentliche Anschuldigung", bzw., aus dem ursprünglich griechischen kommend „kata agorein" – die öffentliche Widerrede, auch die protestierende Rede – ganz im Gegensatz zu einer „allgemeinen Aussageform". In dem Wort steckt die „agora", der Platz der öffentlichen Rede, das Forum, der Ort, an dem „Öffentlichkeit" hergestellt wird. Es geht also um objektive Aussageformen, um Gemeinsamkeiten, die jedoch aus subjektiven Aussageformen, daher subjektiv, also getrennt von der Allgemeinheit, abgeleitet werden.

Sophia: Was sind die den Interviews gemeinsamen Aussagen und wie kommt man dazu?

Phileon: Die Interviews müssen in verschiedene Teile zerlegt werden, damit eine Interpretation funktionieren kann. Die Interviews werden „längs"-gelesen, einerseits also als „Gesamtwerk" betrachtet, danach werden nach bestimmten Kriterien (Formen der Unterscheidung) die „Kategorien" festsetzt. Ein Schwerpunkt dieses Interviews wird „Das Tiefeninterview" sein. Verschiedene Teile dieses Interviews könnte man der Kategorie „Tiefeninterview" zuordnen und hätte dann alles, was zum Thema gesagt wurde. In einer Arbeit oder einem Buch, das nach herkömmlicher Methode geschrieben und strukturiert ist, findet man meistens alles, was thematisch zusammengehört, in einem Kapitel. Aber auch da kommt man nicht darüber hinweg, daß man in vielen Fällen diese genaue Einteilung nicht durchhalten kann, da es Querverbindungen gibt – in dieser Arbeit ist z.B. das Thema Qualität – Quantität in mehreren Teilen des Interviews wiederzufinden. Wir brauchen daher ein Indexverzeichnis, wo all die Seitenangaben zu finden sind, die notwendig sind, um alle wichtigen Informationen zu Quantität – Qualität zu finden.

Sophia: Wie soll sich der Leser jetzt in dieser Arbeit orientieren?

Phileon: Wie gesagt, es gibt ein Inhaltsverzeichnis. Dieses ist in der üblichen Weise gestaltet, jedoch ohne Nummerierung. Zur besseren Übersicht gibt es daher noch einen Index. Das Inhaltsverzeichnis ist in chronologischer Ordnung, der Index als Stichwortverzeichnis angelegt.

Wenn ein Leser jetzt beispielsweise „mehrdimensionale Ursachenforschung" sucht, so findet er sie im Inhaltsverzeichnis und daneben die entsprechende Seitenzahl. Wenn er dann dorthin blättert, kann er das wichtigste lesen, was in dieser Arbeit zum Thema „mehrdimensionale Ursachenforschung" steht. Daneben findet er im Index zusätzliche Seitenangaben.

Dort stehen weitere interessante Informationen dazu bzw. es ist zu erkennen, womit das Thema vernetzt ist. Zusätzlich gibt es noch ein Glossar, in dem die wichtigsten Stichworte zur qualitativen Motivforschung erklärt werden.

Es gibt noch eine weitere Hilfe für den Leser: An bestimmten Stellen sind Kästchen wie dieses hier eingefügt. Sie ermöglichen eine zusätzliche Orientierung, denn hier werden zentrale Gedanken, die rund um die Kästchen diskutiert werden, noch einmal auf den Punkt gebracht.

Sophia: Und wie liest der Leser diesen Text?

Phileon: Da sind wir wieder beim Dialog angelangt, uns fehlt noch der dritte Punkt der oben begonnenen Aufzählung über die Vorteile des Dialog- Stils:
Der Leser, der sich einem Text zuwendet, entwickelt eine bestimmte Lesart, um damit umgehen zu können. In diesem Fall ist es ein bißchen anders: Das Sich-Einlassen auf einen Text wird zum Sich-Einlassen auf einen Dialog, und zwar zusätzlich, da es nach wie vor ein Text bleibt, mit all den hermeneutischen Schwierigkeiten.

Sophia: Und die wären?

Phileon: Zum Beispiel der, daß der Text nicht veränderbar ist. Die Veränderungen passieren nur im Leser selbst, der Text ist geschrieben und somit starr. Wenn noch Fragen offenbleiben, so kann der Text dies nicht korrigieren, er ist also genaugenommen kein Ersatz für einen Dialog.

Sophia: Ich möchte noch bei der Lesart dieses speziellen Interviews bleiben. Wie funktioniert das für den Leser?

Phileon: Dies ist natürlich ein sehr ausführliches Interview, bei dem ein wenig geschummelt wurde. Ein kleines Beispiel: wir beide sind ja fiktive Personen.

Sophia: Ah. Hm.

Phileon: Das spielt aber keine Rolle. Wir sind hier im methodischen Bereich der qualitativen Motivforschung, zu dem wir später noch ausführlich kommen werden. Wir wurden ausgewählt, weil wir zu dieser Art der Forschung keinen direkten Bezug haben. Es gibt dazu noch einen tieferen Sinn: es ist eine Analogie zu wirklichen Studien der qualitativen Motivforschung: auch da spielt der Name des Interviewten im Normalfall keine Rolle, außer es handelt sich um eine Strukturanalyse, wo bestimmte Personen einer Firma in bestimmten Positionen sitzen.

Sophia: Warum spielt der Name keine Rolle?

Phileon: Also, es ist ja nicht nur der Name, meistens braucht man an demographischen Daten – je nach Art des Samples – nur Geschlecht, Alter, Beruf und ungefähren Wohnort, da es sich ja nicht um die Person selbst, sondern um ihre Motivstruktur handelt. Sophia und Phileon sind fiktive Personen und erfüllen somit eine wichtige Forderung der Methodik des Tiefeninterviews: Interviewer und Interviewperson sollten keine guten Bekannten oder Freunde sein, da sonst die bestehende Beziehung das Gespräch und somit das Ergebnis verfälscht.

Sophia: Gut, und wo wird jetzt geschummelt?

Phileon: In diesem Interview werden auch Fakten und Zitate aus der Fachliteratur verwendet und es gibt ein paar Aufzählungen so wie die, bei der wir gerade sind. Beides kommt in einem „echten" Interview normalerweise nicht vor. Außerdem ist das ganze Interview konstruiert, es hat ja nie stattgefunden.

Sophia: Das durchschaue ich noch nicht ganz. Vor allem, was bringt das dem Leser für Vorteile?

Phileon: Hermeneutisch gesprochen: meistens versteht man den Anfang erst dann, wenn man das Ende kennt. Weiters hat der Leser den Vorteil, daß er diese Arbeit leichter lesen kann. Einerseits hat er nicht eine lange Wurst vor sich, bei der er eine Strukturierung selber finden muß, andererseits ist das Interview in der Alltagssprache gehalten und verzichtet weitgehend auf die Aneinanderreihung von Fremdwortkaskaden, also auf die wissenschaftliche Geheimsprache.

Sophia: Gut, hier ist das so. Wie ist es in der qualitativen Motivforschung?

Phileon: Auch so. Interviews sind ja Dialoge, die tatsächlich stattfinden, oft sogar im jeweiligen Dialekt der Region, in der das Interview geführt wird. Der Dialekt wird beim Verschriften des Interviews zwar nicht oder nur selten beibehalten, die Interviews werden aber wortwörtlich abgeschrieben und somit sind die Zitate, die bei diesen Studien eine zentrale Rolle spielen, ebenso leicht lesbar. Es ist auch sinnvoll, in den weiteren Arbeitsschritten bei möglichst einfacher Sprache zu bleiben, da die Auswertung des Materials interdisziplinär erfolgt. Disziplinäre Fachausdrücke hemmen meistens den Verständnisfluß, da sie erst erklärt werden müssen. Ein Auftraggeber ist nicht an unverständlichem Fachkauderwelsch interessiert – er möchte die Ergebnisse verstehen und diskutieren können.

Sophia: Bleiben wir noch bei der Dialogform. Bringt sie dieser Arbeit noch weitere Vorteile?

Phileon: Ja, ich kann auf diese Art und Weise ausreichend über die Methode reflektieren, sofern du mir das gestattest. Eine Arbeit in Dialogform ist ja recht ungewöhnlich, ich beschreite damit aber nur alte Wege der Kommunikation neu. Diese Wege sind schon ein wenig zugewachsen, aber begehbar.

Sophia: Welche Wege meinst du?

Phileon: Die des Dialogs. In vielen Büchern stellen die Autoren Fragen, die sie im Text verstecken. Erkenntnis – auch wissenschaftliche – entsteht oft durch eine Frage – Antwort – Folge. Im übrigen ist das auch Sinn der der Dialektik: Die Frage, wenn sie eine gute Frage ist, regt zum analytischen Denken an. Diesen Zweck erfüllt sie hier genauso wie in einem Tiefeninterview.

Man kann die Erkenntnis und den Weg dorthin auch ohne Frage – Antwort – Dialog finden und darstellen, aber es erhöht den Reiz, etwas Neues, auch wenn es nicht wirklich neu ist, auszuprobieren – zum Beispiel, ob es möglich ist, die gesamte Entwicklung der Gedanken der qualitativen Motivforschung bzw. dieser Arbeit in so einen Dialog zu verpacken.

Sophia: Und funktioniert es?

Phileon: Das werden wir bald sehen.

Die Dialogform ermöglicht dem Leser einen Einblick in die Methodik des offenen Interviews. Dieses ist ein zentrales Element der qualitativen Motivforschung und anders schwer darstellbar. Zusätzlich erhöht die Frage-Antwort-Form die Lesbarkeit.

Sophia: Ja, ich verstehe. Sag mir bitte, was war für dich

der Grund, diese Arbeit zu schreiben

Phileon: Das hat mehrere Gründe. Erstens arbeite ich selbst im Bereich der qualitativen Motivforschung und empfinde meine Arbeit als fruchtbar und sinnvoll. Daher engagiere ich mich für die Verbreitung dieser Art der qualitativen Forschung.

Zweitens setze ich hiermit einen weiteren Akzent in der Entwicklung dieser Forschung, deren Positionierung im Rahmen der Wissenschaftsdiskussion bei weitem noch nicht entschieden oder gar beendet ist. Ich bin selbst in den „Kleinkrieg" zwischen qualitativer und quantitativer Forschung involviert und sehe die Notwendigkeit einer Positionierung, vor allem wegen der vielen bisher noch unveröffentlichten Zusammenhänge und Denkmodelle.

Sophia: Und weshalb ist es eine philosophische Arbeit?

Phileon: Die Philosophie ist zwar nur eine Grundlage der qualitativen Motivforschung, dafür aber eine wichtige. Viele Denkmodelle sind philosophische, außerdem ist die Philosophie von ihren Grundvoraussetzungen noch am ehesten geeignet, interdisziplinäre Arbeitsmethoden zu steuern und zu überblikken. Vor allem in der Auswertung der Daten, also der Tiefeninterviews, ist diese Fähigkeit vonnöten.

Sophia: Warum interdisziplinär?

Phileon: Die qualitative Motivforschung ist eine Forschungsmethode, die nur mit interdisziplinären Ansätzen zu erklären und zu verstehen ist. Wenn man Denkmodelle einzelner Disziplinen zur Erklärung heranzieht – etwa die der Soziologie oder die der Psychologie, so ergeben sich oft Fehlschlüsse bzw. Reduktionismen. Trotzdem gehe ich in dieser Arbeit punkto Systematik der Analyse von der Soziologie aus, da dort die wichtigsten Publikationen verfasst wurden. Die Überlegungen stützen sich teilweise auf die Ausführungen und Beschreibungen von Siegfried Lamnek, der über die grundlegenden Methoden und Vorgangsweisen der qualitativen Sozialforschung ein ausführliches und systematisches Buch in 2 Bänden geschrieben hat. Man kann dieses Werk, dessen 2. Auflage 1993 erschienen ist, durchaus als Standardeinführung in die qualitative Sozialforschung bezeichnen. Zudem besitzt es noch eine hohe Aktualität. Ich werde, wo es notwendig ist, auf Lamneks Werk verweisen und seine Überlegungen an geeigneter Stelle kurz zusammenfassen. Andere Autoren aus der Soziologie werde ich ebenso zitieren wie Philosophen, etwa aus dem Bereich der Hermeneutik.

Philosophische Denkmodelle sind Grundlage der qualitativen Motivforschung. Ihre methodische Ungebundenheit kann den Menschen und seine Handlungsmotive besser erfassen als etwa die Einzeldisziplinen Soziologie oder Psychologie und ist somit auch eine bessere Basis für die notwendige interdisziplinäre Zusammenarbeit.

Sophia: Wir sprechen über „qualitative Motivforschung", Lamnek schreibt aber über „qualitative Sozialforschung". Wo ist da der Unterschied?

Phileon: Die qualitative Motivforschung kann man nur bedingt als Spezialfall der qualitativen Sozialforschung bezeichnen. Sie geht in vielen Bereichen methodisch ihre eigenen Wege. Diese Methoden, die in unserem Gespräch zentral sind, wurden in Wien entwickelt und sind in den deutschen Diskurs noch nicht ausreichend eingeflossen. Dort, wo es notwendig ist, werde ich dir kurze Beispiele aus der Praxis liefern.

19

Sophia: Wie können Praxis und Theorie hier zusammen?

Phileon: Lamnek selbst weist in der Einführung seines Werkes auf die enorme Vielfalt hin, die vor allem im Bereich der Methodologie innerhalb der qualitativen Sozialforschung existiert. In diesem Gespräch möchte ich einen Zweig dieses noch recht unbekannten Forschungsansatzes genauer beschreiben. Ich werde das so machen, daß auch der Leser, der kein Fachmann auf diesem Gebiet ist, den Ausführungen folgen kann. Dies soll eine symbolische Verbeugung an diejenigen Personen sein, die in gewisser Weise die Existenzberechtigung für die Sozialwissenschaften verkörpern, die ohne sie sonst nur Wege wären, denen das Ziel fehlt: die Interviewpersonen. Viele Modelle kommen ja aus der Praxis und wurden entwickelt um Aussagen von Interviewpersonen besser verstehen zu können. Diese Komplexität bewirkt übrigens, daß ich in meinen Ausführungen die unterschiedlichsten Disziplinen ansprechen und einbauen muß.

Sophia: Und was ist eigentlich das Ziel deiner Arbeit?

Phileon:

Das Ziel der Arbeit

ist es, neue Methoden, die in den letzten Jahren entwickelt und in der Praxis erprobt wurden, zu diskutieren. Es geht um die Darstellung der philosophischen Grundlagen der qualitativen Motivforschung. Neben der Erörterung von Funktion und Gestalt der neuesten methodischen Ansätze soll auch die wissenschaftliche Einbettung ein Stück vorangetrieben und diskutiert werden.

> Diese Arbeit soll die Besonderheiten der qualitativen Motivforschung im weiten Gebiet der Sozialforschung darstellen und mögliche Wege in die Zukunft skizzieren.

Sophia: Gut, fangen wir mit diesen Erläuterungen an. Könntest du die historische Betrachtung ein bißchen miteinbeziehen? Erzähle mir bitte etwas über

Die Entwicklung der qualitativen Motivforschung

Phileon: Siegfried Lamnek (vgl. Siegfried Lamnek; Qualitative Sozialforschung; Weinheim 1993, Bd. 1; S. 1) berichtet, daß die qualitative Sozialforschung in den letzten Jahren an Bedeutung gewonnen hat, aber immer noch

20

in dem Stadium ist, aus und durch die Abgrenzung zu herkömmlichen, quantitativen Methoden zu existieren, d.h. indirekt auch aus dem Widerstand gegen und der Konkurrenz zur quantitativen Forschung ihre Energie zu schöpfen. Das eigene wissenschaftliche Gebäude, das sie daraus zu entwickeln versucht, ist noch nicht weit genug fortgeschritten. Allerdings, und man hört hier die Befriedigung Lamneks über diesen Umstand heraus, *"...hat die von den ,Qualitativen' vorgebrachte Kritik an den Verfahrensweisen einer „tatsachenbezogenen Empirie" (vgl. Bonss 1982) das Monopol quantifizierender Untersuchungsmethoden ins Wanken gebracht und damit eine Grundlagendiskussion über die Prinzipien empirischer Sozialforschung entfacht, in deren Gefolge eine unreflektierte Anwendung traditioneller Forschungsmethoden nicht mehr legitimierbar erscheint."* (Lamnek, Bd. 1, S. 5)

Sophia: Und warum gibt es dann die traditionellen Methoden noch?

Phileon: Unter anderem weil damit viel Geld verdient werden kann.

In viele Fällen sind aber auch die traditionellen Methoden gar nicht mehr so traditionell wie man aufgrund der Behaftung des Wortes „traditionell" annehmen möchte. Gerade durch die schnellen Bewegungen des Marktes verändern sich sowohl qualitative, in erster Linie aber quantitative Forschung mit beachtlicher Geschwindigkeit – es entstehen neue methodische Ansätze, der verstärkte Einsatz des Computers ermöglicht ebenfalls den Gang neuer Wege. Es gibt auch Ansätze, daß qualitative und quantitative Methoden in neuen Zusammenhängen verbunden werden können – in vielen Fällen gibt es gerade in den auf quantitative Methoden spezialisierten Forschungsinstituten keine echte Trennung zwischen qualitativer und quantitativer Forschung – man betreibt beides, hat beide methodischen Ansätze „auf Lager" und kann sich ihrer bedienen.

Sophia: Wovon hängt das ab, in welchen Topf man greift?

Phileon: Da spielen die persönlichen Präferenzen der Forscher oft nur eine sehr untergeordnete Rolle – die Kunden und letztlich der Markt bestimmen, was verkauft und gekauft wird. Man kann z.B. über die gesellschaftliche Bedeutung des Kaffees eine ausführliche, gescheite und sicher auch Erkenntnisse generierende qualitative Studie durchführen. Wenn es aber darum geht, auf spezifische Marktveränderungen zu reagieren, ist eine große, langwierige und auch kostenintensive qualitative Studie ganz einfach fehl am Platz – der Kunde will schnelle Ergebnisse, da er selbst unter Zugzwang steht.

Sophia: Du hast gesagt, der Erfolg der quantitativen Methoden begründet sich dadurch, daß man damit viel Geld verdienen kann. Gibt es noch andere Gründe?

Phileon: Es spielt sicher zu einem gewissen Teil die Trägheit des wissenschaftlichen Alltagsbetriebs eine Rolle, nicht immer führt die erwähnte Dynamik zu neuer Qualität der Forschung. Vor allem dann, wenn altbewährte Strukturen zwischen Auftraggeber und Auftragnehmer berücksichtigt werden wollen – man bleibt lieber bei Bewährtem. Dazu kommt noch, daß ein Großteil der Menschen unserer Zeit nur formale mathematische Methoden für wissenschaftlich halten.

Sophia: Warum ist das so?

Phileon: Ich komme später bei den Kritikpunkten an der quantitativen Forschung noch ausführlich darauf zu sprechen. Hier ein Punkt vorweg: Die Quantifizierung, die in unserer Gesellschaft durch die seit einiger Zeit beobachtbare „Herrschaft der Zahlen" momentan besonders in Mode ist, betrifft auch die Motivforschung. Aus diesem und noch weiteren Gründen wird im Normalfall den quantitativen Methoden der Vorzug gegeben, selbst wenn sie die Forschungsfrage nicht beantworten können.

Sophia: Habe ich vorhin richtig verstanden? Die qualitative Motivforschung entwickelt sich historisch aus der quantitativen bzw. deren Unzulänglichkeiten?

Phileon: Die methodologische Diskussion über die qualitative Sozialforschung von der Kritik an ihrer Konkurrenz aus zu starten, ist ein in den Wissenschaften üblicher Weg, der mit dem Sprichwort „Das Bessere ist der Feind des Guten" nicht ausreichend beschrieben werden kann. Die qualitative Forschung tritt mit ihren Methoden und Theorien oft dort in Erscheinung, wo die quantitative Forschung überfordert oder schlicht fehl am Platze ist. Man kann aber nicht sagen, daß sich die qualitative Forschung aus der quantitativen oder deren Unzulänglichkeiten entwickelt hat, da die Entwicklung historisch gesehen sicher parallel verlaufen ist – Ernest Dichter als einer der Väter der Motivforschung hatte mit Statistiken nicht viel zu tun. Man könnte eher sagen, daß in der qualitativen Forschung gewisse Entwicklungsschübe durch unpassende Verwendung der quantitativen Forschung vorangetrieben werden.

Die eine kann die andere auch nicht ersetzen, die Differenz führt zum Versuch einer Klärung einer bisher ungelösten wissenschaftstheoretischen und -praktischen Frage, die lautet: wie kann ich die Unvollständigkeit einer wissenschaftlichen Methode beseitigen?

Sophia: Gut, und wie geht das?

Phileon: Ein mögliche Antwort darf hier vorweggenommen werden: Es muß anhand der Schwachstellen eine neue, ergänzende Methode entwickelt werden. Dabei muß man so tief in die wissenschaftliche Paradigmenkiste greifen, wie dies notwendig ist, um mit der neuen Methode nicht in das fehlerbesetzte Fahrwasser der alten zu gelangen. Die Zuhilfenahme philosophischer Denkmodelle ist dafür unumgänglich, da die Modelle der Einzelwissenschaften wie Soziologie und Psychologie bei weitem nicht ausreichen, wie schon vorher erwähnt.

Diese Arbeit soll einen Beitrag zur Klärung und hoffentlich auch zur Weiterentwicklung in Richtung zur eigenständigen Wissenschaft leisten, die in voller wissenschaftlicher Legitimation der quantitativen Forschung dort Konkurrenz bieten kann, wo diese nichts zu suchen hat. Sie soll zeigen, wie tief in die Paradigmenkiste hineingegriffen werden muß, damit die oben genannten Forderungen erfüllt werden können.

Sophia: Und wie tief muß man?

Phileon: Man muß ziemlich tief hineingreifen, letztendlich bis zu dem Punkt, bei dem schon die griechischen Philosophen herumgewühlt haben. Die Frage selbst muß das Fundament der neuen Paradigmen sein.

Sophia: Und wie ist die qualitative Forschung in der Gegenwart entstanden und wann?

Phileon: Die Grundlagen der qualitativen Sozialforschung entstanden schon in der ersten Hälfte dieses Jahrhunderts.

Für unser Gespräch ist allerdings eine systematische Darstellung der Geschichte der Sozialforschung nicht notwendig, nähere Ausführungen zu diesem Thema siehe Lamnek, Bd. 1, S. 30ff.

Sophia: Weshalb ist es sinnvoll, eine neue Methode zu entwickeln?

Phileon: Nun, es geht nicht nur um eine neue Methode – die Wissenschaften entwickeln sich generell weiter, dies ist ja ein Teil ihres Wesens, ebenso wie sich die Menschen weiterentwickeln. Alte Systeme kommen in die Krise, neue entstehen aus den alten oder entstehen aus der Notwendigkeit, die alten zu überwinden oder zu ergänzen, damit bestimmte Strukturen aufrechterhalten werden können. Ich möchte hier Walter van Rossum zitieren: *„Die Franzosen haben deutlicher gesehen: Wenn es wirklich eine Krise des Wissens, der Wissenschaft und Forschung gibt, dann liegt sie eher im System und Zusammenhang, auch im institutionellen Gefüge der verschiedenen Wissensformen, nicht zuletzt auch in der Stellung der Wissenschaft in der Gesellschaft. Deshalb verspricht eine Störung dieses herkömmlichen Gefüges der Wissenschaft, das Vertrauen auf eine erst noch zu findende Wissenschaft zwischen den Wissenschaften sehr viel mehr Neues und Originelles."* (Walter van Rossum: Mobile Denkfabrik; Das neu gegründete „Collège international de philosophie" in Paris; in: Die Zeit, Nr. 43 von 19. Oktober 1984)

Das Bessere ist der Feind des Guten, und die Hoffnung auf das Bessere ist ebenfalls bereits der Feind des Guten, da es zerstörerisch auf das Gute wirkt.

Sophia: Was ist hier das „Bessere" und was ist das „Gute"?

Phileon: Das Gute ist die Tatsache, daß man die Menschen überhaupt wieder fragt. Und das Bessere ist, daß man dazu die Methoden aus der Philosophie heranzieht.

Sophia: Wieso aus der Philosophie?

Phileon: Dazu gleich ein Zitat von Peter Heintel: „*Nicht zufällig erscheint es mir, daß in dieser Krisensituation wiederum die Philosophie herangezogen wird, sozusagen als integrativer Rettungsanker, als Repräsentant von System- und Totalitätsaspekten, vielleicht auch als kritisch-erkenntnistheoretische Instanz der Meta-Ebene.*" (Peter Heintel: Motivforschung und Forschungsorganisation – ein neuer, integrativer Forschungsansatz, S. 4).

Sophia: Du hast vorhin einen Unterschied gemacht zwischen „Meinungen" und „Motiven". Wie kommt das zustande?

Phileon:

Der Unterschied zwischen Meinungen und Motiven

ist nur sehr schwer zu fixieren. Wie man an diese Frage herangeht, hängt in erster Linie davon ab, welcher disziplinären Richtung man entstammt. Ein Psychoanalytiker hat in diesem Punkt oft eine andere Meinung als ein Soziologe oder ein Philosoph. Die Riege der Markt- und Meinungsforscher hat ebenfalls ihre eigene Interpretation, die wiederum nicht unbedingt einheitlich ist.

Ich möchte hier eine Annäherung an eine Definition versuchen. Der Unterschied zeigt sich z.B. dann, wenn man die Art und Weise der Äußerung betrachtet. Eine Meinung kann man auf der obersten, auf einer ober-flächlichen Ebene positionieren. Sie wird verbal geäußert und ist nicht direkt für die Handlungen der Menschen ausschlaggebend. Ein Motiv ist immer zumindest ein entscheidender Anstoß, wie und warum ein Mensch handelt. Jeder Mensch hat zu jedem Thema eine „Meinung", auch zu denen, die für seine Handlungen nicht relevant sind und sie nicht beeinflussen. Jeder Österreicher hatte eine Meinung zur Falklandkrise, auch wenn wahrscheinlich niemand selbst davon betroffen war und sie nur für ganz bestimmte Individuen etwas verändert hat. Meinungen schwimmen sozusagen auf der gleichen Welle, die auch den Zeitgeist, den Trend, die Mode tragen. Motive hingegen können nicht immer verbal geäußert werden, man muß sie oft aus den Aussagen oder Handlungsformen der Menschen herauslesen, sie sind teilweise unbewußt.

Meinungen werden manchmal für politischen Opportunismus miß-braucht. Sie sind leicht beeinflußbar und daher treten auch bestimmte Meinungsforscher auf den Plan, wenn es darum geht, schnellebige Meinungen über mehr oder weniger wichtige Ereignisse der politischen Landschaft zu erforschen. Es entstehen dann Beliebtheitsrankings und ähnliche Luftblasen.

Sophia: Welche Rolle spielen da die Medien?

Phileon: Mit Hilfe der Medien kann man sich eine Meinung bilden, man kann aber kein Motiv schaffen. Ich möchte auch an dieser Stelle anmerken, daß in dieser Arbeit Motive in erster Linie als „Auslöser von Handlungen" definiert werden. Traugott Lindner hat dafür das Beispiel gebracht, daß Durst, wenn er auftritt, ein reales Ereignis ist. Er ist nicht durch andere Bedürfnisse ersetzbar. Durstlöschen hingegen ist auf unterschiedliche Art und Weise möglich und die Durstlöscher sind austauschbar und daher Antworten auf ein zugrundeliegendes, unspezifisches Bedürfnis. Bier ist somit kein Motiv – Durst schon.

Die „Meinungen" kann man sich analog den austauschbaren Antworten auf ein Bedürfnis vorstellen. Sie haben daher den Vorteil, daß man sie schnell ändern kann, verstärken, abschwächen oder sogar ins Gegenteil verwandeln. Man ist an eine Meinung nicht gebunden wie an ein Motiv, das aus unserer Gefühlswelt, aus unserer Bedürfniswelt entsteht. Eine Meinung wird durch Motive verändert, sie kann durch Motive entstehen, bleibt jedoch auf einer kognitiven Ebene verankert und unterliegt gefühlsmäßigen Schwankungen. Wenn es jedoch um die „eigentlichen" Ursachen für Handlungen geht, also um diejenigen, die Handlungen immer zugrunde liegen, dann sind Meinungen Schall und Rauch, dann geht es um die Motive, also um die Bedürfnisse, die hinter den Meinungen stehen.

Meinungen sind schnell entstehende und auch ebenso schnell wieder veränderbare Gedankenkonstrukte, die der Mensch zur Strukturierung der ihn umgebenden Welt konstruiert bzw. sich aneignet.
Motive dagegen sind Auslöser von Handlungen, die zugrundeliegenden Bedürfnissen entspringen.

Die Medien erzeugen Meinungen, keine Motive, dringen aber nichtsdestotrotz in die Gefühlswelt der Menschen ein – oftmals sehr tief. Man kann als geeignete Metapher den Unterschied zwischen „Neuigkeiten" und „Informationen" verwenden. Das beliebte österreichische Wochenblatt „News" zeigt schon durch seinen Namen, welche Inhalte man zu erwarten hat: Neuigkeiten, gefällig aufbereitet und leicht verdaulich. Man kann über diese Neuigkeiten lesen, kann sie am Stammtisch oder an der Bar diskutieren und dann mit der gleichen Selbstverständlichkeit wieder vergessen, da sie mit dem eigenen Leben (Traugott Lindner spricht hier von „Ich-Funktionen", die aus Ängsten und Trieben sowie der jeweiligen Individualgeschichte von Befriedigungsvorstellungen entspringen) nichts zu tun haben. Wenn sich ein berühmter Tennisstar in Australien die Zehe verstaucht, dann sind das vielleicht interessante Neuigkeiten, sie verändern mein Leben aber nur dann, wenn ich selber dieser Tennisstar, sein Trainer oder sein Sponsor bin – oder aber in meiner Gefühlswelt dergestalt, daß Zehen von Tennisstars oder weit entfernten Prinzessinnen meine Handlungswelt entscheidend beeinflussen und etwa „leere Bereiche" auffüllen, d.h. ein für mich notwendiges Regulativ darstellen. Die „Neuigkeiten" werden dann zu Informationen, die, sofern sie in einem für mich relevanten Kontext stehen, meine eigene Lebenswelt beeinflussen. Sie verlangen nach Konsequenzen, also Handlungen, oder aber nach Änderung meiner Gefühlswelt. Wenn ich in der Zeitung lese, daß die Börsenkurse fallen und ich jede Menge Aktien besitze, diese vielleicht sogar meine materielle Besitzgrundlage darstellen, dann kann ich über diese Zeilen nicht einfach hinweglesen, ohne daß sie mein Leben beeinflussen.

Medien können also sowohl mit Informationen als auch mit Neuigkeiten in meine Motivwelt eindringen.

Sophia: Lassen sich Motive auch mißbrauchen?

Phileon: Alles, was man gebrauchen kann, läßt sich letztendlich auch mißbrauchen und in einen Machtkampf einbauen. Motive sind jedoch Teile des menschlichen Wesens, die gewissen Regeln und Gesetzen der menschlichen Gefühlswelt gehorchen, wie etwa dem, daß sie widersprüchlich sein können und daher manchmal in ihr Gegenteil umschlagen. Wer Motive der Menschen verwenden will, der tut gut daran, beide Seiten einer Wahrheit kundzutun, da er sich sonst selbst schnell ein Eigentor schießen kann. Die schnelle Meinungsmache kann auf eine mehrdimensionale Information nicht eingehen.

Sophia: Ich möchte noch beim Mißbrauch von Motiven bleiben. Welche Rolle spielen

ethische Fragen

für die Methodik bzw. die Praxis der qualitativen Motivforschung?

Phileon: Ich werde oft darauf angesprochen – auch von Interviewpersonen, die mir dann sagen: „Du machst die Forschung ja für große Unternehmen, die dann neue Produkte erzeugen, die sie den Menschen aufgrund des neuen Wissens aus der Forschung dann besser verkaufen können, weil sie die Wünsche und Träume der Menschen besser kennen. Der kleine Konsument kann so vom großen Konzern besser manipuliert werden."

Sophia: Und was antwortest du darauf?

Phileon: In einer vernünftigen Diskussion zu dem Thema gilt es zwischen mehreren wichtigen Punkten unterscheiden. Die erste „Ethikfrage" stellt sich für den Forscher – wenn er die Möglichkeit eines Mißbrauchs sieht, kann er den Auftrag ablehnen.

Sophia: Wie kann man so etwas erkennen?

Phileon: Dafür gibt es keine Methode, es bleibt meist der Intuition des Forschers oder dem Zufall überlassen. Das macht jedoch die Methode der Forschung weder besser noch schlechter – die Frage der Moral muß bei jedem Thema neu gestellt werden, die Auftraggeber sind ja weder alle schlecht noch alle gut. Der Vorwurf der Manipulation ist meiner Ansicht nach auch nicht gerechtfertigt, weil jedes Forschungsergebnis, das in falsche, weil verantwortungslose Hände gerät, zur Manipulation verwendet werden kann. Die Methode als solche ist wertfrei. Der Forscher kann nur aufgrund persönlicher moralischer Ansichten einen Auftrag annehmen oder nicht, er kann z.B. generell gegen Waffen eingestellt sein und daher Aufträge der Rüstungsindustrie nicht annehmen. Das gleiche gilt für jemand, der in Fragen des Umweltschutzes eine scharfe Position einnimmt und aus diesem Grund nicht für die Autoindustrie arbeitet. Diese erste Frage der Ethik ist nur so zu beantworten, daß es an der persönlichen Entscheidung des Forschers liegt, Aufträge anzunehmen oder nicht. Man müßte daher diesen persönlichen Standpunkt jedes Forschers untersuchen, eine gemeinsame ethische Richtlinie kann es nicht geben und gibt es auch nicht.

Die erste Frage der Ethik: Wenn ein Motivforscher die Möglichkeit eines Mißbrauchs seiner Forschungsmethode bzw. deren Ergebnisse sieht, so kann er den Auftrag ablehnen.

Sophia: Warum?

Phileon: Weil die Problematik jedes Mal anders gelagert ist. Im oben angesprochenen Fall einer Studie für einen Rüstungsbetrieb müßte man über die Themenbereiche „Waffen und Ethik", „Neokapitalismus" oder auch die „christlichen Gebote" eine ausführliche Diskussion führen. Wenn es hingegen um die Ethik der Aufstellung von Spielautomaten geht oder in einem ganz anderen Fall um Österreichs Beitritt zur EU, so sieht die Problematik völlig anders aus.

Sophia: Mich würde dein persönlicher Standpunkt zu der Frage der Ethik interessieren.

Phileon: Ich hätte da folgenden Vorschlag: wir diskutieren die Ethikfrage ein wenig abseits des klassischen Settings für dieses Interview, d.h. du spielst den Kritiker und ich versuche die Motivforschung zu verteidigen.

Sophia: Können wir das in so einem Interview überhaupt machen? Gilt das nicht als Interviewfehler?

Phileon: Das kommt darauf an, wie man „Interviewfehler" interpretiert. Streng nach Vorschrift darf die Interviewperson vom Interviewer in ihren Ansichten nicht kritisiert werden, etwa wenn sie widersprüchliche Aussagen macht. Man kann aber das Setting dem Thema anpassen, sofern man dies anspricht und es dem Ergebnis dienlich ist. Man könnte sagen: ein nach Vorschrift geführtes Interview, das nur ein fades, nichtssagendes Ergebnis liefert, ist auch nicht mehr wert als ein interessantes Gespräch, bei dem bestimmte Regeln mißachtet wurden.

Sophia: Ist ein Interview, das genau nach Vorschrift geführt wird, ein fades Interview?

Phileon: Nein, nein, natürlich nicht. Dies wäre nur ein möglicher Fall, der uns zeigen kann, daß ein guter Interviewer auf die Situation Rücksicht nehmen und seine Methoden auch anpassen kann. Er muß situationsbedingt schnell und genau abwägen, welche Fragen er stellen kann um das Gespräch aufzulockern und welche zu einem verzerrten Ergebnis führen würden. Diese Aufgabe ist deshalb schwer, weil jedes Interview eine neue Situation erzeugt, auf die der Interviewer eingehen muß. Er hat es schließlich jedes Mal mit einem anderen Individuum zu tun.

Sophia: Gut, fangen wir an. Du hast von mehreren Ethikfragen gesprochen, die sich stellen. Die erste für den Motivforscher, aber für wen stellen sich noch ethische Fragen?

Phileon: Die zweite Ethikfrage stellt sich für die Interviewperson: soll ich meine Motive auf den Tisch legen ohne wissen zu können, was damit gemacht wird? Soll ich einem Auftraggeber das Wissen über die Motive in die Hand geben mit dem Risiko, daß er mich mit neuen Produkten manipulieren könnte?

Sophia: Was antwortest du darauf?

Phileon: Der Auftraggeber erzeugt Produkte bzw. will gesellschaftspolitische Entscheidungen planen oder durchsetzen oder aber auch die Struktur eines Unternehmens ändern. Diese Motivation ist unabhängig von der Motivforschung, führt aber zu einer auch ethisch zu betrachtenden Grundsatzfrage, die von Motivforschern und Werbefachleuten heiß umfehdet ist: beeinflußt die Werbung die bereits vorhandenen Bedürfnisse der Menschen – und wenn ja, dann bis zu welchem Punkt – oder schafft sie neue Bedürfnisse?

Die zweite Frage der Ethik: Der Motivforscher muß seine Fragemethode sowie den Auftraggeber gegenüber der Interviewperson offenlegen (zweiteres meist erst nach dem Interview). Die Interviewperson kann die Befragung und somit die Ent-deckung ihrer Motive ablehnen bzw. auch im Anschluß an das Interview die Tondbandkassette verlangen.

Sophia: Auf welcher Seite stehst du?

Phileon: Auf der ersteren. Bedürfnisse nach konkreten Produkten entstehen aus dahinterliegenden, zugrundeliegenden Bedürfnissen. Wir sind hier in die Welt der Substitute eingedrungen. Mit einem Auto dahinzurasen ist nur das Substitut für das Bedürfnis nach Geschwindigkeit. Das Bedürfnis nach Geschwindigkeit ist nur ein Substitut für das nach Mobilität, dieses wiederum substituiert das Bedürfnis nach Freiheit etc.

An erster Stelle steht immer das Bedürfnis nach der Bewältigung der Dialektik von Leben und Tod. Alle anderen Bedürfnisse sind daraus ableitbar.

Sophia: Welche Rolle spielt diese Substitutionskette?

Phileon: In der qualitativen Motivforschung spielt sie eine wichtige, denn oft kann ich durch die Rückverfolgung der Motive diejenigen Dimensionen eines Produktes erkennen, die dem Auftraggeber und auch mir als Forscher bisher verborgen waren und die auch in den Interviews nicht explizit geäußert wurden. Darin besteht ja die Kunst der Auswertung, daß man aus den Interviews Ergebnisse ableitet, die zwar darin enthalten bzw. verborgen, aber nicht ohne entsprechende Kenntnisse erkennbar sind.

Sophia: Wie weit geht man in einer Motivforschung zurück, bis zu welcher Schichte der Bedürfnisse?

Phileon: Es gibt hier den Vorwurf, daß man im Prinzip jedes Motiv auf die Dialektik von Leben und Tod zurückführen kann und die Motivforschung daher beliebig ist – denn in diesem Fall brauche man keine Forschung mehr. Ich bin da aber anderer Meinung – es zählen auch die Zwischenstufen, die erwähnten Substitutionsketten. Wenn ich eine Studie über die Motive von Knabbergebäck mache, dann muß ich auf die Motive zurückgreifen, die mit Essen zu tun haben und dort den Kern des Forschungsinteresses ansiedeln. Man muß solange fragen bzw. solange interpretieren, bis der Auslöser für ein Ziel, für ein Motiv bekannt ist.

Sophia: Wie funktioniert das?

Phileon: Darauf möchte ich näher eingehen, wenn wir die philosophischen Grundlagen der Forschungsmethode besprechen.

Sophia: Du hast vorhin die Werbung erwähnt. Welche Verbindungen zur Motivforschung gibt es da?

Phileon: Zumindest eine wichtige: sowohl Werbefachleute, genauer gesagt, die – im Branchenjargon – „Kreativen", wie auch Motivforscher versuchen, die Bedürfnisse der Menschen zu erkennen. Der erste um darauf abgestimmt eine gute Werbung zu erschaffen, der zweite, um ein Forschungsergebnis zu erhalten, das dann verschiedenen Zwecken dienen kann, z.B. auch als Grundlage für Werbelinien.

Sophia: Arbeiten Motivforscher mit Werbeagenturen zusammen?

Phileon: Nein, höchstens im quantitativen Bereich.

Sophia: Warum?

Phileon: Das ist eine Frage der prinzipiellen Einstellung der Entscheidungsträger der Werbebranche. Der Kunde bekommt eine Werbelinie verkauft, die funktionieren soll. Zu diesem Zweck denken die Kreativen im stillen Kämmerlein darüber nach, welche Motive ihnen einfallen, die die Konsumenten haben könnten. Manchmal erraten sie die richtigen Motive, manchmal auch nicht. Das Ergebnis ist eine gute oder eine schlechte Werbung.

Sophia: Warum lassen die Werbeagenturen nicht vorher die Motive erforschen?

Phileon: Weil sie erstens davon ausgehen, daß sie alles ohnehin selbst schon wissen – und dies auch so dem Kunden verkaufen, und weil sie zweitens das Geld dafür lieber selber einstecken ohne vorher teure Forschung zu betreiben. Dieses Motiv hat allerdings nur selten mit Gier zu tun, sondern mit der Notwendigkeit zu überleben. Die Branche ist in den letzten Jahren stark gewachsen und gerät durch die Konkurrenzlandschaft unter starken Kostendruck. Manchmal lassen sie allerdings quantitative Forschungen durchführen.

Sophia: Warum?

Phileon: Weil man diese gut verkaufen kann, jeder sieht gerne schöne Tabellen und Graphiken. Das Problem dabei ist nur, daß sie in diesen Fällen oftmals die falschen Fragen stellen (lassen), da sie die richtigen ja nicht haben können – oder nur durch Zufall.

Sophia: Rechnet sich das für die Werbeagenturen?

30

Phileon: Teilweise ja, teilweise nein – man kann das an der Anzahl der Werbeagenturen erkennen, die zusperren. Hat man Glück, trifft man ins Schwarze, hat man Pech, haut man daneben.

Sophia: Wie könnte die qualitativen Motivforschung hier helfen?

Phileon: Indem sie direkt mit den Produzenten zusammenarbeitet. Diese könnten die Motive erforschen lassen – was sie ja vor allem in Deutschland auch schon verstärkt tun, nur in Österreich hinkt die Organisationsentwicklung hinterher – und die Ergebnisse den Werbeprofis dann zur weiteren Verarbeitung geben. Es gibt bereits Beispiele aus der Praxis, wo das sehr gut funktioniert hat. Die seinerzeit beteiligte PR-Agentur war von einer vorher durchgeführten Motivforschung ganz begeistert und konnte über 2 Jahre von den Ergebnissen profitieren. Es gab die conclusio, daß in dem Ergebnis so viel Anregungen und Ideen enthalten sind, daß weitere Forschungen gar nicht mehr notwendig wären.

Sophia: Nehmen die Firmen den Werbeagenturen somit Arbeit ab?

Phileon: Nein, das nicht. Der Vorteil für das Unternehmen besteht vor allem darin, daß sie selbst mit dem Ergebnis was anfangen können. Es sind ihnen ja dann die Motive bekannt, die ihre Konsumenten zum Kauf eines Produktes bewegen. Sie können mit dem Ergebnis einer Forschung ihre Produktentwicklung besser, d.h. schneller und effizienter vorantreiben, da es weniger „Blinddärme" gibt, in denen man Zeit und Geld verliert. Wir kommen aber noch später auf die Umsetzbarkeit der qualitativen Motivforschung zurück. Die bessere Arbeit der Werbeagenturen wäre eigentlich nur ein interessantes Nebenprodukt einer Forschung.

Auftraggeber qualitativer Forschungen sind in erster Linie Unternehmen, die durch die Kenntnisse der Bedürfnisse und Motive ihrer Kunden weniger Geld in Fehlentwicklungen stecken müssen. Werbeagenturen vergeben selbst keine Aufträge, profitieren aber von vorhandenen Studien.

Sophia: Ich möchte zur Ethik zurückkommen. Wie funktioniert das mit den Bedürfnisstrukturen?

Phileon: Dazu möchte ich noch beim Beispiel Auto bleiben. Seit einigen Jahren gibt es verstärkt die Features Airbag und ABS sowie den Seitenaufprallschutz. All diese Dinge hat es vor 15 Jahren noch nicht gegeben, bzw. nur als technisch avantgardistische Elemente in der Luxusklasse. Bei oberflächlicher Betrachtung könnte man sagen, daß die Autoindustrie diese Features erfunden und danach das Bedürfnis geweckt hat. Dies hat sich entsprechend ausgewirkt: vor 20 Jahren hat man ein Auto über die starke Motorisierung verkauft, dann über den Komfort, über die Umweltverträglichkeit, schließlich über den Verbrauch und heute eben über die Sicherheitsmerkmale. In all diesen Fällen kann man darüber spekulieren, ob diese Bedürfnisse bei den Kunden vorhanden waren, ob sie entstanden sind bzw. ob sie gemacht oder geweckt worden sind. Die Autoindustrie hat jedenfalls für ihre Begriffe richtig gehandelt, denn sie macht gute Gewinne und der Kunde hat seine Bedürfnisse offensichtlich befriedigt.

Sophia: Warum ist diese Betrachtung oberflächlich?

Phileon: Bei genauerer Betrachtung der Motivstrukturen kann man erkennen, daß z.B. das Bedürfnis nach Sicherheitsfeatures im Auto nur eine Substitution eines anderen Bedürfnisses ist, nämlich dem nach Sicherheit im Straßenverkehr, nach Sicherheit in der Öffentlichkeit, nach Sicherheit im gesellschaftlichen Leben einerseits und der Privatsphäre anderseits. Dahinter steckt das Bedürfnis nach Sicherheit im allgemeinen, d.h. nach Konstanz, nach Unveränderbarkeit: „Oh Augenblick, verweile doch" sagt Faust als ihn das Bedürfnis nach Kontinuität seiner Lebensumstände überkommt. Aber auch hier steckt letztendlich wieder die Dialektik von Leben und Tod dahinter, denn die Kontinuität, die Sicherheit in Form von Abwesenheit von plötzlichen (gefährlichen) Veränderungen und somit Leben bedeutet, ist zugleich der Tod, nämlich das Fehlen jeder Veränderung.

Ich glaube, daß sich die Bedürfnisse nicht ändern, nur ihre Substitutionsformen, durch die sie ans Licht geraten und sichtbar werden, unterliegen einer ständigen Veränderung. Diese Veränderung kann sowohl auf der individuellen wie auch auf der gesellschaftlichen Ebene stattfinden, von wo sie konkret ausgeht, kann man oft nicht sagen. Es ist jedoch klar, daß sie voneinander abhängen und sich gegenseitig bedingen. Aus diesem Grund interessieren uns in der qualitativen Motivforschung die individuellen Motive eines Menschen, aber nur insofern, als sie in einen gesellschaftlichen, also in gewisser Weise „allgemeingültigen" – Kontext zu bringen sind. Das Nur-Individuelle interessiert nicht. Darauf werden wir später noch einmal zurückkommen.

Die Grundbedürfnisse der Menschen verändern sich nicht, sehr wohl jedoch deren Substitutionsformen, durch die sie nach außen hin erkennbar werden – auf individueller, aber auch auf gesellschaftlicher Ebene.

Sophia: A propos zurückkommen. Die Ethik steht noch auf unserer Liste.

Phileon: Natürlich. Wir sind aber genaugenommen beim Thema, denn die Erforschung der Bedürfnisse ist mit der ethischen Frage verknüpft, die da heißt: ist es unmoralisch, vorhandene Bedürfnisse bzw. ihre Strukturen zu erforschen? Das würde aber auch heißen, daß die Neugier des Forschers generell schon unmoralisch ist. Oder ist nur die Umsetzung durch einen Auftraggeber, der dadurch längerfristig höhere Gewinne erzielen will, unmoralisch? Aber dann stellt sich wieder die Frage, ob Gewinne erzielen unmoralisch ist. Wir landen hier in einer ideologisch bestimmten Diskussion, in der es um politische Fragen wie Kapitalismus vs. Sozialismus geht: ist es schlecht, Gewinne zu machen, indem ich die Bedürfnisse der Menschen durch neue Produkte oder Strukturveränderungen oder Veränderungen in der politischen Landschaft befriedige?

Wir werden uns schwertun, hier eine befriedigende Antwort darauf zu finden. Möglicherweise muß man die Frage verändern, so daß sie etwa lautet: gesellschaftliche Veränderungen passieren mit oder ohne der qualitativen Motivforschung. Die Menschen haben Bedürfnisse und können diese oft nur durch Substitutionsformen befriedigen – das reicht vom Sex bis zur Frage der Sicherheit. Wir kommen aber letztlich immer wieder auf das ursprüngliche Problem zurück: Wählen die Menschen sich ihre Substitutionsformen nach dem vorhandenen Angebot oder schaffen sie sich dieses Angebot?

Sophia: Gibt es eine Antwort auf diese Frage?

Phileon: Das hängt vom individuellen ideologischen Standpunkt des Forschers ab. Ich bin der Ansicht, daß grundlegende Bedürfnisse in jedem Menschen vorhanden, die Ziele zu ihrer Befriedigung jedoch ersetzbar sind. Der Forscher muß seine ethische Position an den erforschten Produkten bzw. an den sie erzeugenden Organisationen und ihrer Produkt- und Unternehmensphilosophie messen. Er kann sich dann für oder gegen den Auftrag entscheiden.

Sophia: Gibt es noch weitere ethische Fragen?

Phileon: Zum Beispiel die nach der Transparenz: wer bekommt ein Forschungsergebnis und warum? Im Normalfall bekommt es der, der zahlt. Man schließt einen Vertrag ab, der es dem Motivforscher verbietet, eine ähnliche oder gleich gelagerte Forschung im Laufe der folgenden Jahre zu machen. Das ist in der Praxis kein Problem, denn nach einem halben oder ganzen Jahr Forschung hat auch der engagierteste Forscher von einem Thema genug und will von der ganzen Sache eine Zeit lang nichts wissen. Des weiteren muß sich der Forscher verpflichten, die Ergebnisse nicht sofort zu veröffentlichen. Es gibt Themen, bei denen kann man ein halbes Jahr später schon die Ergebnisse veröffentlichen, bei anderen muß man 5 Jahre warten – das kommt darauf an, welchen Konkurrenzvorsprung der Auftraggeber aufgrund des Ergebnisses erwirtschaften kann.

Dies läßt sich nicht ändern, denn kein Unternehmen würde eine Forschung in Auftrag geben, wenn die Konkurrenz das Ergebnis danach kostenlos bekommen könnte.

Die dritte Frage der Ethik: Das Forschungsergebnis erhält derjenige, der bezahlt, d.h. die Arbeit in Auftrag gibt. Der Motivforscher sollte sich aber nach Möglichkeit ein wie auch immer geartetes Veröffentlichungsrecht, das nach Ablauf einer gewissen Zeit in Kraft tritt, sichern.

Sophia: Wie ist das mit Forschungen für die öffentliche Hand, wenn es etwa um gesamtgesellschaftliche Interessen geht?

Phileon: Dann ist die Sache schwieriger. Die eleganteste Lösung des Problems besteht darin, alle wichtigen Institutionen und Organisationen mitzahlen zu lassen. Dann bekommen auch alle das Ergebnis. Die andere Möglichkeit besteht darin, eine an die Forschung anschließende Veröffentlichung auszuhandeln.

Das Ziel der Diskussion ist folgendes: wenn alle Beteiligten die Ergebnisse einer Forschung kennen, dann kann niemand mehr behaupten, daß er vom anderen manipuliert wird.

Sophia: Gut, wie ist das mit der Information der breiten Masse der Konsumenten, die ja letztlich die Veränderungen zu spüren bekommen?

Phileon: Man kann es ganz brutal sagen: die werden nicht informiert. Und noch brutaler: genauso wie sie sonst nicht informiert werden, wenn in einem Unternehmen Veränderungen geplant sind bzw. durchgeführt werden.

Sophia: Das gilt für Aufträge von privaten Firmen, wie sieht es mit Aufträgen der öffentlichen Hand aus?

Phileon: In solchen Fällen gibt es oft eine Veröffentlichung der Studienergebnisse bzw. eine Freigabe der Studie selbst.

Sophia: Du sagst „oft"...

Phileon: Nicht immer. Hier steht aber auch der Motivforscher vor seinen Grenzen. Er hat selten die Möglichkeit, auf einer Veröffentlichung zu bestehen. Er kann nur wiederum den Ausweg wählen, den Auftrag nicht anzunehmen.

Sophia: Wieweit werden die Interviewpersonen in die Thematik eingeweiht?

Phileon: Jede Interviewperson bekommt nach dem Interview gesagt, wer der Auftraggeber ist, außer man interviewt die Konkurrenz. Wenn jemand seine Aussagen dann nicht hergeben will, so erhält er das Tonband mit dem Interview.

Sophia: Aber der Forscher hat ja im Kopf, was die Person ihm gesagt hat.

Phileon: Richtig, wenn auch nur ungenau oder zum Teil. In der Praxis funktioniert die Sache anders. Ich habe in 10 Jahren Interviewtätigkeit erst eine einzige Verweigerung gehabt, und diese Person hat mir nach dem Interview das Band überlassen, da sie nur Vorurteile hatte, die aber nach dem Interview ausgeräumt waren ("...wenn ich gewußt hätte, daß sie solche Fragen stellen...").
Die meisten Menschen reagieren eher umgekehrt: sie sind froh, wenn sich jemand für ihre Bedürfnisse interessiert.

Sophia: Gut. Wir waren noch nicht fertig. Eine Frage habe ich noch zum ersten Punkt: was passiert, wenn ein Forscher einen Auftrag nicht annimmt?

Phileon: Das, was sonst auch immer passiert: ein anderer Forscher nimmt den Auftrag an. Hierzu gibt es aber noch etwas zu sagen: Vor allem als junger Forscher, der sich seine Aufträge noch nicht aussuchen kann, muß man es sich erst einmal leisten können, einen unangenehmen Auftrag abzulehnen.

Sophia: Ist dir das schon passiert?

Phileon: Natürlich. Die Grenzen muß man selbst setzen, der Forscher muß sich die jeweils anliegende ethische Frage selbst beantworten oder Kollegen um Rat fragen. Diese Fragen stellen sich meistens wenn es um Projekte für politische Parteien oder für religiöse Gemeinschaften geht. Man kann dann annehmen oder ablehnen, muß sich aber immer darüber im klaren sein, daß man als Forscher in gewisser Weise auch im Licht der Öffentlichkeit steht bzw. immer von seinem Ruf lebt. „Ist der Ruf erst ruiniert, lebt sich's völlig ungeniert" – dieser Spruch gilt für den qualitativen Motivforscher nicht. Wenn man erst einmal in einer Schublade steckt, kommt man nur sehr schwer wieder hinaus – das ist das schlimmste, was passieren kann, denn dann erhält man nur mehr ganz bestimmte Aufträge von ganz bestimmten Auftraggebern und das auch nur solange, als man Ergebnisse liefert, die ihnen genehm sind. Ich kann abschließend sagen, die beste Form der Arbeit ist diejenige in Unabhängigkeit von ökonomischen und ideologischen Strukturen.

Sophia: Was heißt das konkret?

Phileon: Wenn man für unterschiedlichste Auftraggeber arbeitet, sich in diesem Punkt also nicht festmachen läßt und somit einen Ruf erreicht, objektiv an ein Thema herangehen zu können. Ich glaube, daß die Plattform, von der aus man seine ethischen Entscheidungen in so einem Fall treffen kann, eine auf hohem Niveau ist, da sie auf den Pfeilern Unabhängigkeit und Ideologiefreiheit ruht.

Sophia: Wir haben jetzt schon über Motive gesprochen. Mir ist noch unklar, was ein „Motiv" jetzt wirklich ist. Könntest du mir eine

Definition von „Motiv"

geben?

Phileon: Das wird nicht ganz einfach – obwohl es für diese Arbeit wichtig ist. Das Problem liegt darin, daß verschiedene Wissenschaften, verschiedene disziplinäre, philosophische und weltanschauliche Strömungen den Begriff „Motiv" jeweils anders auslegen und mit Bedeutung versehen. Ich möchte dazu etwas weiter ausholen und mit dem Unterschied von Sozial- und Motivforschung beginnen. Die qualitative Motivforschung baut – wie schon anfangs angedeutet – auf einer eigenen, von der Philosophie mitgeprägten Methodik auf und kann somit nicht einfach als Spezialfall oder als Untergruppe der qualitativen Sozialforschung bezeichnet werden. Der Unterschied liegt vor allem darin, daß methodisch bei der qualitativen Motivforschung der Dialog im Vordergrund steht, während er in der qualitativen Sozialforschung nur ein Hilfsmittel zur Datenerfassung ist. In der Sozialforschung ist der Mensch Objekt einer Betrachtungsweise, in der Motivforschung gleichzeitig auch ein Subjekt.

Da der Unterschied zwischen den beiden Formen der Forschung für die weiteren Erörterungen wichtig ist, möchte ich hier einen kurzen Ausflug in die Geschichte der Motivforschung unternehmen.

> In der quantitativen Sozialforschung dient der Dialog lediglich als Hilfsmittel zur Datenerfassung. In der qualitativen Motivforschung dagegen steht er methodisch im Mittelpunkt, der Mensch ist nicht nur Objekt der Betrachtungsweise, sondern auch Subjekt.

Sophia: Ja, gut, das interessiert mich auch!

Phileon: Die Menschen beschäftigen sich schon seit sehr langer Zeit mit der Erforschung von handlungsrelevanten Motiven ihrer Mitmenschen. Der Zeitpunkt, ab dem diese Erforschung wirklich wichtig wurde, läßt sich wahrscheinlich mit der Zeit der Entstehung der ersten Herrschaftssysteme gleichsetzen – ein „Herrscher" mußte immer schon wissen, was seine Untertanen wirklich wollen. Oder aber die Macht besitzen, auf diese Wünsche keine Rücksicht nehmen zu müssen.

Die eigentliche Forschung hat jedoch wahrscheinlich weit früher begonnen: Ab dem Zeitpunkt, wo die Menschen nach dem Sinn ihres Daseins fragen, wird zugleich auch der andere, wird der Mitmensch interessant. Sobald man ein „Ich" erkennt, wird auch das „Du" als fremdes „Ich" zum Gegenstand der Neugier. Diese Neugier gehört zu den Grundeigenschaften der Menschen. Diejenige Neugier, die andere Menschen betrifft, steht dabei sicher nicht an letzter

Stelle. Es ist immer im Interesse des Einzelnen, die Meinungen und handlungsrelevanten Motive der Allgemeinheit oder zumindest der Menschen seiner
Umgebung zu kennen. Zuerst, um die Kooperation des sozialen Lebens überhaupt leisten zu können, in weiterer Folge aber auch um über das Dasein, über
den Sinn des Lebens philosophieren zu können – daraus entstand etwa der So-
kratische Dialog. Schließlich verbessert man seine eigenen Überlebenschancen
erheblich wenn man vorausahnen kann, was die anderen Menschen demnächst
tun werden. Dazu muß man die Gesetzmäßigkeiten und Regeln der Gesellschaft kennen, die sich in der psychischen Struktur und der Handlungswelt ihrer Mitglieder widerspiegeln und dort auch zu erkennen sind.

Sophia: Was ist die „Handlungswelt"?

Phileon: Menschen haben Meinungen, die sich in ihren Äußerungen und
Motive, die sich in ihren Handlungen manifestieren. Wenn man die Handlungen der Menschen extrapoliert und getrennt von ihrer „Motivwelt" betrachtet,
dann ergibt das ein Forschungsergebnis, das nicht unbedingt mit der erforschten „Motivwelt" korreliert.

Sophia: Was bringt dann die Erforschung der Motivwelt, man könnte ja auch
nur die Handlungen der Menschen beobachten?

Phileon: Ja, aber dann kann man keine Prognosen von Veränderungen machen
bzw. erfolgte, beobachtete Veränderungen nicht erklären. Letztlich muß beides
geschehen – man muß einerseits die Motivdimensionen der Menschen erforschen, andererseits ihre tatsächlichen Handlungen beobachten und dazu natürlich
auch noch die Quantifizierung hinzunehmen, die in vielen Fällen beschreibt,
wer wann was tut. *Warum* er es tut, das klärt die qualitative Motivforschung.

Um brauchbare Prognosen der Veränderung machen zu können, muß
man neben der Beobachtung der menschlichen Handlungen auch die
Motivdimensionen erforschen und in vielen Fällen zusätzlich auch noch
quantifizieren.

Sophia: Gut, zurück zur Geschichte!

Phileon: Das Ziel ist immer die Anpassung der Organisation an die Bedürfnisse, an das Leben der Menschen, mit denen die Organisation in Kontakt steht.

Sophia: Und wer muß das machen?

Phileon: Besonders wichtig ist dies für „Herrscher" oder in unserer heutigen
Welt für „Funktionäre" in modernen Organisationen. Das Problem der Erfor-
schung von Motiven und Interessen einer großen Gruppe tritt damit aus dem
Bereich des persönlichen Hobbys heraus, bekommt politische Relevanz und

ist vor allem dann von Bedeutung, wenn es in dem entsprechenden politischen System eine Form von Mitspracherecht gibt. Anders ausgedrückt: wenn der einzelne Untertan eine eigene Meinung haben *darf* – denn *haben* tut er sie immer – so ist es für den Herrscher naturgemäß von Interesse, diese zu kennen. Genauso wichtig ist es, die Motive der Menschen zu kennen, um ihre Handlungen verstehen zu können.

Sophia: Warum?

Phileon: Damit er auf sie Rücksicht nehmen kann – um sie zu beherrschen oder ihnen zu dienen. Zum Zeitpunkt der Forschung ist dieser Unterschied nicht vorhanden, außer im Kopf des Herrschers.

Sophia: Wann begann dieses Mitspracherecht?

Phileon: Wenn der Herrscher die Meinungen und Motive seiner Untertanen kennt, heißt das noch nicht, daß sie etwas mitzureden haben. Die frühen Formen der Demokratie waren wahrscheinlich die ersten Herrschaftssysteme, in denen die Meinungen der einzelnen Bürger im System integriert und nicht nur geduldet, sondern erwünscht waren.

Dazu war es notwendig, diese Bedürfnisse zu erfassen, zu sammeln, zu ordnen und auszuwerten, damit daraus Schlüsse gezogen werden konnten.

Im Athen des ersten vorchristlichen Jahrtausends bestand noch nicht die Notwendigkeit eines großen professionellen Aufwandes, da es eine überschaubare Menge an Bürgern gab. Entscheidungen konnten unter Teilnahme der Vertreter aller Bürger erfolgen – die direkte Kommunikation aller mit allen war aber auch damals bereits nicht mehr möglich.

Professionelle Motivforschung im heutigen Sinne war zu dieser Zeit noch nicht notwendig und wurde daher nicht durchgeführt. Das hat sich auch in der Römerzeit und im Mittelalter nicht geändert, im Gegenteil: die Feudalsysteme bzw. Diktaturen konnten aufgrund ihrer relativ großen Macht auf die genaue Kenntnis der Wünsche der einzelnen Individuen verzichten. Vom Herrschaftssystem abweichende Ideen wurden ganz einfach nicht geduldet und durften höchstens im privaten Kreis geäußert werden.

Sophia: Gab es keine Ausnahmen?

Phileon: Sicherlich, ich zeige hier nur einen Trend auf. Es ist jedoch eine aus der Geschichte bekannte Tatsache, daß autoritäre Herrschaftssysteme Widerspruch und Widerstand erzeugen. Die französische Revolution kann als eines der ersten genau dokumentierten Zeichen und damit als Beispiel herangezogen werden: Das System, das auf die Kenntnis und Rücksichtnahme der Meinungen und Motive des Volkes verzichtete, wurde brüchig.

Der zweite Anlauf der Demokratie hat sich als der (bisher) erfolgreichere herausgestellt. Es gibt heute ohne Zweifel mehr politische Systeme, in denen die Interessen der einzelnen Bürger in die Entwicklung eingebunden sind, als je zuvor.

Sophia: Wie haben die Herrscher diesen Mechanismus erfunden?

Phileon: Gehen wir in der Geschichte noch einmal ein bißchen zurück: Weise Könige erschufen sich immer schon Möglichkeiten, sich die Bedürfnisse ihrer Untertanen zu Ohren kommen zu lassen. Sie bekamen von ihren Fürsten Nachricht über die Stimmung im Volk und von den Hofnarren und anderen Zuträgern bekamen sie das zu hören, was am Hof so lief.

Die Herrscher hatten dadurch die Möglichkeit, die Motive und Wünsche der Untertanen in ihre Handlungen einplanen zu können. Gegen den Willen des Volkes hat es sich immer schon schlecht regiert und jeder Herrscher tat gut daran, seine Macht nicht aufs Spiel zu setzen.

Die Erforschung dieser Meinungen und Motive war aber auch damals noch nicht professionalisiert und schon gar nicht wissenschaftlich.

Der große Sprung mußte Anfang der Neuzeit vollzogen werden. Mit der Entwicklung der neuen Wissenschaften und in Folge der Industrialisierung veränderten sich auch die politischen Systeme sowie die Möglichkeiten und Herausforderungen auf dem Gebiet der Meinungs- und Motivforschung. Die entscheidende Wende erfolgte aber erst in der zweiten Hälfte dieses Jahrhunderts.

In einem Staat, in dem ein großer Teil der Bürger (und damit der Menschen, die jetzt alle oder fast alle Bürger sind) stimmberechtigt ist und somit frei wählen und auf das politische System Einfluß nehmen kann, ist die Erforschung und Steuerung der Meinungen und Motive für die Herrscher von großer Bedeutung. Die entscheidenden Schlagworte sind „Meinungsforschung" und „Meinungsmache" und entstanden erst durch das Diktat der entsprechenden Leitwissenschaften und ihrer neuen Methoden. Mit anderen Worten: Der Sieg der Naturwissenschaften über die Geisteswissenschaften hat auch vor der Meinungs- und Motivforschung nicht Halt gemacht, was aber erst durch die Weiterentwicklung von politischen Systemen und der Konsumgesellschaft ermöglicht wurde.

Sophia: Ja, darauf möchte ich später noch zurückkommen. Aber auf welche Bereiche hat sich das ausgewirkt?

Phileon: Im Laufe der Entwicklung haben auch in der Wirtschaft bzw. der Organisationsentwicklung Veränderungen der Herrschafts- und Hierarchiesysteme stattgefunden. Die Meinungen und Interessen der Bürger in einer Demokratie oder der Mitarbeiter in einem Betrieb sind genauso wichtig geworden wie die Meinungen und Interessen der Konsumenten: Mit den einen will man zusammenarbeiten und von der Kaufkraft der anderen will man leben. Die Bedürfnisse beider sind daher einzuplanen, was allerdings nur möglich ist, wenn man sie kennt.

Sophia: Haben wir immer noch die Hofnarren und Informationszuträger?

Phileon: Nein, Einflüsterer genügen heute nur noch in den Feudalsystemen. Die Organisationen und die Faktoren, die das jeweilige System schnell verändern können, sind vielfältig geworden: es gibt in den meisten Fällen eine starke Konkurrenz, die zur Weiterentwicklung sowohl des Produktes wie auch der inneren Organisationsstruktur zwingt.

Gerade in diesem Jahrhundert hat sich in der Organisation von Wirtschaftsbetrieben sehr viel getan. Sie wurden größer, bekamen leistungsfähige Konkurrenz und sind in recht kurzen Abständen zur Weiterentwicklung gezwungen. Daneben gab und gibt es auch eine innere Veränderung, die meistens noch unterschätzt wird: Die Mitarbeiter haben sich mit der Organisation und der politischen Veränderung ebenfalls weiterentwickelt und stellen heute andere Ansprüche als früher. Neben einem entsprechenden Gehalt verlangen sie auch einen ergonomischen Arbeitsplatz, eine entsprechende emotionale Heimat im Betrieb oder zumindest ein gutes Betriebsklima, eventuell auch noch die eine oder andere Form der Mitbestimmung. Alles in allem muß sich auch hier die Struktur den Anforderungen der Mitarbeiter bis zu einem gewissen Punkt anpassen, sonst funktioniert die Organisation nicht. Im Bereich der Wirtschaft zeigt sich heute ein ähnliches Phänomen wie in der Politik: gegen den Widerstand der Mitarbeiter, oder besser: ohne die Zustimmung der Mitarbeiter kann man heute nur schwer ein Produkt erzeugen oder einen Dienstleistungsbetrieb führen. Gegen den Widerstand der Konsumenten kann man in einer freien Marktwirtschaft überhaupt nichts verkaufen.

Sophia: Bleiben wir noch ein wenig bei der Politik!

Phileon: In diesem Bereich hat sich natürlich ebenfalls viel verändert. Es gibt heute für den Einzelnen eine breite Palette an Möglichkeiten der Mitbestimmung: Wahlen und Volksabstimmungen, Bürgerbeteiligungsprozesse, Bürgervereinigungen, die Medien als öffentliches Sprachrohr und Druckmittel sowie Demonstrationen. Das Spektrum ist so breit wie nie zuvor und verlangt daher von der herrschenden Gruppe entsprechende Reaktionen.
In allen Bereichen ist zur Erkenntnis der entscheidenden Handlungsfaktoren die Erforschung der Motive derjenigen Menschen notwendig, mit denen man kooperieren muß oder auf die man seine Handlungsstrategien ausrichten will, sei es nun in der Politik, der Strukturveränderung in einer Organisation oder in der Produktentwicklung. Aus den angesprochenen Bereichen entstanden übrigens die 3 Betätigungsfelder der qualitativen Motivforschung: Produktanalyse, Strukturanalyse und Sozialanalyse. Dazu kommen wir noch.

In vielen Forschungen hat sich gezeigt, daß ein Unternehmen ein Produkt nicht gegen den Widerstand seiner Mitarbeiter erzeugen und vermarkten

> kann. Dieser Grundgedanke gilt im Prinzip auch für politische Entscheidungen, weshalb in Ausnahmefällen die politischen Motive der Bürger bereits mit qualitativen Methoden erforscht werden.

Sophia: Und wer hat bisher die Erforschung der Motive durchgeführt?

Phileon: Weil Wahlen in zu kurzen Abständen stattfinden, hat die Aufgabe der Erforschung obengenannter Probleme bisher die quantitative Meinungsforschung übernommen und die ihr eigenen Methoden in diesem Bereich entwickelt, getestet und verbessert. Das Ergebnis kann aber bis heute in vielen Bereichen nicht so ganz überzeugen: zu ungenau sind die Aussagen und zu eindimensional ist das Bild.

Sophia: Warum?

Phileon: Im Wort „Motivforschung" steckt das Wort „Motive". Meinungen sind aber noch keine Motive. Wenn wir uns dieses Wort genauer betrachten, wird einer der grundlegenden Unterschiede sofort klar.

Im Duden wird Motiv definiert als *„Überlegung, Gefühlsregung, Umstand o.ä., durch den sich jemand bewogen fühlt, etwas Bestimmtes zu tun."* (Duden – Das Bedeutungswörterbuch; Bd. 10; Mannheim/Wien/Zürich 1985)

Motive betreffen also – laut Duden – die beiden wichtigen Bereiche der menschlichen Psyche – die Verstandesebene und die Gefühlsebene. Im Duden wird ein Motiv auch als *„Beweggrund, Antrieb, Leitgedanke"* bezeichnet. Es geht also um den Beweggrund für jemanden, etwas zu tun, es geht also um Handlungen – aber offensichtlich auch um Gedanken, also um den kognitiven Bereich.

Sophia: Noch ist der Begriff Motiv für mich nicht faßbar!

Phileon: Ich möchte noch eine weitere Differenzierung ins Spiel einbringen. Die Zusammenfassung folgender Gedanken stammt von Bernhard Pesendorfer und Uwe Arnold (Pesendorfer B./Arnold U.; Acht Fragen, diskutiert von Uwe Arnold und Ber Pesendorfer; St. Gallen und Klagenfurt, Oktober 1991) und zeigen die differenzierte Sichtweise, die notwendig ist, um vom Duden-Begriff des Motivs zur einer erweiterten – oder auch reduzierten – Definition zu kommen:

„Motive sind, allgemein, subjektive Begriffe (im Sinne Hegels), d.h. Verhaltensweisen in einer Welt, deren Uneinheitlichkeit, sogar Stückhaftigkeit, Orientierungsprobleme aufwirft."

Motive sind entweder Gefühle, Emotionen oder Entscheidungen: *„Das grundlegendste Motiv ist die Verschmelzung mit der Welt, z.B. die Auto-Mobilität, die Herstellung der Einheit von allem Getrennten, mit mir immer dabei, das uneingeschränkte Dabeisein, überhaupt alle Gefühle. Die zweite*

Art von Motiven sind die Emotionen (Zur Unterscheidung von Gefühlen und Emotionen vgl. Max Pagès, Das affektive Leben der Gruppen). Sie sind deshalb ein Gegensatz zu Gefühlen, weil sie nicht Verschmelzung bedeuten, sondern Abstoßung, Kampf gegen eine zur Umwelt werdende Welt, Selbstbehauptung durch Aggressivität, Distanzierung, Diskriminierung etc., ein Wüten von Selbstbewußtsein (und ein dabei Sich-Kennenlernen in der eigenen Besonderheit). Die dritte Art von Motiven ist die Entscheidung, vor allem (und allgemein gesagt) die Entscheidung, ob ich meinen Gefühlen oder meiner Emotion folgen soll und wie mögliche Kompromisse gefunden werden, etwa Verschmelzung mit einem Teil der Welt, um desto besser gegen andere Teile wüten zu können."

Motive entstammen nicht dem rationalen, bewußten Bereich. Wenn man diese Motive erforschen will, so muß man mit der Methode auch den emotionalen Bereich – ich mache hier noch keine Unterscheidung zwischen Emotionen und Gefühlen – erfassen. Wenn ich mich nur auf der Ebene der Vernunft bewege, was ja wesentlich einfacher ist und sprachlich auch leichter faßbar, so entgehen mir die eigentlichen „Beweggründe" und „Antriebe".

Sophia: Wie kann man nach Pesendorfer/Arnold diesen Unterschied zwischen „Verstandesmotiven" und „Gefühlsmotiven" erkennen?

Phileon: Sie unterscheiden zwischen „unwahren" und „wahren" Motiven und sehen die Unterscheidbarkeit vor allem im Verhältnis zwischen Motivstruktur und Motivart:

„Ich kann völlig davon überzeugt sein, daß es möglich und sinnvoll ist, auf den Gebrauch des Autos zu verzichten, und dieser Überzeugung laut (sprachlich) Ausdruck verleihen – und dennoch Auto fahren. Das kommt daher, daß Kommunikation eine andere Motivationsebene ist als die des Autofahrens selbst, auf jeder der beiden Ebenen jedoch die gleichen (analogen) Motivstrukturen gelten, ohne daß die gleiche Motivart vorherrschen muß. Das ist die Quelle allen Selbstbetrugs und Betrugs, bis hin zur bewußten Lüge. Es ist selbst wieder eine Verschmelzung (und zugleich eine Distanzierung), wenn ich kommunikativ auf der Seite der Autoverächter stehe, gegen die Autobefürworter, aber der psychosomatischen (individuellen) Verschmelzung mit der Welt durch Mobilität widerspricht die psychosoziale Verschmelzung mit den Autoverächtern. Auf beiden Seiten herrschen wahre Motive, sodaß es einer besonderen Entscheidung bedarf, welche Motivebene wichtiger sein könnte (oder Verzicht auf beides?)."

Auch auf der kommunikativen Ebene liegen den geäußerten und erzählten Motiven unbewußte Motive zugrunde, man braucht zur Erkenntnis eines Verhaltens außer den sprachlichen Äußerungen daher auch noch immer Kenntnis des Verhaltens – kurz gesagt: was einer sagt ist nicht zwangsläufig das, was er tut. Dann erst kann man sagen, „*...welche Ebene der Motivation für ihn wirklich maßgebend ist (in einer bestimmten Situation).*"

Sophia: Und ich weiß immer noch nicht, was genau eine Motiv ist. Ist es jetzt ein Gefühl oder ein Gedanke?

Phileon: Motive sind meiner Ansicht nach Antriebe, also Gefühle.

Sophia: Und wie oder wo entstehen diese Gefühle?

Phileon: Als Motto für eine Abhandlung über Motive kann man folgenden Satz verwenden: „Ich weiß oft nicht, was ich will, aber ich weiß fast immer, was ich nicht will".

Die folgenden Ausführungen lehnen sich an Überlegungen an, die von Gerhard Schwarz im Zuge einer „mehrdimensionalen Ursachenforschung" (über diese Methode später mehr) über Versicherungsmotive entwickelt wurden. (Gerhard Schwarz, Versicherungsmotive im Massengeschäft, Wien 1975)

Handlungsrelevante Motive sind unsere – bewußte oder unbewußte – Antwort in der Auseinandersetzung mit den Grenzen unserer menschlichen Existenz. Zentrales Motiv, auf welches alle anderen Motive zurückzuführen sind, ist die Abwehr jener Umstände, die unsere Existenz bedrohen oder sie in ihrer Entfaltung einschränken.

Diese theoretische Annahme setzt voraus, daß es für jeden Menschen so etwas wie Selbstbehauptung und Selbstentfaltung geben muß. Was dem im Wege steht, motiviert: Es veranlaßt zum Handeln.

Der Entfaltungsraum des Menschen ist grundsätzlich begrenzt. Die Grenzen werden aber zunächst nicht wahrgenommen. Die Entfaltung geht entsprechend der psycho-physischen Organisation teilweise unreflektiert vor sich. So wissen wir heute nicht mehr, wie wir atmen, stehen, gehen, sprechen und denken gelernt haben.

Zum anderen Teile erfolgt die Entwicklung durchaus bewußt. Wir erleben bestimmte Grenzen unserer Möglichkeiten und werden in dieser bestimmten Weise der Endlichkeit unseres Menschseins bewußt. Wir können etwas nicht (z.B. Fliegen), wir verstehen etwas nicht (z.B. den Gang der Gestirne), wir besitzen etwas nicht (z.B. Nahrung). Im Erlebnis derartiger Grenzen werden wir uns unserer Endlichkeit bewußt.

Dies erzeugt Unlust, die abgewehrt werden muß. Die jeweils bestimmte Unlust wird uns zum Motiv: Wir handeln. Motive und Handlungen werden demzufolge durch die Ablehnung jeweils bestimmter Einschränkungserlebnisse ausgelöst. Der Prozeß der Ablehnung eines als begrenzt empfundenen existentiellen Zustandes ist mit dem Prozeß der Motiventstehung identisch.

> Jeder Mensch strebt nach einer gewissen Selbstentfaltung. Was dem im
> Wege steht, veranlasst ihn zum handeln, d.h. es motiviert.
> Eine entstandene Unlust etwa motiviert uns etwas dagegen zu tun.

Sophia: Du hast jetzt von der Unlust gesprochen. Wie ist das mit der Lust?

Phileon: Lust ist kein ursprüngliches handlungsrelevantes Motiv, sondern Begleiterscheinung bewältigter Negationen. In dem Augenblick, in dem ich einen gegebenen Zustand als unbefriedigend erkenne und deshalb ablehne, habe ich die Grenze zwischen dem, was ist, und dem, was sein könnte, geistig überschritten. Erst jetzt kann ich Ziele setzen, die nicht in der Gegenwart, sondern in der Zukunft zu erreichen sind.

Durch individuelle Erfahrung und durch kulturelles Erbe lerne ich, die immer wieder auftretenden Probleme rasch und wirksam zu beseitigen. Dabei handelt es sich um Routinehandlungen, erworbene Fertigkeiten der Weltbewältigung. Erst wenn solche Fertigkeiten nicht mehr zum Erfolg führen, entsteht eine existentielle Problematik, die als solche angenommen werden kann – was zu aktivem Handeln motiviert – oder verworfen werden kann – was zu passiver Anpassung motiviert.

Anpassung muß keineswegs Gleichgültigkeit gegenüber empfundenen Grenzen und erkannten Problemen bedeuten, sondern stellt zunächst ein ökonomisches Handlungsprinzip dar. Wir wären überfordert, wollten wir uns allen Problemen aktiv zuwenden, die wir empfinden. Mehr oder weniger bewußt klammern wir deshalb verschiedene Leistungsgebiete aus unserem Handlungshorizont aus und sind in diesen Bereichen durchaus bereit, anderen Instanzen die Entscheidung zu überlassen.

> Motive für eigenes Handeln entstehen mithin überall dort und dann, wo
> wir eine Grenze als Grenze erleben. Handlungsrelevantes Motiv ist das
> Überschreiten-Wollen einer jeweils bestimmten Grenze, aus einem unbe-
> friedigenden Zustand in einen befriedigenden Zustand.

Sophia: Gib mir bitte ein Beispiel für eine Motiv!

Phileon: Angst ist eines der wesentlichsten und stärksten Motive. Geängstigt bin ich nicht ich selbst. Angst ist jenes Erlebnis einer Grenze, das Sicherheitshandlungen zwecks Herstellung der Identität motiviert.

Sophia: Woraus entstehen eigentlich Motive?

Phileon: Wir können uns an dieser Stelle von Ernest Dichter helfen lassen, der z.B. zum Unterschied von männlich und weiblich gesagt hat: *„Es ist*

44

durchaus möglich, daß letzten Endes dieser biologische Unterschied der Ausgangspunkt aller Motivationen in der Welt der Dinge ist." (Ernest Dichter, 1964, S. 308)

Sophia: Was hat er damit gemeint?

Phileon: Es geht um den Unterschied zwischen der „Welt der Dinge" und der „Welt des Geistes" – oder wie immer man diese grundlegende Dialektik von Innen- und Außenwelt auch definieren möchte. Die Motive lassen sich auch für Dichter nicht eindeutig in eine der beiden Welten verbannen, sie haben immer mit beiden zu tun. Deshalb ist die Definition auch so schwierig, weil sie sich immer einer Seite zuneigt und somit von der jeweils anderen angreifbar erscheint. Deshalb müssen wir auch so umständlich über das Thema herumreden. Motive sind somit nicht nur „Gedanken", sie sind aber auch nicht nur körperliche „Triebe". Der biologische Unterschied steht zwar als Faktum fest, es geht aber darum, was er für den Menschen bedeutet und wie er damit umgeht. Auch Dichter würde möglicherweise zustimmen, daß die grundsätzliche Differenzierungsfähigkeit des Menschen, also die Unterscheidung zwischen „gut" und „böse", zwischen „Mann" und „Frau", zwischen „tot" und „lebendig" als anthropologische Grundkonstanten die Grundlage der Motive sind.

> Motive gehören sowohl zur Welt der Dinge, als auch zur Welt des Geistes, sie sind somit weder nur körperliche Triebe, noch nur Gedanken.

Sophia: Wo sind die gerade erwähnten „Sicherheitshandlungen" in unserer Diskussion über Motive einzuordnen?

Phileon: Dazu muß ich ein bißchen ausholen und anhand eines Beispiels erklären, wie „Sicherheit" funktioniert, bzw. auf welche Art sie ein Motiv wird. Eine Stufe im persönlichen Sicherheitssystem jedes Menschen stellen die Gegenstände dar, die man sich zurechnet, bzw. die einem zuzurechnen sind: Festgelegt und in Ordnung gebracht sind die Unsicherheitsfaktoren des menschlichen Lebens – zunächst und für den jeweils anstehenden Fall – durch die Entscheidungen, die man trifft. Entscheidungen legen die Freiheit fest. Selbst für den Fall des Irrtums und der Reue kann man die zur Handlung gewordene Entscheidung nicht mehr rückgängig machen, sondern sich allenfalls neu entscheiden.

Damit erweisen sich die getroffenen Entscheidungen als eine Weise der Ordnung des Lebens, die einfach durch Festlegung Sicherheit gibt. Tradition und Vergangenheit werden oft sogar dort noch als sicher angesehen („so war es immer, so ist es gut"), wo bereits erkennbar ist, daß veränderte Umstände neue, andere Entscheidungen verlangen würden.

Entscheidungen gestalten das Leben: Man geht eine Bindung ein, baut ein Haus, verfertigt Gegenstände, kauft Kleidung, schafft Besitz. Damit „verbesondert" man aus der allgemeinen Umwelt etwas als „Eigentum", als zur Individualsphäre gehörend. Der „verbesonderte" Inhalt der Individualsphäre gibt Sicherheit, da er aus der Freiheit herausgenommen, das vergangene Leben repräsentiert.

Die gefrorene Freiheit als Ordnung des Lebens besteht in den Dingen meiner „Welt". Diese besitzen einen um so höheren Sicherheitswert, je weniger vergänglich sie sind: Grund und Boden, Gold, aber auch Verträge, soweit die Rechtsordnung als stabil angesehen wird. In diesen Gegenständen bzw. Rechtsverhältnissen lebt der Mensch und erkennt er sich selbst. Er hat sich vergegenständlicht. Was seinen Dingen passiert, geschieht ihm selbst; was ihm selbst passiert, muß auch seinen Dingen geschehen.

Was wirklich mir gehört, ist mein erweiterter Leib. Zwischen mir und meinem Eigentum kann nicht unterschieden werden wie zwischen Subjekt und Objekt. Ich und mein Eigentum sind eins. In meinen Dingen bin ich ich selbst.

Mit der Erhaltung meiner Gegenstände über den Augenblick hinaus bleibt der Sinn vergangenen Handelns erhalten, ich erlange Beständigkeit in der Geschichte meines Lebens – und darüber hinaus. Ich gehe im Wechsel der Ereignisse und Motive nicht zugrunde, sondern bleibe in meiner Identität bestehen.

Eine andere Sicherheit durch Eigentum liegt in Geld und Geldeswert bzw. im Tauschwert meiner Gegenstände. Geld steht weithin für Sicherheit. Mit Geld kann man werden, was man nicht ist: schnell, wenn man langsam ist (durch Kauf eines Autos); unterhalten, wenn man Langeweile hat (durch Kauf von Vergnügen); gesund, wenn man krank ist (durch Finanzierung eines Krankenhausaufenthaltes); schön, wenn man häßlich ist (durch Kleider und Kosmetika).

In diesem Zusammenhang von Vergegenständlichung und Sicherheit erhebt sich schließlich die Frage, warum wir nicht nur eine, sondern verschiedenartige Vergegenständlichungen anstreben und verwirklichen und warum die Vergegenständlichungen unterschiedliche Wertigkeiten bei verschiedenen Personen haben.

Der Grund für Vergegenständlichungen verschiedener Art liegt darin, daß man sich in seinen Gegenständen jeweils als ein anderer verwirklicht: Als Haus bin ich ein anderer denn als Auto. Als Haus habe ich andere Eigenschaften denn als Auto. Durch den Bau eines Hauses überschreite ich andere Grenzen als durch Anschaffung eines Autos. „Haus" ist ein anderes Motivbündel als „Auto".

Sophia: Kannst du noch einmal zusammenfassen, was du jetzt unter „Motiv" verstehst?

46

Phileon: Gerne. Ein Motiv ist ein Gefühl, das ein Bedürfnis widerspiegelt. Wenn dieses Gefühl zu einem Auslöser von Handlungen wird, die das Ziel haben, ein Bedürfnis zu befriedigen, dann spreche ich von einem Motiv. Ein Motiv ist real und kann sich in verschiedensten Ausformungen in den Handlungen des Menschen zeigen.

> Wenn ein Gefühl eine bestimmte Handlung auslöst, die zum Ziel hat ein Bedürfnis zu befriedigen, dann sprechen wir von einem Motiv.

Sophia: Du hast eben Gegenstände, Produkte, wie etwa Autos oder Häuser genannt. Wie hängen Motive mit Produkten zusammen?

Phileon: Man kann noch einen weiteren Begriff zu Hilfe nehmen, nämlich den der „Bedeutung" – er ist in unserer Welt gebräuchlicher als der des „Motivs". Gegenstände haben für uns Menschen bestimmte Bedeutungen.

Das Wort „Bedeutung" steht hier für „Motivation": Dem Streben nach Verwirklichung des eigenen Lebens sind allenthalben Grenzen gesetzt. Wenn solche Grenzen als Grenzen erlebt werden, entsteht der Wunsch nach Grenzüberschreitung durch entsprechende Handlungen. Es entstehen Antriebe entsprechender (d.h. grenzüberschreitender) Handlungen – es entstehen „Motive". Gegenstände (Güter, Waren), die wir gebrauchen oder verbrauchen, sind Möglichkeiten und Wirklichkeiten je bestimmter Grenzüberschreitung. Sie sind Motivbündel. Die Motivwirklichkeit ist die eigentlichere und entscheidendere Wirklichkeit als die „materielle" Wirklichkeit eines Gegenstandes. Die Motivwirklichkeit des Fernsehapparates beispielsweise ist Information, Unterhaltung, Kunstgenuß; aus welchen Materialien er besteht, ist dagegen verhältnismäßig gleichgültig und auswechselbar.

So befaßt sich die Motivforschung mit der eigentlichen und entscheidenden Wirklichkeit im Leben des Einzelmenschen wie im Zusammenleben von Menschen.

Sophia: Wie gelangt man von der individuellen Ebene der Motive auf die allgemeine Ebene, die den Motivforscher interessiert?

Phileon: Das ist für Arnold/Pesendorfer das Problem der Verallgemeinerungsfähigkeit: „*Einmal gilt für kollektives Verhalten dasselbe wie für individuelles, nämlich daß es unmöglich ist, ohne Informationen über das tatsächliche Verhalten Motive zuzuordnen oder aus (durchaus wahren) Motiven zu schließen. Zum anderen aber werden in einer Kommunikation, d.h. also auch in Interviews, immer und notwendig Motivationen kollektiven Verhaltens ausgedrückt, niemals bloß individuelle. Das enthebt den Interviewer und Interview-Auswerter der Notwendigkeit, psychoanalytisch zu deuten und zu intervenieren. Was er dagegen unbedingt braucht, ist Kenntnis kollektiver Verhaltensweisen, des Zeitgeistes, der Trends, kurz eine Theorie des gegenwärtigen Zeitalters, um überhaupt hermeneutisch erfolgreich sein zu können. Um es noch deutlicher zu sagen: wer aus Interviews verhaltensrelevante Motive verstehen will, muß immer schon bestimmte kollektive Motivationen zusammen mit den darauf beruhenden Verhaltensweisen begreifen und das (vordergründig) individuelle dann einordnen – was nicht einordenbar ist, ist nur individuell und für Motivforschung uninteressant (auch wenn die Nicht-Einordenbarkeit nur auf der persönlichen Unfähigkeit des Interviewers oder Auswerters beruhen sollte)."*

Ich möchte an dieser Stelle darlegen, was Kant zur Art und Weise der Erkenntnis mit den Prinzipien der Vernunft zu sagen hatte: *„Als Galilei seine Kugeln die schiefe Fläche mit einer von ihm selbst gewählten Schwere herabrollen, oder Toricelli die Luft ein Gewicht, was er sich zum voraus dem einer ihm bekannten Wassersäule gleich gedacht hatte, tragen ließ, oder in noch späterer Zeit Stahl Metalle in Kalk und diesen wiederum in Metall verwandelte, indem er ihnen etwas entzog und wiedergab; so ging allen Naturforschern ein Licht auf. Sie begriffen, daß die Vernunft nur das einsieht, was sie selbst nach ihrem Entwurfe hervorbringt, daß sie mit Prinzipien ihrer Urteile nach beständigen Gesetzen vorangehen und die Natur nötigen müsse auf ihre Fragen zu antworten, nicht aber sich von ihr allein gleichsam am Leitbande gängeln lassen müsse; denn hängen zufällige, nach keinem vorher entworfenen Plane gemachte Beobachtungen gar nicht in einem notwendigen Gesetze zusammen, welches doch die Vernunft sucht und bedarf. Die Vernunft muß mit ihren Prinzipien, nach denen allein übereinkommende Erscheinungen für Gesetze gelten können, in einer Hand, und mit dem Experiment, das sie nach jenen ausdachte, in der anderen, an die Natur gehen, zwar um von ihr belehrt zu werden, aber nicht in der Qualität eines Schülers, der sich alles vorsagen läßt, was der Lehrer will, sondern eines bestallten Richters, der die Zeugen nötigt auf die Fragen zu antworten, die er ihnen vorlegt."* (Immanuel Kant; Vorrede zur Kritik der reinen Vernunft, Reclam, Stuttgart 1966, S. 25f.)

Sophia: Was bedeutet das für die qualitative Motivforschung?

Phileon: Der Forscher muß bereits wissen, was er erforschen will, er muß seine Methoden entsprechend entwickeln und reflektieren, in der einen Hand die Vernunft, in der anderen das Experiment – in unserem Fall das Interview – halten.

Sophia: Und wer wird genötigt?

Phileon: Die Interviewpersonen natürlich – das Tiefeninterview folgt einer ganz bestimmten Methodik und ist in einer besonderen Art und Weise „nötigend", die man aber eher als „fordernd" bezeichnen kann, da sie der Interviewperson Aussagen entlockt, die ihre eigene Reflexionsebene übersteigen. Darauf werden wir noch zu sprechen kommen.

Sophia: Du hast vorher den Trend und den Zeitgeist als „blasse Gestalten" bezeichnet, während Arnold und Pesendorfer ihnen doch eine große Bedeutung zuordnen und sogar von einer „Theorie des gegenwärtigen Zeitalters" sprechen. Welche Rolle spielen sie für den Motivforscher?

Phileon: Natürlich, Pesendorfer und Arnold haben schon recht, man darf aber nicht beim „Zeitgeist" stehenbleiben und muß erforschen, welche Motive dahinterstecken. Das machen z.B. auch die „Kreativen" in einer Werbeagentur. Sie versuchen aus ihrer persönlichen Einschätzung heraus, die Motive der Menschen aus dem Zeitgeist zu erkennen. Sie unterscheiden sich aber – wie ich ja schon ausgeführt habe – von den Motivforschern dadurch, daß es ihnen um oberflächliche Strömungen geht, die sie in der Werbung reflektiert auf die Menschen zurückspiegeln und somit verstärken. Die eigentlich handlungsrelevanten Motive bleiben ihnen naturgemäß verborgen, da sie ja keine Forscher sind und auch keine Menschen befragen, zumindest nicht mit entsprechend sinnvollen Methoden.

Für sie ist es ja auch nur wichtig, die Tatsache, daß sich ein Produkt auf eine ganz bestimmte Art und Weise verkauft, zu erkennen und zu verstärken. Kurzfristige Erfolge sind vollauf genug.

> Die „Kreativen" in der Werbebranche erforschen ebenfalls die Motive, jedoch nicht systematisch und somit oft fehlerhaft.

Sophia: Pesendorfer und Arnold erwähnen, daß psychoanalytische Deutungen nicht notwendig sind, um die Motive der Menschen zu erforschen. Was ist deine Meinung dazu?

Phileon: Es ist in vielen Fällen nicht unbedingt notwendig, kann aber sehr hilfreich sein und manchmal den entscheidenden „Durchbruch" in den theoretischen Überlegungen einer Auswertung bringen. Pesendorfer/Arnold stellen die psychoanalytische Auswertung der für sie wichtigeren Theorie des gegenwärtigen Zeitalters gegenüber und bewerten letztere höher. Darüber kann man streiten.

Sophia: Wir haben schon kurz über die Unterschiede zwischen der quantitativen und der qualitativen Motivforschung gesprochen. Was liegt diesen Unterschieden auf der theoretischen Ebene zugrunde?

Phileon: Bleiben wir vorerst noch bei den Unterschieden, die in der Semantik erkennbar sind. Ein zentrales Problem, das bis auf die Basis der philosophischen Erkenntnis und der Wissenschaftstheorie zurückreicht, ist das von

Quantität versus Qualität

Diese Problematik hat in dieser Arbeit einen zentralen Stellenwert. Zuerst möchte ich ein wenig erläutern, was die beiden Begriffe überhaupt bedeuten.

Sophia: Mich interessiert

Der geschichtliche Hintergrund der Begriffe Qualität und Quantität

Kannst du mir einen kleinen Überblick geben?

Phileon: Gerne.

Sophia: Wir reden jetzt schon einige Zeit über Qualität und Quantität. Ich würde gerne wissen, was ich als normaler Mensch überhaupt unter Qualität verstehen kann?

Phileon: Dazu sehen wir uns am besten den modernen Qualitätsbegriff einmal näher an. Das einfachste Beispiel ist das des Geldwechselns: wieviel von was – Euro oder Dollar? Nur „100" zu sagen ist zu wenig, weil ich ja noch nicht weiß: von was? Und nur „Dollar" ist auch zuwenig, weil ich ja noch nicht weiß: wieviel?

Sophia: Das mußt du mir genauer erklären!

Phileon: In unserer heutigen, modernen Lebenswelt hat sich auch die Bedeutung des Qualitätsbegriffs geändert. Er ist zur Produkteigenschaft geworden. Das war er zwar früher auch schon, jetzt sind jedoch fast alle anderen Bedeutungen verlorengegangen. Qualität als Begriff wird gebraucht bei:

... Industrieprodukten (Autos)

... Handwerksprodukten (Uhren, Schuhe)

... Dienstleistungen (Reisen)

... und – allerdings erst an letzter Stelle: im Leben selbst (Lebensqualität), wobei hier nur die Akkumulation oben genannter Qualitätsbegriffe gemeint ist. D.h. wenn ich ein Auto und sonstige Reichtümer von guter Qualität besitze, so hebt das meine Lebensqualität im allgemeinen.

Sophia: Geht es den Menschen nur um materielle Qualitäten?

Phileon: Nein, auch eine gute Partnerschaft ist natürlich eine Qualität, die nicht nur materiellen Maßstäben gehorcht – was übrigens in der Praxis oftmals auch nicht so ganz stimmt.

Sophia: Wann strebt der Mensch nach Qualität?

Phileon: Prinzipiell strebt er nicht direkt nach Qualität, genauso wenig wie er nach Quantität strebt. Die beiden Begriffe sind, egal ob auf Hegel bezogen oder auf den gerade erwähnten modernen Qualitätsbegriff, zu abstrakt, um Objekte des konkreten Strebens zu sein. Der Mensch ist in seinem Streben nicht unabhängig von der Gesellschaft, in der er lebt. Diese Gesellschaft weist bestimmte Merkmale auf, sie besteht z.B. aus Wirtschaftsstrukturen, einer Gesetzgebung, einer Exekutive, einem Bildungssystem etc. Im Rahmen dieser Strukturen und ihrer Ordnungsprinzipien, das kann eine hierachische Ordnung, eine Gruppe oder die Konsumwelt sein, gibt es das menschliche Streben.

Qualität und Quantität stehen für den Menschen in einem dialektischen Verhältnis, d.h. sie sind voneinander untrennbar und doch zueinander widersprüchlich. Man kann auch sagen, die eine Seite existiert nicht ohne die andere. Ohne den Unterschied zwischen Tag und Nacht gäbe es auch keine Begriffe davon, d.h. es gäbe für das Bewußtsein und somit für das Leben des Menschen weder Tag noch Nacht.

Sophia: Wonach?

Phileon: Zum Beispiel nach Qualität! Oder auch nach Quantität. Diese beiden stehen gerade im ökonomischen Bereich in einem dialektischen Verhältnis zueinander. Das Streben nach Mehr-desselben, also nach Quantität, hat seine Grenzen in der Qualität und umgekehrt.

Sophia: Was heißt das?

Phileon: Das Mehr-desselben bekommt ab einem gewissen Punkt eine neue Qualität. Ein Beispiel ist der Straßenverkehr. In unserer Gesellschaft hat dieses Thema vor allem mit Quantitätsfragen zu tun – mehr Autos, mehr Straßen, mehr PS, mehr Luftverschmutzung, mehr Unfälle etc. Das Wachstum ist ein Zunehmen der Größe, also der Quantität. Dieses Zunehmen schlägt irgendwann in eine neue Qualität um, das heißt, nicht das Zunehmen selbst, sondern seine Auswirkungen, das, was die Menschen und somit die Gesellschaft, die solch ein Wachstum vorantreibt, betrifft. Die Qualitäten sind die Lebensqualitäten der Menschen.

In unserer Welt, in unserer „konsumdiktierten, kapitalistisch – neo-liberal" (etc.) aufgebauten Wachstumswelt dreht sich vieles nur um dieses Wachstum, also um ein Mehr desselben, um eine Steigerung der Quantität.

Sophia: Woher kommt das?

Phileon: Das menschliche Streben nach Unsterblichkeit kann in der Natur keinen Erfolg haben, die Natur, die belebte Natur kennt ihre Grundgesetze:

51

Geburt, Wachstum, Rückgang, Tod. Diesen Zyklus will der Mensch seit Urzeiten schon überwinden, gemeinsam mit seiner Angst vor dem Tod. Dies ist nicht möglich, zumindest nicht innerhalb einer belebten Natur, zumindest nicht, solange menschliches Leben an die Existenz eines Körpers gebunden ist, der in der Natur ist.

Der Mensch strebt vor allem in seinem Konsumverhalten nach Quantität, nach einem „mehr desselben", um seine Urangst vor dem Tod zu bewältigen. Er will damit das Grundgesetz des Zyklus von Geburt, Wachstum, Rückgang und Tod umgehen.

Sophia: Was kann man da tun?

Phileon: Der Mensch kann für sich die Illusion der Unsterblichkeit entwickeln und für seine Umwelt eine „Gegenwelt" schaffen (vgl. Heintel, S. 14), die anorganisch funktioniert und eine Illusion von Ewigkeit unterstützt: ewiges Wachstum – eben ein Grundprinzip des kapitalistischen Wirtschaftssystems, gepaart mit einem ideologisierten Primat der Naturwissenschaften. Wachstum braucht jedoch Raum und Ressourcen, also wiederum Material aus der Natur. Beides ist nicht ausreichend vorhanden und gefährdet, sofern es auszugehen droht, die Illusion uneingeschränkten und damit ewigen Wachstums: *„Die Gegenwelt muß bis über den Rand ihrer Möglichkeiten hinauswachsen, um sich den Anschein vom Leben zu geben. Der sichtbare Tod muß durch expandierende Produktion verschleiert werden, diese kennt grundsätzlich keine Grenzen. Obwohl nach Instinkt jeder weiß, daß zum Leben nach dem Wachstum ein Vergehen und der Tod gehört, tut man so, als wäre dieses natürliche Gesetz ausgesetzt. In ihrer anorganischen Anlage soll die Gegenwelt Todesüberwindung und Ewigkeit repräsentieren. Dies ist nämlich der angebliche Lohn aus dem Kampf mit der ewig auch vergänglichen Natur; aus ihrem Werden und Vergehen wollen wir uns unabhängig gemacht haben."* (Peter Heintel, S. 14f.)

Sophia: Welche Konsequenzen hat das für die Forschung?

Phileon: In der Forschung ist die dem jeweiligen Wirtschaftssystem analoge Forschungsform die aktuelle. Wirtschaft, deren Hauptmethode die Quantifizierung ist und deren Hauptziel daher im quantitativen Wachstum liegt, forscht großteils quantitativ. In einer Gesellschaft, in der der Wachstumsgedanke an der Spitze aller wirtschaftlichen Modelle steht, hat Quantität einen anderen, höheren Stellenwert als Qualität.

Sophia: Wie sieht es dann mit der Frage

Qualität – Quantität in der Forschung

aus?

Phileon: Überall dort, wo die Strukturen mit dem Quantitätsbegriff nicht mehr auskommen, schlägt das Streben um in Richtung Qualität. Qualitäten weisen den Weg aus der Sackgasse der Quantitäten.

Sophia: Bitte ein Beispiel!

Phileon: Gerne! Nehmen wir gleich die Produktforschung. Ein Produkt, das sich gut verkauft, wird beworben und als Reaktion der Konsumenten gibt es eine weitere Steigerung des Verkaufs. Irgendwann ist jedoch die Steigerung der Quantität, das Wachstum, vorbei. Die Verkaufszahlen stagnieren und der Produzent steht vor einer Wahl: er kann den Niedergang der Verkaufszahlen bis zum Ende betrachten oder die Qualität verändern. Konkret kann man das Auto als Beispiel nehmen: Das ursprüngliche Motiv ein Auto zu kaufen und zu fahren war die Möglichkeit der Mobilität. Durch die quantitative Zunahme der Autos auf den Straßen gab es eine Entwicklung, die zu Situationen führt wie dem legendären Stau Salzburg – München, der fast 100 km lang war. In diesem Fall führt die ursprüngliche Qualität der Motive durch eine Veränderung in der Quantität zu neuen Motiven. Die Mobilität bzw. die Freiheit bleibt als Motiv zwar erhalten, andere Motive kommen jedoch hinzu – es läßt sich sonst nicht erklären, warum die Menschen stundenlanges Stehen im Stau auf sich nehmen – es können nicht alle „stausüchtig" und auf eine Anreicherung ihrer Endorphine aus sein. Es gibt eben neue Motive wie Prestige, Zugehörigkeit zu einer Konsumentenschicht und noch viele andere.

> Das Primat naturwissenschaftlicher Modelle führt in Wissenschaft und Forschung zur überproportionalen Gewichtung quantitativer Methoden. Qualitative Methoden hingegen weisen einen Weg aus dieser Sackgasse, weil sie den Menschen sowohl als „ganzheitliches Subjekt", also als Individuum betrachten, als auch als Bestandteil einer Gesellschaft.

Sophia: Du hast gesagt, die Qualität wird verändert. Welche Qualität ist damit gemeint?

Phileon: Das Produkt ist gekennzeichnet durch seine Funktion. Ein Teil dieser Funktion wird bestimmt durch seine Brauchbarkeit. Der Konsument kauft es, weil er ein bestimmtes Bedürfnis damit befriedigt. Die Kaufanreize werden durch das Produkt und seine Vermarktung definiert, der Konsument tritt in eine Beziehung zu dem Produkt. Ohne Konsument wäre das Produkt ebenfalls herstellbar und würde sozusagen physisch existieren, es würde ihm aber der Sinn fehlen. Das Streben nach Qualität der Ware ist aber nicht nur auf z.B. gutes Material oder eine gute Verarbeitung gerichtet, sondern oft auch z.B. nach einer „Marke“. Hier geht es darum, daß eine Qualität von einer anderen substituiert wird, nämlich etwa die der Zugehörigkeit zu einer Gruppe mit der des Markennamens und den dadurch beworbenen Attributen.

Sophia: Was ist, wenn sich ein Produkt trotzdem nicht verkaufen läßt?

> Wenn Produzenten auf die genaue Kenntnis der Kaufmotive ihrer Produkte verzichten, führt dies früher oder später zu Mißerfolgen. Diesem Problem können sie durch die Anwendung qualitativer Forschung entgehen.

Phileon: Wenn sich etwa ein Produkt nicht mehr gut verkaufen läßt, so bedeutet das meistens, daß sich der Sinn des Produktes geändert hat und es es daher jetzt am Bedürfnis der Konsumenten vorbeiproduziert wird. Dies geschieht deshalb, weil die Produzenten die Qualität der Beziehung nicht oder nicht ausreichend kennen. Oft sind ihnen nur Teilaspekte bekannt oder das Wissen beruht auf beschränkten Beobachtungen und Erfahrungen. Wenn sich die Qualität der Beziehung verändert, so liegt dies an der Motivstruktur der Konsumenten das Produkt betreffend. Erst wenn der Produzent die veränderte Qualität als neue Beziehungsdimension kennt, kann er das Produkt gezielt den Bedürfnissen anpassen.

Sophia: Und wie findet er die veränderten Qualitäten?

Phileon: Du wirst es erraten – indem er qualitative Motivforschung betreibt.

Sophia: Warum nicht quantitative Meinungsforschung?

Phileon: Weil damit nur bereits bekannte Beziehungen auf ihre Gewichtung geprüft werden können. Man erhebt sozusagen die „alten“, noch-aktuellen Motive, kann aber keine Neuorientierungen erkennen, da man ja durch die geschlossene Frageweise keine Veränderungen abfragen kann.

Sophia: Gilt das für die gesamte quantitative Forschung?

Phileon: Prinzipiell ja, man darf aber nicht vergessen, daß die hier von uns diskutierte Sichtweise auch ein wenig schwarz-weiß-Malerei ist. Es gibt auch in der quantitativen Forschung Ansätze, die man nicht mehr auf obige Aussage reduzieren kann – wenn etwa mittels der Verwendung Querkorrelationen bis dato noch unbekannte Strukturen erkannt werden können – etwas, was umgekehrt die qualitative Forschung in dieser Form oft nicht kann, da sie mit ihren Methoden schwerfälliger ist, vor allem was die Zeit der Erhebung und Auswertung betrifft.

Sophia: Und was ist der Wert einer qualitativen Analyse einer Beziehung?
– *Phileon:* Er besteht in der ganzheitlichen Erfassung des Menschen bzw. seiner Bedürfnisse – Rationalität und Emotionalität spielen darin beide eine wichtige Rolle, der Konsument kauft sozusagen mit Hirn und Herz. Der Produzent eines Produktes, das kann übrigens auch eine Dienstleistung sein, hat meistens nicht die Möglichkeiten, selbst Forschung zu betreiben, genauso wenig wie seine Werbeagentur, mit der er gemeinsam das Produkt vermarktet. Er braucht Profis, die für ihn die Aufgabe übernehmen, die Leute zu fragen.

Sophia: Zu Fragen der Praxis möchte ich später noch kommen. Bleiben wir noch bei der Theorie. Du redest von der

Dialektik Qualität – Quantität

Wie hängen die beiden zusammen?

Phileon: Es gibt keine Qualität ohne Quantität und umgekehrt, aber man kann beide nacheinander betrachten. Am besten lassen wir uns hier ein wenig von Hegel helfen. Qualität, so sagt er, ist „die mit dem Sein identische Bestimmtheit". Quantität dagegen die Negation dessen, die gleichgültige, nur äußerliche Bestimmtheit.

Sophia: Welches „Sein" ist hier gemeint?

Phileon: Das Sein selbst, aber letztendlich steht das menschliche Sein im Zentrum. Das ist auch das, was uns bei diesem Thema interessiert – die Quantität-/Qualitätsfrage ist für die Erforschung der menschlichen Motive ein wichtiger Erkenntnisfaktor. Die Vereinigung von Qualität und Quantität erfolgt im Maß. Im Streit zwischen der quantitativen und der qualitativen Motivforschung spielt das Maß eine wichtige Rolle. In der quantitativen Forschung gelten die Regeln der Naturwissenschaften – alles, was meßbar ist. messen und alles, was nicht meßbar ist, meßbar machen. Die Frage stellt sich, mit welchem Maß welcher Gegenstand gemessen wird und warum.

Laut Hegel sind Qualität und Quantität im Maß vereint – nur so erfährt man etwas über das Wesen der Dinge.

Sophia: Und wie findet man das richtige Maß für jeden Gegenstand?

Phileon: Es gibt laut Hegel immer einen Übergang. Quantitäten stehen dem Maß und der Qualität zunächst gleichgültig gegenüber. Wenn ich zähle „5" und „7" und „15,6", dann tritt hier die Frage nach Qualität und Maß noch nicht auf. Wenn diese Zahlen jedoch „5 Hühner" und „7 Schweine" und „15,6 Kilo" bedeuten, dann gebe ich diesen Quantitäten eine Bestimmtheit, die sie im Prinzip schon haben, denen sie aber zunächst eben gleichgültig gegenüberstehen – ich beschreibe die dazugehörigen Qualitäten.

Sophia: Und wenn ich nur die Qualitäten betrachte?

Phileon: Das ergibt genausowenig Sinn wie nur die Quantitäten alleine zu betrachten. Nur die Zahl „5" für sich allein sagt nichts aus, nur „Schwein" allein ebensowenig. Erst wenn ich zur Quantität auch eine Qualität angebe und dazu noch das richtige Maß, dann erhalte ich das Wesen der Dinge. Erst dann kann ich einen sinnvollen Begriff bilden.

Sophia: Was heißt sinnvoll?

Phileon: Der Begriff muß sinnvoll kommuniziert werden können! Ich muß meinem Gesprächspartner außer dem Wort „Schwein" noch angeben, worum es sich dabei handelt – wenn ich ihm nur das Wort hinwerfe, dann bedeutet das laut unserer gesellschaftlichen Konventionen eine Beschimpfung – es ist die Kurzform für „du bist ein Schwein!" Um ihm aber andere Bedeutungen erklären zu können, brauche ich Quantität, ich kann also sagen: „2 Schweine". Damit gebe ich die Quantität an, also die „Größe" oder auch die „Menge" und habe das Maß bereits inbegriffen, ohne daß ich es in diesem speziellen Fall noch mit ausdiskutieren müßte. Das Maß der Schweine ist so wie beim Menschen Individuen, die zählbar sind und voneinander unterscheidbar. Sie besitzen ein klares Maß, es gibt nicht 2,344445 Schweine, sondern nur ganze Exemplare, die man dann als „Schweine" bezeichnet. Wenn man 3 Schweine schlachtet, dann kann man aus der Menge 2,344445 Schweine machen, das Maß ist dann aber bereits ein anderes und die Quantität auch, ebenso die Qualität. Das Maß ist dann ein Gewichtsmaß wie Kilogramm oder Pfund oder ähnliches, die „Qualität" ist „Schweinefleisch". Quantität und Qualität, um beim lebenden Schwein zu bleiben, sind im Begriff des Schweins vereint, da ich weiß, daß die Größe, die quantitative Bestimmtheit von „1 Schwein" das Individuum umfaßt, das „eine Tier Schwein". Der Begriff des Schweins ist somit klar für jeden, der dieses Sein, die Zählbarkeit von Schweinen kennt.

Sophia: Und wenn der andere von irgendwoher kommt, wo es andere Maßeinheiten gibt und mit dem Maß „Kilogramm" nichts anfangen kann?

Phileon: Dann brauche ich auch ein anderes, gemeinsames Maß um ihm die Menge, die Quantität verständlich machen zu können. Das Maß ist keine Frage der Natur, sondern eine gesellschaftliche Konvention, eine bewußte Festlegung, die kommuniziert und ausgehandelt werden muß.

Sophia: Was hat das mit der qualitativen Motivforschung zu tun?

Phileon: Sehr viel. In der qualitativen Motivforschung steht der Forscher bzw. der Interviewer vor der Aufgabe, zum angesprochenen Thema das richtige Maß zu erfragen oder zumindest so zu fragen, daß das Maß später aus den Antworten gefunden werden kann.

Das jeweilige Maß ist eine gesellschaftliche Konvention und somit durch Kommunikation veränderbar. Es wird sozusagen von Menschen gemeinsam ausgehandelt und erhält dadurch erst eine Bedeutung sowie Gültigkeit und in weiterer Folge Verbindlichkeit.

Sophia: Was ist das „richtige" Maß?

Phileon: Stets das von der Gesellschaft ausgehandelte. Das Individuum hat dieses Maß in sich und richtet seine Handlungen danach aus. In Bezug auf Konsumprodukte ist dies ebenso gültig wie bei Dienstleistungen oder beim Fußballmatch. Man sollte auch den Einfluß, den Meinungsumfragen, die zu politischen Ereignissen gemacht werden, nicht unterschätzen. Es existiert der Verdacht, daß bestimmte Wahlprognosen durchaus mit Absicht ein gewisses Manipulationspotential beinhalten. Hier wird versucht, das Maß zu verändern bzw. gezielt zu benutzen. Vor der letzten Wiener Gemeinderatswahl betonte die verantwortliche Fernsehsprecherin fast eineinhalb Stunden, daß es zwar noch kein Ergebnis gäbe, dafür aber eine Umfrage. Über das Ergebnis dieser Umfrage wurde lange und ausführlich gesprochen, die Methode war den Verantwortlichen nicht einmal eine kurze Bemerkung wert.

Sophia: Inwiefern spielt die Dialektik von Qualität und Quantität bei Wahlen eine Rolle?

Phileon: Wenn jemand eine Stimme mehr erhält als der andere, dann gilt er als gewählt. Wenn er eine Stimme weniger bekommt, ist er nicht gewählt. Hier wird die Quantität (51%) zur Qualität (gewählt sein, ein Mandat haben etc.). Schon Sokrates hat in seiner Rede nach seiner Verurteilung zum Tode angemerkt, daß er nicht empfehlen kann, statt der Suche nach der Wahrheit die Suche nach der Mehrheit einzusetzen. Für ihn war der Unterschied zwischen Quantität und Qualität zugleich der zwischen Leben und Tod.

In der demokratischen Wahl ist dies ein wenig anders, es geht aber auch oft um Existenz oder Nicht-Existenz, etwa einer Partei, die in einer Regierung vertreten ist und somit „existiert" oder auch nicht.

Sokrates hat nach der Abstimmung über sein Schicksal gemeint, daß er niemandem empfehlen kann statt nach der Wahrheit nach der Mehrheit zu suchen.

Sophia: Wozu dient die Quantifizierung bei Wahlen?

Phileon: Im Prinzip macht es ja Sinn: wenn der Kandidat 2% der Stimmen bekommt so steckt eine andere „Qualität" dahinter als wenn er 28% erhält. Hier kann die Quantifizierung auch Anstöße liefern über die Qualität nachzudenken. Man darf nur nicht die Quantifizierung als Ersatz für die Untersuchung der Qualitäten heranziehen, sondern muß zuerst die Qualitäten kennen und diskutieren bevor man sich an die Quantifizierung begibt.

Sophia: Und wie soll das auf der wissenschaftlichen Ebene funktionieren?

Phileon: Das kommt darauf an, im Bereich der Motive ist dies anders als im Bereich der Natur. Ein Stein kann sich nicht selbst entscheiden, ob er nach der Formel der Gravitation fallen will oder nicht, er gehorcht einem Naturgesetz. Dieses Gesetz kann wissenschaftlich erfaßt und beschrieben werden. Experimente bezeugen seine Gültigkeit. Der Stein kann nicht das Naturgesetz der Gravitation erkennen, sich willentlich dagegenstellen und sagen: „immer diese blöde Formel, jetzt falle ich einmal nach einer anderen." Der Mensch samt seinen Motiven ist da anders. Er wird durch die Erforschung seiner Motive beeinflußt, kann diese Reflektieren und sich entscheiden, etwas anders zu tun als er es bisher getan hat. Es tritt eine Feedback-Schleife zutage, die es in der Naturwissenschaft nicht gibt und auch nicht geben kann. In der Sozialwissenschaft muß das anders sein. Wir können als Beispiel noch einmal den Mechanismus der Wahlen betrachten: wenn jemand erfährt, daß die meisten Leute den Kandidat A wählen, dann kann er sich für den Kandidaten B entscheiden, auch wenn er ursprünglich Kandidat A wählen wollte. Mit naturwissenschaftlichen Methoden, die keine Feedback-Möglichkeiten kennen, kann man diese Motive der Menschen daher nicht erforschen – das ist einer der Hauptvorwürfe an die quantitative Forschung, die ja mit Statistik als wichtiges Wissenschaftsmodell arbeitet und, siehe quantitative Fragebögen, Rückkoppelungen nicht einplant und nicht einplanen kann. Heintel meint zu diesem Thema sogar, daß eine neue Wissenschaft entwickelt werden müßte:

„Zusätzlich wird eine neue Wissenschaftsform zu entwickeln sein, die imstande ist, Lebensprozesse im besonderen zu verstehen, dort und da auch zu steuern, ohne sie im Verallgemeinern zu töten. Es wird sich um eine Prozeß-Wissenschaft handeln, die nicht mehr vom richtigen Fest-Stellen lebt, auch nicht vom technisch-anorganischen Anwenden von Ergebnissen, sondern um eine Symbol -"Anstoß" – und Feed-back-Wissenschaft, die durch ihre lebendige Prozessualität selbst Leben im besonderen zu fördern imstande ist." (Peter Heintel, S. 19)

Eine genaue Definition dieser Wissenschaft, wie sie funktioniert oder wo sie einzuordnen sein wird, bleibt jedoch auch bei Heintel noch unklar.

Menschliche Motive gehorchen nicht den Gesetzen der Naturwissenschaften und können daher auch nicht mit deren Methoden erforscht werden.

Sophia: Du hast vorher gesagt, durch Rückkoppelung verändert sich die Beziehung Konsument – Produkt. Wer oder was verändert sich da?

Phileon: Natürlich in erster Linie der Konsument, der seine Motivlandschaft
umgestaltet, d.h. die Mittel zur Bedürfnisbefriedigung wechselt oder verändert. Dies passiert im Rahmen seiner sozialen Einbindung in die Gesellschaft,
wo Normen und Werte durch ständige Diskussion von innen und die Veränderung bestimmter Rahmenbedingungen von außen beeinflußt werden. Das
Individuum muß zwar als solches betrachtet werden, aber immer auch als
Teil des Ganzen. Veränderungen weisen auf Veränderungen der Gesellschaft
hin, die als solche aber auch gleich bleibt, ebenso wie das Individuum als
Mensch konstant bleibt.

Sophia: Was heißt das?

Phileon: Bestimmte Rahmenbedingungen ändern sich nicht oder nur sehr
langsam. Der Mensch verändert sich im Laufe seines Lebens und hat doch
stabile Momente, mindestens sein Mensch-Sein. Das ist auch die Grundapo-
rie bei Hegel – etwas verändert sich und bleibt doch gleich. Er macht diese
Aporie faßbar durch das dialektische Verhältnis von Qualität und Quantität.
Das Individuum repräsentiert das Ganze in sich und ist doch Teil desselben.

Sowohl Individuum als auch Gesellschaft verändern sich ständig und
bleiben doch gleich – eine brauchbare Forschungsmethode muß diesem
Umstand Rechnung tragen können.

Sophia: Wofür trifft diese Aussage zu?

Phileon: Für alle Menschen, die in einer Gemeinschaft leben. Ich möchte hier
die Leibnitzschen Monaden als Denkmodell erwähnen. Das Spezifische einer
Monade liegt darin, daß sie das Ganze auf die ihr spezifische Weise repräsentiert. Hier setzt methodologisch die qualitative Motivforschung an: das
Individuum repräsentiert die Konsumentenschicht, der es angehört, auf die
ihm spezifische Weise.

Sophia: Wie kann man diese „spezifische Weise" herausfiltern?

Phileon: Ich muß auf diese spezifische Weise in meiner Forschungsmethode
Rücksicht nehmen, um zu einem brauchbaren Ergebnis zu kommen. Ich muß

also das sogenannte „Orientierungsfeld" erforschen, indem ich es der Interviewperson durch ein Tiefeninterview sozusagen „entlocke".

Sophia: Was ist ein „Orientierungsfeld"?

Phileon: Das Orientierungsfeld ist eine Darstellungsform der menschlichen Motivlandschaft. Das ist die Sammlung aller handlungsrelevanten Motivdimensionen samt Querverbindungen in andere Bereiche, die zum entsprechenden zu erforschenden Thema gehören. Dazu später etwas mehr.

Sophia: Ich möchte beim Thema Wissenschaft bleiben. Wie fügt sich die Qualität/Quantitätfrage in das Wissenschaftsgebilde ein?

Phileon: Da gibt es einen Streit zwischen den Natur- und den Sozialwissenschaftern. Einerseits gibt es die wissenschaftstheoretischen Vorgaben, die wir schon besprochen haben, das ist aber noch nicht alles. Eine Wissenschaft ist erst dann exakt, wenn ihre Methode dem Gegenstand angemessen ist. In den Naturwissenschaften wird eine Methode auf alles angewendet, sie ist daher für bestimmte Bereiche unexakt und für manche gänzlich unbrauchbar.

Sophia: Warum?

Phileon: Weil dann die Methode, der Glaube an ihre Unfehlbarkeit und an das daraus resultierende Ergebnis den Blick für das Wesentliche trüben.

Sophia: Wo ist das der Fall?

Phileon: Überall dort, wo es um den Menschen geht, um das Individuum als Subjekt und Teil eines Ganzen und die Gesellschaft als komplexe Ganzheit, um menschliches Verhalten. In diesem Fall muß man den Menschen von mehreren Seiten betrachten, man muß ihn durch verschiedenfarbige Filter sehen und sich außerdem darüber im klaren sein, daß man oftmals nicht alle notwendigen Filter besitzt. Diese Erkenntnis muß in die Forschungsarbeit miteinfließen.

Sophia: Wie wird die Qualität/Quantitätfrage im momentanen wissenschaftlichen Alltag behandelt?

Phileon: Ausgehend von dem altgriechischen Philosophen Anaximenes, der die qualitative Verschiedenheit von Dingen durch die quantitative Verschiedenheit zu erklären versuchte, hat diese Tradition noch immer hohe Gültigkeit. Qualitative Unterschiede auf quantitative zurückzuführen galt und gilt seither als ein Kennzeichen aller „echten" Wissenschaften.

Sophia: Gut, im Bereich der Naturwissenschaften ist das klar. Wie sieht es mit den Geistes- und Sozialwissenschaften aus?

60

Phileon: Die noch immer sehr starke Ausrichtung der Wissenschaft nach den Gesetzen der Disziplinen der Naturwissenschaft hat auch innerhalb der Sozialwissenschaft weitgehend ihre Gültigkeit. Dies deshalb, weil sie eine Reihe nicht zu unterschätzender Vorteile bietet, wie etwa die wissenschaftliche Tradition, auf deren alte Erklärungsmuster man sich verlassen kann. In diesem Fall braucht man nicht nach neuen zu suchen. Das erspart eine Menge Arbeit.

Ein weiterer bestechender Vorteil der quantitativen Messung ist die Komplexitätsreduktion auf Zahlen, deren Erfaßbarkeit sich wesentlich einfacher darstellt als mittels anderer Meßkriterien. Quantitative Marktforschung gibt Aufschluß darüber, in welchem Ausmaß bereits bekannte Zusammenhänge im jeweiligen Marktsegment vorhanden sind. Wesentlich ist hier, in welchem Zusammenhang die erhobenen Zahlen stehen. Absolutzahlen allein können nur eine grundsätzliche Struktur der Realität erkennen lassen. Will man nähere Zusammenhänge wissen, muß man sich die Streuungen und Regressionen der erhobenen Daten genauer ansehen.

Die Komplexitätsreduktion ist ein von Lamnek zu Recht als Nachteil kritisierter Punkt, übt aber auf die naturwissenschaftlich ausgerichteten Sozialforscher großen Reiz aus und hat somit Erfolg.

Sophia: Wo liegt dann das eigentliche Problem?

Phileon: Das Hauptproblem ist das der Rückkoppelung: wieviele wollen das? Damit erhält die Mitteilung Normcharakter – wenn ich mit meiner Meinung zur Minderheit gehöre, bin ich Außenseiter. All diese Punkte haben natürlich auch eine Schattenseite: wenn der wissenschaftliche Alltag nicht mehr funktioniert, sprich: wenn die Ergebnisse so falsch sind, daß man damit nichts mehr anfangen kann, soll heißen, daß sie keiner mehr kauft, ist man früher oder später gezwungen, eine Lösung des Problems zu suchen. Das ist nicht einfach, denn es bedeutet, daß man sein bisheriges wissenschaftliches Paradigmensystem in Frage stellen muß, was für viele Wissenschafter und ihre Auftraggeber mehr Mühe bedeutet als mit allen Mitteln das alte System zu verteidigen und auszubauen.

Sophia: Kannst Du die Probleme, die auftreten, aufzählen? Kannst du mir eine

Zusammenfassung der Probleme Quantität – Qualität

geben?

Phileon: In all den Problemen zeigt sich der Unterschied zwischen qualitativer und quantitativer Motivforschung. Also, da haben wir ...

1. Das Reduktionsproblem

In unserem Wissenschaftsverständnis und unserem Forschungsalltag sind die Methoden der Naturwissenschaften vorherrschend. Man versucht, diese Methoden auf alle Probleme und Forschungsfragen anzuwenden und stößt dabei naturgemäß – oder besser: naturwissenschaftsgemäß – auf Grenzen: manche Probleme der Menschen sind mit naturwissenschaftlichen Methoden nicht oder nur zum Teil erfaßbar: entweder sind sie zu komplex oder es ist nicht möglich, die richtigen Fragen oder auf die richtigen Fragen die entsprechenden Antworten zu finden.

Wie schon erwähnt, ist die Komplexitätsreduktion aber auch ein Vorteil der quantitativen Methoden, da Ergebnisse durch die Vereinfachung operationalisiert werden können. So ist Vorhersage möglich – in der Naturwissenschaft kann durch die Erforschung der Planetenbewegungen etwa eine Sonnenfinsternis vorhergesagt werden. Die Forschung steht also vor dem Konflikt, daß sie mit einem Faktor operieren muß, der zugleich Vorteil und Nachteil ist.

Sophia: Bitte ein Beispiel für so eine Grenze!

Phileon: Eine dieser Grenzen wird dann erreicht, wenn man Kommunikationsprobleme als quantitative Probleme definiert und entsprechend behandeln will. Um dies zu erreichen, werden die dem Problem anhaftenden „Qualitäten" ausgeklammert bzw. auf quantitative Probleme reduziert. Dies passiert in der quantitativen Meinungs- und Motivforschung: komplexe Probleme werden eindimensional dargestellt, was meistens in Form von Zahlen, Graphiken, Diagrammen etc. geschieht.

Sophia: Gut, aber wo ist das Problem, was funktioniert daran nicht?

Phileon: Quantitativ nicht meßbar sind noch nicht bekannte Zusammenhänge. Dahinter steht die einfache Aussage, daß nur etwas abfragbar ist, was auch als Frage formuliert wurde. Nicht formulierte Fragen bleiben somit unbeantwortet. Es gibt aber auch in der quantitativen Forschung ein Problembewußtsein und man verwendet daher Fragebögen, bei denen man mittels Querkorrelationen Zusammenhänge erfassen kann, die nur durch die Betrachtung von Fragen und Antworten nicht erkennbar wären.

Noch nicht bekannte Zusammenhänge sind quantitativ nicht meßbar, da die Methode durch die Komplexität menschlicher Motivstrukturen überfordert ist.

Sophia: Wo sind hier die Grenzen?

Phileon: Viele noch nicht erkannte Zusammenhänge (Qualitäten eben) lassen sich nur mit qualitativen Untersuchungsmethoden erheben. Die Auswertungen in Form von Zahlen und Diagrammen bieten dem Betrachter ein scheinbar klares Bild, erfassen aber nicht die Komplexität eines schwierigen Themas. Es ist der Versuch, durch Reduktion auf einen gemeinsamen Nenner zu kommen und eben in Folge dessen quantifizieren zu können: 78% sind dafür, 22% sind dagegen. Man hat scheinbar die Ganzheit erfaßt, da man auf 100% kommt.

Sophia: 100% von was?

Phileon: Von einer konstruierten Ganzheit, die man mittels statistischer Daten errechnet. Gegen diese Methode ist im Prinzip nichts zu sagen, wenn sie richtig angewendet wird. Meistens wird aber neben den Zahlen nichts mehr sonst erhoben bzw. erfragt. Wenn man mit statistischen Methoden einen Motivbereich erforscht, so findet man einen Teil dessen, was man – vorsichtig gesprochen – „Wahrheit" nennen kann. In manchen Fällen ist dies bereits ausreichend, um Aussagen abzuleiten, mit denen die Auftraggeber etwas anfangen können, die also „stimmen". Meistens wird aber eben nur ein Bruchteil dessen erfasst, was zur Darstellung des Motivbereiches notwendig wäre. Fehler sind hier fatal, denn wenn ich nur einen Teil des Ganzen kenne, so kann ich keine Aussagen darüber machen, wie das Ganze reagiert. Das Problem dabei ist, daß die äußerst komplexen Zusammenhänge, die hinter diesen Zahlen stehen, nicht erkannt oder gesehen werden. Für Wirtschaftsunternehmen, die auf möglichst realitätsnahe Informationen des Marktes angewiesen sind, stellt diese Tatsache eine große Gefahr dar – ebenso wie die Wahlprognosen in der Politik. Die Folge davon ist, daß häufig quantitative Marktanalysen nur mehr als Entscheidungslegitimation verwendet werden. Im Sinne des Gesamtunternehmens stellt dies eine enorme Verschwendung von Ressourcen dar.

> Wenn ich nur einen Teil eines komplexen Ganzen kenne, so kann ich nicht voraussehen, wie das Ganze funktioniert und reagiert.

Dies soll nicht heißen, daß quantitative Untersuchungen schlecht, und qualitative möglicherweise den Ausweg bedeuten, sondern es besteht enorme Wichtigkeit darin, genau zu unterscheiden, wann welche Methode anwendbar ist und welche die jeweils erforderlichen Informationen sind, die es zu erfahren gilt.

Vieles von dem, was ich bis jetzt gesagt habe und noch sagen werde, trifft auf die quantitative Motivforschung nur dann zu, wenn sie unprofessionell durchgeführt wird. Manche Kritikpunkte sind jedoch für den gesamten Bereich der quantitativen Motivforschung zutreffend und den Methoden immanent.

> Quantitative Methoden können qualitative nicht ersetzen und umgekehrt. Es ist daher von zentraler Wichtigkeit genau zu erkennen und zu unterscheiden, wann welche Methode angebracht ist.

Sophia: Du hast gerade gesagt, es gibt durch die Ergebnisse der quantitativen Forschung eine „Verschwendung von Ressourcen". Wie ist das gemeint?

Phileon: Eine falsche Methode führt dazu, daß die Auftraggeber einer solchen Arbeit statt gesteigerten Erfolg zu haben vor einem Mißerfolg stehen. Ein Beispiel aus der Praxis der Motivforschung: Die Fotokette „Herlango" ließ vor einigen Jahren quantitativ erheben, was die Kunden denn so von einem Fotofachgeschäft erwarten. Die Antwort – in Prozentzahlen gut dokumentiert und untermauert – war eindeutig: die Kunden gaben als häufigste Antwort, daß das Fotogeschäft „in meiner Nähe sein soll." Der leicht zu ziehende Schluß: Filialen bauen, am besten so viele wie möglich. Daran ist die Fotokette fast zugrunde gegangen und man konnte sich das nicht erklären, die Kunden hatten sich doch klar geäußert.

In einem weiteren Schritt wurden dann Forscher mit qualitativen Denkansätzen hinzugezogen. Sie stellten den Kunden die gleiche Frage und bekamen auch die gleiche Antwort: „Das Geschäft soll in meiner Nähe sein!". Dann jedoch taten diese Forscher etwas besonderes, was die quantitativen gar nicht konnten: Sie fragten die Kunden, was sie denn mit ihrer Aussage meinten. Das Ergebnis war interessant: so mancher war bereit, weite Strecken zurückzulegen, weil eine gute Bekannte in diesem Fotogeschäft arbeitete. Andere wiederum hatten das Fotogeschäft auf ihrem Weg zur weit entfernten Arbeitsstätte und wieder andere fanden den Weg zu ihrem Fotogeschäft so interessant, daß sie gar nicht bemerkten, wie weit das Geschäft rein räumlich gesehen von ihrer Wohnung entfernt war. Fazit: „Nähe" ist motivlich gesehen nicht unbedingt die räumliche Nähe – sie kann auch etwas anderes bedeuten, z.B. emotionale Nähe.

> Beim Einsatz quantitativer Methoden ohne vorhergehende qualitative Analyse der relevanten Motive gehen der Wirtschaft in der Praxis durch die Entwicklung nicht bedürfnisgerechter Produkte Millionen verloren, obwohl sie oft glauben, ebendiese verdient zu haben. Sie unterliegen in diesem Fall der Täuschung, daß konkret vorliegende Zahlen mit der Wahrheit über Motivzusammenhänge identisch erscheinen.

Viele Motivforscher sowie viele Hersteller von Produkten, die mit quantitativen Methoden arbeiten oder der Mystik der Zahlen verhaftet sind, glauben das Gesamtgebilde, also die Motivlage der Menschen einem bestimmten Thema gegenüber, zu kennen. So investieren sie Geld und Zeit in Werbekampagnen, Entwicklung neuer Produktlinien oder Verbesserung bestimmter

Marktstrategien. Manchmal liegen sie richtig und die Menschen reagieren wirklich so, wie die Meinungsforscher meinen und voraussagen. Wenn es aber in den unerforschten Gebieten der menschlichen Motivlandschaft Bereiche gibt, die den oben erwähnten Maßnahmen widersprechen oder davon beeinflußt werden, liegen sie falsch. Hier gehen in der Wirtschaft Millionen verloren, weil man sich nicht die Zeit und das Geld genommen hat, die Motive vorher entsprechend genau erforschen zu lassen. Ich bekomme oft von den für die Forschung Verantwortlichen auf die Frage, warum sie quantitativ und nicht qualitativ forschen, die Antwort, qualitativ wüßte man ohnehin schon alles bzw. hätte ja auch schon genug Geld investiert.

Sophia: Gibt es ein Beispiel aus der Praxis?

Phileon: Ein großer Autokonzern hat die Motive der Menschen erforschen lassen, weshalb sie einer Marke treu bleiben oder auch nicht. Auf quantitativem Weg. Man hat sich mit den Forschern zusammengesetzt und überlegt, welche Motive die Menschen haben könnten und ist dabei auf die stattliche Summe von 16 verschiedenen Motiven gekommen. Dann hat man einen Fragebogen entwickelt und diese 16 Motive abgefragt. Das Ergebnis war ein Ranking von 1 bis 16 und man wußte jetzt scheinbar, wie die Motivlage der Menschen aussieht, und zwar aufs Prozent genau.

Dann hat man einen qualitativen Motivforscher beauftragt, die Motive herauszufinden. Dies geschah mittels Tiefeninterviews, in denen die Leute offen nach ihren Motiven zum Thema Markentreue befragt wurden. Das Ergebnis waren 25 Motivbereiche. Und der wichtigste Motivbereich war in der quantitativen Studie gar nicht vorhanden, denn den hatte man im Briefing, als man die 16 Motive zusammengeklaubt hat, völlig vergessen und konnte ihn daher auch nicht abfragen, da die Möglichkeit der Erfassung neuer Motive in der quantitativen Arbeit meistens gar nicht vorgesehen ist.

Sophia: Welcher Bereich war das?

Phileon: Das Clanverhalten. Man gehört durch den Kauf einer bestimmten Marke zu einem Clan: man ist Mercedes-Fahrer, Golf-Fahrer etc. Platz 1 im Ranking wird dann deutlich, wenn man sich das starke Verlangen nach Gruppenzugehörigkeit der Menschen vor Augen führt.

Sophia: Bitte noch ein Beispiel aus dem Bereich der politischen Forschung!

Phileon: Ein heißes politisches Eisen war die Abstimmung, ob Österreich der EU beitritt oder nicht. Im Rahmen der Vorbereitungen dieses Ereignisses wurde eine namhafte Werbeagentur von der Bundesregierung damit beauftragt, den EU-Beitritt zu bewerben. Die Agentur erstellte ein großes Konzept und startete eine Kampagne, um die Vorteile des Produktes „Europäische Union" zu bewerben, ganz so wie man dies in der Branche tut. Die Menschen, denen diese Werbekampagne galt, wurden jedoch nicht miteinbezogen, sondern man glaubte zu wissen, was sie wollen. Eine aufgrund des mäßigen Erfolgs der Werbekampagne gestartete qualitative Motivforschung fand heraus, daß es in der Bevölkerung auch Ängste gab, ebenso wie Hoffnungen und andere Gefühle. Die Kriterien der Abstimmung waren aber gerade in diesem Fall rein emotional, sie fanden auf der Gefühlsebene statt, nicht im Bereich der Vernunft.

Die Menschen fühlten sich mit ihren Ängsten alleingelassen – überall gab es nur Werbung für die Vorteile, dabei sah man auch ganz beträchtliche Nachteile. Aufgrund der Ergebnisse der qualitativen Studie mußte die Werbeagentur ihre Linie ändern und mit sich einer neuen Herausforderung stellen – wie stellt man Nachteile dar...

Sophia: Was kann man aus der Geschichte lernen?

Phileon: Es gibt in der qualitativen Motivforschung ein geflügeltes Wort: „Nicht denken, Leut' fragen". Damit ist gemeint, daß man wesentlich besser auf die Wünsche, Hoffnungen und Ängste der Menschen eingehen kann, wenn man sie kennt. Dazu muß man aber mit ihnen reden – im stillen Kämmerchen auszubrüten, was man glaubt, daß die Menschen meinen könnten, kann schiefgehen. Gerade im Bereich der politischen Entscheidungen dreht es sich sehr oft um emotionale Faktoren, die für ein Ergebnis ausschlaggebend sind. Diese gilt es zu kennen und zu erforschen, denn nicht besprochene Ängste wirken sich weit stärker aus als beworbene Hoffnungen.

> Statt im stillen Kämmerchen über mögliche Motive der Kunden nachzudenken, sollte man diese lieber mit entsprechenden Methoden befragen.

Sophia: Weshalb erforscht man denn nicht alle Bereiche, die man noch nicht kennt, qualitativ?

Phileon: Eine gute Frage. Das hat verschiedene Gründe. Wir sind hier beim zweiten Punkt meiner Aufzählung angelangt:

2. Das Ideologieproblem

Ein Grund für den verstärkten Einsatz und den daraus resultierenden Erfolg der quantitativen Forschung ist die fehlende Flexibilität der Forscher was ihre Forschungsmethoden und die darin verankerten Ideologien betrifft.

Dies liegt aber nicht daran, daß die Forscher ihr Fachgebiet nicht beherrschen würden, sondern an der wissenschaftlichen Praxis: Um die jeweilige Einzelwissenschaft in ihren Paradigmen abzusichern und dadurch ihre Unangreifbarkeit zu verstärken, muß man als Vertreter dieser Einzelwissenschaft Abgrenzungen vornehmen, also z.B. Widersprüche eliminieren. So lassen sich auch Pfründe abstecken und Gegner bekämpfen, die an der schönen Außenhülle des disziplinären Palastes kratzen. Eine beliebte Methode ist es, der Konkurrenz fehlende „Wissenschaftlichkeit" vorzuwerfen. Das passiert auch zwischen quantitativer und qualitativer Motivforschung. Ein Beispiel:

Von den Wissenschaftern, die sich der quantitativen Meßmethode verpflichtet fühlen, kommt immer wieder die Kritik gegenüber der qualitativen Methode, daß damit ja nur Details gemessen werden.

Sophia: Und wie beurteilst du diese Aussagen?

Phileon: Diese Kritik ist schlichtweg falsch, da es hier nicht auf die Erhebung der Details ankommt, sondern auf die Erfassung der Schnittstellen, der Zusammenhänge, die man kennen muß, um das Gebilde als solches zu erfassen und zu verstehen. Im Gegenangriff behaupten die qualitativen Forscher, daß die quantitative Forschung das wichtige Umfeld negiert. Soziale Phänomene existieren nicht außerhalb des Individuums, sondern beruhen auf den Interpretationen der Individuen einer sozialen Gruppe, die es zu erfassen gilt. (vgl. Lamnek, Band 1, S. 7)

Sophia: Stimmt dieser Vorwurf?

Phileon: Nur zum Teil – wenn quantitative Forschung schlecht durchgeführt wird.

Sophia: Und wie entgeht die qualitative Forschung diesem Problem?

Phileon: Sie beschreibt die Gestalt der Systembewegung als Ganzes. Die hier zu beantwortende Frage lautet: „wie erscheint das Ganze in seinen Bewegungen und seinem Wandel"? Aber auch das stimmt nur, wenn qualitative Forschung seriös betrieben wird.

Quantitative und qualitative Forscher werfen einander gerne vor, daß der jeweils andere unwissenschaftlich arbeite. Beide haben immer dann recht, wenn die jeweilige Forschung schlecht bzw. ungenau durchgeführt wird.

Sophia: Gibt es noch weitere Vorwürfe von Seiten der quantitativen Forschung?

Phileon: Ja. Zwei davon, die auch Lamnek in seinem Werk beschreibt, möchte ich herausnehmen.

Zum einen wird den qualitativen Forschern vorgeworfen, daß es sich bei ihrer Methode um einen *„revisionistischen Rückfall in die Hermeneutik"* handle (Baacke/Schulze 1979, S. 12). Es geht dabei um das alte Problem induktive Schlüsse vs. deduktive Schlüsse. Wenn man das Falsifikationsprinzip als einzig wahres wissenschaftliches Kontrollprinzip akzeptiert, dann sind induktive Schlüsse nicht zulässig, da jeder wissenschaftliche Fortschritt, jede Erkenntnis nur durch die Falsifikation einer Hypothese gewonnen werden kann. Lamnek springt hier für die qualitative Forschung in die Bresche und führt an: *„Von qualitativer Seite wird dem entgegengesetzt, daß qualitativ gewonnene Ergebnisse zwar generalisiert werden, nicht aber – wie in der quantitativen Sozialforschung – durch Verallgemeinerung, sondern durch Typisierung. Ziel der Typisierung ist die Identifikation eines Sets von sozialen Handlungsmustern in einem Feld."* (Lamnek, Band 2, S. 204)

Man verzichtet in der qualitativen Forschung auf die Quantifizierung der Muster, es ist also egal, wieviele Menschen sich gemäß der Muster verhalten. Außerdem arbeitet man in dem Bewußtsein, daß das Muster *„ein wissenschaftliches Konstrukt ist, das in der empirischen Wirklichkeit nicht immer in allen Einzelheiten den Handlungsfiguren entspricht."* (Lamnek, Band 2, S. 204)

Lamnek meint damit, daß eine Illusion der direkten Umsetzung der Ergebnisse, wie sie in der quantitativen Forschung durch die Reduktion auf Zahlen versprochen wird, in der qualitativen Forschung nicht verfolgt wird. Aus diesem Grund liefert die qualitative Motivforschung auch keine Zahlen, sondern Aussagen samt den dazugehörenden Denkmodellen, um den Auftraggebern die Basis zu liefern, die sie benötigen, um sich sinnvoll mit dem Thema auseinandersetzen zu können und eventuell später quantitativ nachzuforschen.

Als zweiten Kritikpunkt führt Lamnek an, daß in der qualitativen Sozialforschung *„der Beliebigkeit Tür und Tor geöffnet wird. Die qualitative Forschung liefere keinerlei Handhabe, die intersubjektive Überprüfbarkeit der Interpretationsbefunde zu sichern."* (Lamnek, Band 2, S. 204)

Als Entgegnung wird angeführt, daß es ja in einer seriös durchgeführten Forschungsarbeit nie Einzelpersonen sind, sondern immer Forschergruppen, die sich erstens gegenseitig kontrollieren und zweitens normale Mitglieder des gesellschaftlichen Lebens sind, dessen Teile sie untersuchen. *„Es wird also die prinzipielle erkenntnislogische Ähnlichkeit von alltagsweltlichem Fremdverstehen und wissenschaftlich kontrolliertem Nachvollzug postuliert."* (Lamnek, Band 2, S. 204)

Sophia: In welcher Phase befindet sich der Ideologiestreit?

Phileon: Möglicherweise könnte es irgendwann auch einen Paradigmenwechsel geben.

Sophia: Und was für einen?

Phileon: Der Paradigmenwechsel zwischen der quantitativen und der qualitativen Forschung ist der zwischen naturwissenschaftlichem und geisteswissenschaftlichem Paradigma, den Goldthorpe (1973, S. 449) bereits als „*re-volutionary „paradigm shift“*“ bezeichnet hat. Dieser Wechsel, der erst in seiner Anfangsphase ist, wird – soviel kann man heute schon sagen – nicht ohne Konflikt abgehen. Dies hat neben den wissenschaftlichen Interessen und Revierkämpfen auch mit dem Vorhandensein handfester wirtschaftlicher Interessen zu tun. Die qualitative Forschung versucht in gewisser Weise in Bereiche einzudringen, die die quantitative Forschung besetzt hält – einfach aufgrund der Tatsache, daß sie zuerst da war.

Sophia: Wie wird es ausgehen?

Phileon: Beide Seiten werden ihre oft absolut vertretenen Positionen aufgeben müssen, sofern sie an einem sinnvollen wissenschaftlichen Weiterentwicklungsprozeß interessiert sind.

Der nächste Punkt ist

3. Die Dynamik der „dunklen Flecken"

Sophia: Was heißt „dunkle Flecken"?

Phileon: Es sind dies sozusagen die „weißen Flecken der Motivlandkarte". Auf alten Landkarten gab es noch weiße Flecken, das waren diejenigen Orte, die den Forschern bislang unbekannt waren. Da die Landkarten auf hellem oder weißem Papier gezeichnet waren, nannte man diese Flecken eben „weiße Flecken". In der Motivforschung geht es in gewisser Weise um die Erhellung dunkler, unbekannter Gebiete.

Sowohl die Qualitäten, die in der Beziehung zwischen Produkt und Konsument stecken wie auch die nicht erfaßten, weil vor Forschungsbeginn unbekannten Quantitäten schaffen dunkle Flecken in der darzustellenden Motivlandschaft der Konsumenten. Man versucht in der quantitativen Forschung Tendenzen herauszufiltern, auf die sich der Produzent oder Dienstleister einstellen, auf die er reagieren soll. Ein Problem dabei ist, daß Tendenzen in einem nur sehr begrenzten Rahmen Linearität aufweisen. Will ich um „n" mehr Produkte verkaufen, ist es nur sehr begrenzt sinnvoll, bekannte Faktoren zu aktivieren. Das Kaufverhalten ändert sich durch sämtliche, vor allem aber quantitativ nur schwer meßbare Größen ständig. Das große Problem für eine naturwissenschaftlich orientierte Methode besteht in diesem Bereich durch die Nichtlinearität menschlichen Verhaltens.

Ein wichtiger Faktor und zugleich eine Grundannahme der qualitativen Methoden ist die Tatsache, daß das Kaufverhalten in einem hohen Ausmaß emotional und in einem relativ geringeren Ausmaß rational geleitet ist.

Da aber unsere sogenannte „westlich-abendländisch-christlich-kapitalistisch-rationale" Erziehung besonderen Bedacht darauf nimmt, sämtliche eigenen und fremden Handlungsgründe zu rationalisieren, sind wir als Gesellschaft kaum in der Lage, die eigenen und fremden emotionalen Handlungsursachen zu erkennen. Quantifizieren lassen sich aber eben nur Daten, z.B. geäußerte Meinungen oder Befindlichkeiten, nicht Gefühle.

> Menschliches Verhalten ist zu einem guten Teil von Emotionen bestimmt, also oft nicht linear. Eine geeignete Forschungsmethode muß diesem Umstand Rechnung tragen. Naturwissenschaftlich orientierte Methoden, die auf rein linearen Prinzipien wie der aristotelischen Logik aufbauen, haben hiermit Probleme.

Sophia: Ein Beispiel?

Phileon: Ein Beispiel, wie versucht wird, Qualitäten in Quantitäten umzuwandeln, ist die Festlegung von Schmerzensgeld in der Jurisprudenz: ein Arzt befragt den Patienten, der meistens ein Unfallopfer mit Schadenersatzansprüchen ist, nach seinen Schmerzen. Er versucht dabei, den Patienten zur Quantifizierung der Schmerzen zu bewegen, was diesem naturgemäß schwer fällt, weil Schmerzen eben eine Qualität haben, die von der Quantität nicht getrennt werden kann. Für den Arzt bzw. für den Juristen geht es nicht darum, wo und welche Schmerzen man hat, sondern wie lange und wie stark sie vorhanden sind. Dies kann der Patient wiederum nur schwer beantworten. Er muß versuchen, eine Skala an sich selbst anzulegen (sehr weh, nicht ganz so sehr weh, nicht so weh, relativ weh, einigermaßen weh, nicht sehr weh, nicht so weh, fast gar nicht weh, etc.). Dies sieht nur auf den ersten Blick komisch aus, in der Praxis hängt eine Menge Geld davon ab, wie sehr eine Verletzung weh tut. Je nach „Weh-Grad" wird der Richter dem Geschädigten eine gewisse Summe Schmerzensgeld zusprechen, er wird also ebenfalls quantifizieren.

In diesem Beispiel gibt es verschiedenste Schwachstellen in der logischen Stringenz der Vorgangsweise, die – soviel sei vorweggenommen – den Schluß zulassen, daß der Versuch, von einer Qualität auf eine Quantität zu kommen, für den Bereich Schmerzensgeldermittlung in einem Ausmaß gescheitert ist, das den Wurf einer Münze zur Entscheidungsfindung mindestens gleichwertig macht.

Anders ausgedrückt: der Versuch der Quantifizierung von Schmerzen mit den vorherrschenden Methoden ist von nahezu erschreckender Plumpheit gezeichnet und wirft die Frage auf, wieweit menschliche Gefühle überhaupt quantifizierbar sind, sofern – und das ist der entscheidende Punkt – die zugleich vorhandene Qualität ausgeklammert wird.

Sophia: Wie merkt man das dann aber in der Praxis?

Phileon: Im Beispiel Schmerzensgeld fragt der Arzt nur dann nach einer Qualität der Schmerzen, nämlich der daraus entstehenden Berufsunfähigkeit, wenn der Geschädigte in einem Angestelltenverhältnis lebt und die Zeit, die er ausfällt, einfach zu quantifizieren und in Geld umzurechnen ist. Das monatliche Gehalt, geteilt durch die Zeit, die der Schmerzbehaftete ausfällt, ergibt eine gewisse Summe. Selbständige, die naturgemäß unregelmäßige Einkünfte beziehen, haben es hier schwer, ihre Schmerzen entgolten zu bekommen. Die Quantifizierung ihres Arbeitsausfalles ist zu kompliziert. Ähnlich schwierig ist es in der quantitativen Forschung, die Qualitäten der Motive der Konsumenten in Zahlen auszudrücken.

Aus diesem Grund ist eine direkte Abfrage des Kaufverhaltens oder von Kauftendenzen nur dann sinnvoll, wenn eine möglichst breite Kenntnislage des Konsumentenverhaltens bekannt ist. Die dafür relevanten Bereiche sind: psychoanalytischer Aspekt, historische Entwicklungen, soziologische Komponenten, religiöse Traditionen, kulturelle Vorurteile, stammesgeschichtliches Erbe, Zeitströmungen in einem sich wandelnden Weltbild und vieles mehr. Zur Erfassung dieser äußerst vielschichtigen Aspekte bedarf es aber einer sehr ausdifferenzierten Methode, die auch philosophische Aspekte und Denkmodelle mit einbeziehen muß.

Ein weiteres Problem ist

4. Die Dialektik Individuum – Gesellschaft

Wie ich schon berichtet habe, geht es im Diskurs Qualität-Quantität auch um die Frage des Maßes. In der qualitativen Motivforschung geht es um das Maß des Menschen, in seiner Ausprägungsform als Individuum, aber auch um das Maß der Gesellschaft. In der quantitativen Forschung versucht man, das Maß von vornherein festzulegen und dann die Individuen als repräsentative Teile der Gesellschaft an diesem Maß zu messen. Es wird aber nicht gemessen, sondern nur gezählt und das Gezählte dann in ein inneres Maß der vorangehenden Hypothese eingefügt.

Sophia: Und stimmt dieses Maß?

Phileon: Nein, das richtige Maß in der Motivforschung sollten die Menschen sein! Da diese Menschen immer auch Individuen sind, gibt es viele verschiedene Maße, aber auch gemeinsame.

Das richtige Maß in der Motivforschung sollten die Menschen sein – als Individuen, aber auch als deren Gemeinsames, also die Gesellschaft. In der qualitativen Motivforschung versucht man über das individuelle Maß zum allgemeinen zu kommen.

Individuen sind nur dann meßbar, wenn man die Menschen als Ganzes als Maß nimmt bzw. das Maß aus ihrer Qualität als Individuum herausholt. In der Forschung interessiert aber letztendlich nicht nur das Individuum, sondern vor allem das Nicht-Individuelle, Allgemeine. Diesen Teil versucht man in der Auswertung des offenen Interviews herauszufinden, man versucht über das individuelle Maß zum Allgemeinen zu kommen. Der Zugang zum Individuum erfolgt über den Dialog, der Zugang zum Allgemeinen durch die Inhalte des Interviews sowie durch die nachträgliche Auswertung und Interpretation, bei der die Auswerter versuchen, die verschiedenen Maße herauszuarbeiten, darzustellen und miteinander zu vergleichen.

Ein weiteres Problem eröffnet sich, wenn man analysiert, was die Verallgemeinerung in der Statistik bewirkt: der Mensch wird quantifiziert und in Typen eingeteilt, die es in vielen Fällen gar nicht gibt. Peter Heintel: „*Serienprodukte sind weniger verallgemeinerter „Geschmack", sondern Resultat von ökonomischen Systemnotwendigkeiten – ich glaube auch nicht, daß sich im Coca-Cola das Wesen des Weltbürgers verallgemeinert hat. Wissenschaft und Werbung – sie sind sich nicht zufällig so animos feindselig – tun nur auf Grund repräsentativer Quantität so, als hätten sie immer das „Wesensallgemeine" herausgefunden. In Wahrheit dienen sie meist jenem Subsumtionsallgemeinen, das für expandierende Isolationssysteme Komplexität und „Individualität" reduziert oder ausschließt. Das quantitative Argument ist meist das der Macht des etablierten Isolations- und Reduktionssystems. Es wird in ihm daher auch nie zusätzliche Qualität erreicht, soll doch schon bestehende qualitative Unterschiedlichkeit aufgehoben, unterdrückt werden."* (Peter Heintel, S. 16)

Das Wesensallgemeine ist oft kein Allgemeines, sondern eine Konstruktion, die nur durch eine ganz bestimmte Brille besehen Sinn macht.

5. Subjekt – Objekt

Das Ziel der qualitativen Motivforschung ist es, soziales Handeln zu verstehen. Dies ist nur möglich, indem man die Forschungsobjekte als Subjekte und diese wiederum von innen betrachtet. Hier findet man einen der größten Unterschiede zwischen quantitativer und qualitativer Forschung. Die naturwissenschaftlichen Methoden sind darauf ausgerichtet, die Forschungsgegenstände als Objekte anzusehen, die man nur von außen betrachten, also beobachten und messen kann. Menschliche Emotionen und die daraus entstehenden Handlungsrichtlinien sind jedoch von außen nicht zu erkennen. Das, was man von außen erkennt, läßt nur vage Schlüsse auf die dahinter verborgenen Motive zu. Diese Schlüsse gleichen oft eher einem Glücksspiel denn einer kausalen Schlußkette.

> Gefühle und daraus entstehende Motive sind nur durch reine Beobachtung nicht zu erkennen. Man braucht dazu den Dialog, der in Form des offenen Interviews ein Eindringen in die Gefühlswelt des Subjekts ermöglicht.

Die geisteswissenschaftlichen Methoden ermöglichen es dagegen eher, in die innere Welt eines Menschen vorzudringen und seine Gefühle und Emotionen zu erforschen und zu dokumentieren. Das Tiefeninterview ist, wie der Name schon sagt, eine Möglichkeit, in die Tiefe der geistigen und sozialen Welt eines Individuums einzudringen. Dies kann man *„idiographisches Verfahren"* nennen (vgl. Konegen/Sondergeld 1985, S. 65ff.) und in die aristotelische Tradition einreihen. Erscheinungen werden nicht kausal erklärt, sondern teleologisch verstanden: *„Es ist dies der Versuch, Erscheinungen mit Hilfe von Intentionen (Absichten) und Motiven, Zielen und Zwecken zu erklären. Darum nennt man das Vorgehen in der aristotelischen Tradition auch „finalistisch" im Gegensatz zum „mechanistischen" der galileischen Tradition."* (Konegen/Sondergeld 1985, S. 65f.)

Sophia: Das habe ich noch nicht ganz verstanden...

Phileon: In der quantitativen Forschung erfolgt die Messung relevanter Merkmale, während in der qualitativen Forschung die Exploration von Sachverhalten sowie die Ermittlung der Bezugssysteme der Befragten im Vordergrund steht. Nur wenn ich die Bezugssysteme kenne, kann ich die Aussagen einer Interviewperson richtig deuten, nur so kann ich sie in einen Zusammenhang stellen, der über die rein subjektive Ebene hinausreicht. Wie ich oben schon erwähnt habe, geht es auch in der qualitativen Forschung darum, vom Einzelnen zum Allgemeinen zu gelangen. Die Grundlage dafür ist die Erfassung der subjektiven Zusammenhänge und eben Bezugssysteme des Individuums. Ich versuche, bestimmte Muster zu erkennen, um dann aufgrund der Struktur dieser Muster Denkmodelle zu entwickeln, die die Handlungsformen der Menschen einem bestimmten Problemfeld gegenüber erklären.

> Vom Einzelnen zum Allgemeinen gelange ich, wenn ich in den Bezugssystemen des Individuums nach Mustern suche, die in ihrer Struktur auf gesellschaftliche Handlungsmuster rückschließen lassen.

Sophia: Ich möchte noch ein bißchen bei der Differenz quantitative – qualitative Motivforschung bleiben. Du bist ja ein Vertreter der qualitativen Forschung. Könntest du die beiden verschiedenen methodologischen Ansätze gegenüberstellen?

Phileon: Natürlich. Ich möchte zu diesem Zweck

16 Kritikpunkte an der Methodik der quantitativen Forschung

aufzählen. Ich halte mich dabei an Siegfried Lamnek, da er in seinem Standardwerk eben diese Kritikpunkte angeführt hat (Lamnek, Band 1, S. 3 ff). Ich ergänze seine Ausführungen, die ich hier nur zusammenfasse und führe eben dazu noch die jeweilige, oft gegenteilige Position der qualitativen Motivforschung an.

1   Die Reduktion des sozialen Feldes

Durch die Verwendung standardisierter Fragebögen, die heute das Um und Auf der quantitativen Meinungsforschung sind, wird die Komplexität des Themas auf einzelne Zahlen reduziert. Der eigentliche Forschungsgegenstand, der Mensch, wird dadurch nicht mehr in seiner Ganzheit erfaßt und die Ergebnisse verlieren erheblich an Aussagekraft und Wert. Um den Menschen zu erfassen, bedarf es Methoden, die ihn in den Mittelpunkt stellen, wie etwa die der qualitativen Forschung. Hier wird von der Position des Individuums ausgegangen, die Interviewperson bekommt die Möglichkeit, ihre Lebenswelt zu skizzieren und nicht nur als „Datenfutter" bereits existierender Hypothesen zu dienen.

Sophia: Wie ist das in der qualitativen Forschung mit dem Menschen als Datenfutter?

Phileon: Natürlich dienen die Interviewpersonen auch als Datenlieferanten. Aber sie liefern ihre eigenen Daten, ob sie dem Interviewer in sein Konzept passen oder nicht. Das ist einer der Gründe, warum Tiefeninterviews so lange dauern und für alle Beteiligten eine ziemliche Anstrengung bedeuten. Man bekommt einen Satz Daten, die aber meistens in kein Konzept passen, da sie die persönliche Handschrift des Interviewten und somit individuelle Merkmale tragen. Sofern die Auswertung kompetent und exakt durchgeführt wird, fließen die Motivlandschaften der Interviewpersonen in die Theorien mit ein.
   Weiters, und darüber wird noch zu diskutieren sein, kann durch die quantitative Methode die Sicht der Betroffenen nicht in das Ergebnis einfließen. Auch dadurch tritt eine Reduktion ein.
   Als dritter Punkt der Kritik und ebenfalls von großer Wichtigkeit muß das Problem der fehlenden Zusatzinformation angeführt werden: Die Personen, deren Gedanken und Gefühle mit herkömmlichen Methoden untersucht werden, werden aus ihrem Lebenskontext herausgerissen. Dies ist vielleicht der schwerste Kritikpunkt an der Methode der standardisierten Befragung.

Sophia: Was ist daran schlimm?

Phileon: Auch die quantitative Forschung gibt natürlich vor, Lösungsmodelle zu liefern, oder zumindest Erklärungsmodelle. Hier stellt sich die Frage: ab wann ist ein Erklärungsmodell zutreffend? Beide Forschungsansätze, quantitativ und qualitativ, werfen einander vor, daß die Methoden der Wirklichkeit nicht angemessen sind, daß mit einem falschen Maß gemessen wird. Die quantitative Forschung wirft der qualitativen vor, daß sie unwissenschaftlich arbeitet, weil sie ohne einem repräsentativen Sample in ihren Untersuchungen zu folgen trotzdem Aussagen macht, die allgemeingültig sein sollen. Zu diesem Kritikpunkt kommen wir später noch. Umgekehrt wirft die qualitative Forschung der quantitativen vor, daß sie die eigentliche Lebenswelt der Beteiligten ignoriert. Ein Beispiel: in einem Fragebogen wird die Frage „Finden Sie es gut, daß der Obmann XY Bezüge für eine Leistung erhält, die er gar nicht erbracht hat?" gestellt. Die Antwortmöglichkeiten sind „Ja", „Nein" und „Weiß nicht".

Das Ergebnis wird aus drei Zahlen bestehen, die zusammen 100% ergeben. Man weiß dann etwa, daß 35% auf die Frage mit „Ja", weitere 55% mit „Nein" und 10% mit „Weiß nicht" geantwortet haben. Sonst weiß man nichts. Jede Interpretation ist eigentlich unzulässig, da man nichts weiter von den Menschen weiß, die man befragt hat.

Selbst wenn man sehr vorsichtig an die zu untersuchenden Personen herangeht und eine Vielzahl Zusatzfragen stellt, ignoriert man trotzdem den Lebenskontext der Interviewpersonen. Sie werden auf drei oder auch auf zehn Antwortmöglichkeiten reduziert. Ich möchte auf diesen Kritikpunkt später noch zu sprechen kommen, weil er auch methodisch direkt ins Zentrum der Unterschiede vordringt.

> Ein gravierender Vorwurf an die quantitative Forschung besteht darin, daß sie die Interviewpersonen aus deren Lebenskontext herausreißt und somit das jeweilige Umfeld negiert.

Sophia: Was kann die qualitative Forschung anders machen?

Phileon: Sie kann mit Methoden an die zu befragenden Personen herangehen, die eben diesen Lebenskontext berücksichtigen. Man darf allerdings nicht vergessen, daß auch in der qualitativen Forschung die Gefahr besteht, daß der Forscher den Lebenskontext nicht entsprechend berücksichtigt. Dies kann etwa passieren, wenn Interviews nicht gut durchgeführt oder schlampig ausgewertet werden. So wie für einige der folgenden Punkte gilt auch hier: manche Fehlerquellen können auch in der qualitativen Forschung auftreten, bei anderen ist die Gefahr nur sehr gering oder gar nicht gegeben. Ich möchte aber jetzt noch die weiteren Kritikpunkte durchgehen, bevor ich ausführlich auf die Methode der qualitativen Motivforschung eingehe:

2. Die eingeschränkte Erfahrung

Lamnek kritisiert die der quantitativen Sozialforschung zugrundeliegende Position des Positivismus, der nur das „tatsächlich Gegebene" für relevant bzw. für überhaupt existent ansieht. Das Wesen der Dinge bzw. nicht unmittelbar ersichtliche Phänomene bleiben dabei vom Erkenntnisprozeß ausgegrenzt.

Außerdem sind von dieser Position aus nur standardisierbare, intersubjektiv nachvollziehbare Erfahrungsdaten zur empirischen Prüfung zulässig. Individuelle, lebensgeschichtliche Erfahrungsschätze sind daher ausgeschlossen.

Genau dies, so Lamnek, sollte aber der Gegenstand sozialwissenschaftlicher Forschung sein.

Sophia: Was ist das „tatsächlich Gegebene"?

Phileon: Das ist ja genau das Problem! Dieses „tatsächlich Gegebene" ist ja auch nur ein Forschungsergebnis, das durch eine bestimmte Vorgehensweise, der wiederum eine bestimmte Methode zugrundeliegt, hervorgebracht wurde. Die „Tatsächlichkeit" ist die vom Forscher dem Thema und den Interviewpersonen auferlegte. Ihre eigene Lebenswelt, ihre subjektive „Tatsächlichkeit" wird komplett ignoriert! Das Gegebene ist somit ein „Erfundenes", da es nur im Kopf des Forschers gegeben ist. Zu diesem Thema kommen wir aber noch ausführlich.

Lamnek kritisiert weiterhin, daß die quantitativen Forscher durch ihre Methoden den Bezug zur Realität der empirischen Welt verlieren und schließt daraus, daß die qualitative Sozialforschung „*...nicht zuletzt ein Versuch (ist), den restringierten Erfahrungsbegriff der quantitativen Sozialforschung zu überwinden.*" (Lamnek, Band 1, S. 9)

Hier gilt übrigens das gleiche wie bei Punkt 1: auch die qualitative Motivforschung kann Gefahr laufen, das Wesen der Dinge nicht zu erkennen. Tendenziell ist sie jedoch genau darauf ausgerichtet und methodisch daher anders orientiert als die quantitative Forschung.

3. Schein und Wirklichkeit

Die durch die quantitativen Methoden objektiv erscheinenden gesellschaftlichen „Tatbestände" werden von Lamnek als „*Verdoppelung der Realität*" (Lamnek, Band 1, S. 9) beschrieben und als in einen ideologischen Zirkel führend bezeichnet. Dies geschieht deswegen, weil die Erforschung sich auf oberflächliche Aussagen der Untersuchten beschränkt und dadurch deren „verdinglichtes Bewußtsein" in ihre Hypothesenbildung übernimmt. Die ideologische Verblendung des gesellschaftlichen Zusammenhangs wird dadurch noch zementiert.

In der qualitativen Forschung habe ich hingegen die Möglichkeit, tiefer in die eigentliche Motivwelt der Menschen vorzudringen und die ideologischen Schranken zu überwinden.

Dieser Kritikpunkt ist so wie der folgende eine Kritik am „Herrschaftsopportunismus" der quantitativen Methode und ihrer Anwender.

4. Strukturstabilisierung

Die quantitative Motivforschung stabilisiert und fördert mit ihren Methoden und der oben erwähnten „*Verdoppelung der Realität*" (Lamnek, Band 1, S11) eine unreflektierte Marktwirtschaft.

Dies geschieht vor allem dadurch, weil die oberflächliche Datenerhebung nur die unreflektierten, in der Mehrzahl gesellschaftskonformen Aussagen und Wahrnehmungen erheben kann. Das, was mir ein Interviewpartner in einem standardisierten Interview sagen kann, ist methodisch bedingt eine reduzierte, zusammengefaßte oder pauschale Aussage. Diese kann auch nur als solche erfaßt werden und beeinflußt das Ergebnis entsprechend.

Ein Beispiel: Auf die Frage „Wollen Sie mehr Sicherheit in ihrem Wohnbezirk" werden viele Befragte mit „Ja" antworten. Das ist eine geschlossene Frage, die man an der Möglichkeit, nur mit „Ja" oder „Nein" bzw. „Ich weiß es nicht" antworten zu können, erkennen kann.

Sophia: Und weshalb antworten die Befragten meistens mit „Ja?"

Phileon: Die Antworten auf die Frage fallen nicht unbedingt deshalb so eindeutig mit „Ja" aus, weil die Befragten nach eingehender Überlegung und Abwägung der Hintergründe und Bedeutungsvielfalt dieser Frage ihre Meinung mit „Ja" zusammenfassen können, sondern deshalb, weil „mehr Sicherheit in der persönlichen Lebensumgebung" ein allgemeingültiger Wert ist, ein Grundbedürfnis aller Menschen. Jeder will „Sicherheit", genauso wie jeder „Glück" will oder „Zufriedenheit". Diese allgemeingültigen Werte werden von den Erhebungsmethoden der quantitativen Forschung als statistische „Wahrheiten" erhoben, da Zahlen ja nicht lügen können. Sie erfassen und dokumentieren somit eine Art kleinstes gemeinsames Mittel ihrer eigenen momentanen Hypothesen, da sie auf reduzierte Fragen nur ebensolche Antworten zulassen. Andererseits behandeln sie die Antworten insofern „naiv" als sie in ihrer Methode keine Möglichkeit zur Selbstreflexion ihrer Methode bzw. zur Kritik des Ergebnisses eingebaut haben.

In der quantitativen Forschung wird durch die Technik der geschlossenen Fragestellung nur ein kleinstes gemeinsames Mittel der eigenen, momentanen Hypothesen erhoben. Somit werden bereits bestehende Strukturen stabilisiert.

Beide Auswirkungen verhindern neue Erkenntnisse und stabilisieren somit die bestehenden Strukturen.

In der qualitativen Motivforschung kann ich durch die ausschließliche Verwendung offener Fragen obiger Problematik entgehen – allerdings auch nur bis zu einem bestimmten Punkt, denn sie kann sich einer möglichen Wahrheit auch nur annähern.

5. Das Primat der Methode über die Sache

Lamnek kritisiert unter diesem Titel die fehlende Anpassungsmöglichkeit der quantitativen Methoden an die ständig wechselnden Anforderungen im Bereich der Sozialforschung. Dies führt dazu, daß „... *die zu untersuchende Wirklichkeit unter die Maßgabe der vorhandenen Untersuchungsmethoden (tritt)."* (Lamnek, Band 1, S. 11) Der zu untersuchende Gegenstand tritt daher nicht als das, was er ist, auf, sondern als das, was er laut Untersuchungsmethode sein soll. Die Verfälschung der Realität ist hier offensichtlich und die Angemessenheit der Methode nicht gegeben.

In der qualitativen Motivforschung gibt es ein Primat der Interviewten über die Sache und in weiten Teilen auch über die Methode. Sie geben die Motivdimensionen vor, nicht der Forscher. Trotzdem brauche ich auch hier ein vorausgesetztes Modell für die Interpretation. Zu diesem Thema werden wir noch kommen. An dieser Stelle bleibt noch anzumerken, daß die von Lamnek kritisierte fehlende Anpassungsmöglichkeit der quantitativen Forschung von ihr bereits erkannt wurde. Neue Methoden sind in ständiger Entwicklung und ermöglichen eine relativ schnelle Anpassung an neue Anforderungen. Ein weiterer Vorteil der quantitativen Forschung gegenüber den – in diesem Punkt eher trägen – qualitativen Methoden ist die Möglichkeit, in kurzer Zeit aktuelle Ergebnisse liefern zu können. Für Unternehmen, die auf eine Marktneuheit oder -anforderung schnell reagieren müssen, gibt es durchaus brauchbare Tools.

> Quantitative Methoden können sich nur schwer an die ständig wechselnden Anforderungen in der Sozialforschung anpassen, dafür liefern sie im Gegensatz zur in diesem Punkt eher trägen qualitativen Forschung in kurzer Zeit aktuelle Ergebnisse.

6. Der Meßfetischismus

Bei der Messung geht es um die Umformung kommunikativer Erfahrungen in Daten (vgl. Habermas 1967, S. 192ff.). Dies ist bei der herkömmlichen Sozialforschung nicht der Fall, da aufgrund der Tatsache, daß es uninterpretierte

78

Erfahrungen nicht gibt, der Umformungsprozeß des Messens selbst eine Interpretation darstellt. Das Hauptproblem ist dabei die unreflektierte Vorgehensweise betreffend die Meßmethoden und das Maß – es wird oft ein Maß vorausgesetzt ohne daß seine Auswirkungen auf das Meßergebnis (die „Gemessenen") klar ist und vor allem ohne daß das Maß im Ergebnis erklärt wird.

Sophia: Was ist damit gemeint?

Phileon: Goethes Mephistopheles hat diesen Punkt der Kritik aufgezeigt und kritisiert die „gelehrten Herren":

Daran erkenn' ich den gelehrten Herrn!
Was ihr nicht tastet, steht euch meilenfern,
Was ihr nicht faßt, das fehlt euch ganz und gar,
Was ihr nicht rechnet, glaubt ihr, sei nicht wahr,
Was ihr nicht wägt, hat für euch kein Gewicht,
Was ihr nicht münzt, das meint ihr, gelte nicht.
(Johann Wolfgang Goethe, Faust – der Tragödie zweiter Teil, Reclam, S. 11)

Das Maß der Naturwissenschaften ist nicht für die Sozialwissenschaften gültig. Man muß nicht alles messen, um zu Erkenntnissen kommen zu können.

Für genauere Ausführungen siehe, wie auch bei den anderen Kritikpunkten, Lamneks Erläuterungen.

In der qualitativen Motivforschung sind die Subjekte das Maß, oder besser gesagt, ihre individuelle Lebenswelt, sofern sie eine Abbildung der gesellschaftlichen Phänomene darstellt. Dies haben wir ja schon besprochen.

7. Instrumentalisierung als Intersubjektivität

In einer naturwissenschaftlich orientierten Meinungsforschung muß versucht werden, die Einflüsse des Forschers und des Erhebungsinstruments auf die Meßsituation und somit auf das Ergebnis zu verhindern. Dies ist jedoch – so Lamnek – gar nicht möglich und auch gar nicht erwünscht, da „...*die Involviertheit des Forschers in den Forschungsprozeß ein unumgehbarer und notwendiger Faktor der Ergebnisproduktion sei.*" (Lamnek, Band 1, S. 13) Durch die Instrumentalisierung der Erhebungsmethoden wird der Fehler begangen, die Abhängigkeit der Methode vom zu untersuchenden Gegenstand zu leugnen.

Lamneks Ansatz die qualitative Sozialforschung betreffend geht in eine andere Richtung, die auch für diese Arbeit zentral ist: „*Versteht man den Forschungsablauf als kommunikative Beziehung zwischen Forscher und Forschungsobjekt, so ergibt sich die Intersubjektivität gerade nicht aus der Standardisierung der Methoden, sondern aus der Anpassung der Methoden an das individuelle Forschungsobjekt sowie der Verständigung und dem Verstehen zwischen Forscher und Forschungsobjekt.*" (Lamnek, Band 1, S. 13)

Wenn man Lamneks Gedanken hier konsequent weiterführt, so muß auf die Beziehung zwischen Forscher und Erforschtem erstens großen Wert gelegt werden und diese Beziehung zweitens rückwirkend in die Methode und in das Ergebnis einfließen.

> Es ist methodisch unmöglich die Einflüsse des Forschers auf die Meßsituation zu verhindern. Besser ist es, diese Einflüsse zu reflektieren und in das Ergebnis einfliessen zu lassen, wie dies in den qualitativen Methoden möglich und notwendig ist.

Sophia: Und wie soll das funktionieren?

Phileon: Durch eine genaue Dokumentation der Forschungsarbeit, durch eine den gesamten Prozeß andauernde Begleitdokumentation sowie durch eine die Forschungsarbeit durchziehende Prozeßreflexion und eine dadurch bedingte ständige Veränderung der Methode. Dazu sage ich später noch mehr.

8. Naturwissenschaft als Vorbild

Dieses Problem muß hier wesentlich ausführlicher behandelt werden, als dies bei Lamnek der Fall ist, denn es ist ein zentrales für das Verständnis des Ansatzes der qualitativen Motivforschung – wir haben die Grundproblematik schon in Punkt 1 kennengelernt.

Lamnek kritisiert, daß die Position der Naturwissenschaften mitsamt ihren Methoden (etwa Isolation, Mathematisierung, Reproduzierbarkeit des Ergebnisses) den Anforderungen der Sozialwissenschaften nicht gerecht werden kann. Bei ihren Forschungsobjekten, den Menschen, geht es darum, das motivierte Handeln dieser Menschen zu verstehen. Es geht um das Verstehen im Sinne des Verstehens der Motivation der Menschen, nicht um die die generelle, hinter dem Handeln vermutete Gesetzmäßigkeit, die es laut Lamnek ohnehin nicht gibt (vgl. Lamnek, Band 1, S. 14).

Er schreibt resümierend: *„Die geisteswissenschaftliche Methode des Verstehens ist realitätsgerechter und dem sozialwissenschaftlichen Gegenstand angemessen."* (Lamnek, Band 1, S. 14).

Sophia: Was ist damit gemeint?

Phileon: Es geht darum, den Menschen als Ganzes und auch als Teil der zu untersuchenden sozialen Gesellschaft zu begreifen. Der Begriff des „Verstehens" ist hier zentral, wir müssen uns damit näher beschäftigen. Unter „Verstehen" ist niemals das Erkennen und Deuten von Prozentsätzen gemeint. Forscher sowie Auftraggeber einer qualitativen Motivforschung müssen sich mit einem jeweils neuen Verständnishorizont herumplagen. „Verstehen" bedeutet bei jeder Untersuchung etwas anderes. Es geht um das Sich-Auseinandersetzen mit einem Thema, mit einer speziellen Motivlandschaft der Menschen, die es zu erfassen und zu begreifen gilt. Ein Beispiel: Man stellt in einem Fragebogen die Frage „Gefallen ihnen Rappett'n?". Als Antwortmöglichkeit gibt es „ja", „nein" oder „weiß nicht". Man kann auch noch die modernere Form der quantitativen geschlossenen Frage verwenden und eine Antwortskala 1-7 anbieten, also von „gefällt mir sehr gut" über „gefällt mir gut" bis zu „gefällt mir nicht" und „gefällt mir gar nicht". Das sind dann immerhin schon 7 Antwortmöglichkeiten und dies sieht fast schon wie eine offene Frage aus.

> „Verstehen" bedeutet bei jedem neuen Forschungsgegenstand etwas anderes, da es ihm und seinen Motivstrukturen und -dimensionen angepaßt werden muß.

Sophia: Und, ist es eine?

Phileon: Nein. Dies ist nur ein Versuch, diejenigen Auftraggeber an Land zu ziehen, denen bei genauem Hinsehen die Antwortmöglichkeiten „Ja" und „Nein" zu dünn erscheinen. Die Suppe wird aber durch die Antwortskala – siebenteilig ist übrigens sehr beliebt – nicht dicker, es steigt nur die Beliebigkeit der Antworten („Jetzt habe ich schon dreimal 3 angekreuzt, jetzt nehmen wir einmal 2"). Nun, wenn wir hier einen Sample von 1500 Leuten befragen, werden wir relativ breit gestreute Antworten bekommen. Ein scheinbar klares, eindeutiges, wissenschaftliches Ergebnis – zumindest in der Diktion der quantitativen Forschung.

Sophia: Entschuldige meine Frage, aber was ist eine „Rappett'n"?

Phileon: Ja, genau darum geht es. Dies ist nicht etwa ein nicht existierender Begriff, er beschreibt sogar eine Sache sehr genau, allerdings nur für diejenigen Menschen, die einen ganz bestimmten Erfahrungs- und Kommunikationshorizont haben. Eine „Rappett'n" ist ein Bart, wie ihn Peter Rapp trägt, ein bekannter österreichischer Showmaster. Es ist ein sogenannter Knebelbart, der seit einiger Zeit wieder sehr modern ist.

Sophia: Also, das Wort „Rappett'n" habe ich noch nie gehört. Warum?

Phileon: Die meisten Leute haben es noch nie gehört. Es ist auch ein Wort, das fast wie einer Geheimsprache entnommen anmutet. Man könnte sogar sagen, daß es eine Geheimsprache derer ist, die es verstehen. Dazu gehören all jene, die über Mundpropaganda oder sonstwie einmal davon gehört haben und auch erklärt bekamen, was es bedeutet. Wenn du aber jetzt unter diesem Gesichtspunkt die Antworten betrachtest, dann wirkt es so, als könnte jeder mit dem Wort etwas anfangen und dazu eine Aussage zur Ästhetik des dahinterstehenden Begriffes machen. Das ist natürlich völlig unmöglich, denn wenn ein Wort für mich bedeutungslos ist, kann ich auch nicht über die Schönheit eines mir unbekannten dahinterstehenden Begriffes etwas aussagen, zumindest kann die Antwort keine Aussagekraft haben, die zu einer Gesetzmäßigkeit der daraus resultierenden Handlungen führt.

Sophia: Was können die Befragten tun außer anzukreuzen?

Phileon: Sie können nur die Antwort verweigern, da sie eigentlich keine Antwort geben können. Eine Verweigerung ist natürlich nur bei schlecht gemachten Fragebögen nicht vorgesehen, in so einem Fall muß der Interviewer die Antwortmöglichkeit „weiß nicht" verwenden, die aber wiederum nur zeigt, daß es eine gewisse Anzahl von Menschen gibt, die mit der Frage aus irgendeinem Grund, der selbst wiederum verborgen bleibt, nichts anfangen können.

Sophia: Wer kann denn obige Frage richtig beantworten?

Phileon: Nur diejenigen Personen, deren Lebenswelt folgende Informationen umfaßt – allerdings in unvollständiger Aufzählung:

a. Man muß Peter Rapp einmal gesehen haben, im Fernsehen oder auf Fotos oder in natura.
b. Man muß ihn in der Zeit gesehen haben, wo er seinen Knebelbart getragen hat (das war fast immer in seiner öffentlichen Zeit, also bis heute).
c. Man muß diesen Bart als eine Besonderheit bemerkt haben. Dies ist nur möglich, wenn man sich in einer bestimmten Altersgruppe befindet, die die alte Pop-Talkshow „Spotlight" als bleibende Jugenderinnerung im Gedächtnis hat. Ältere Leute haben sich für diese Show nicht interessiert, jüngere noch nicht bzw. finden den Knebelbart heute nicht als etwas Besonderes, weil er gerade Mode ist.
d. Man muß eine bestimmte Einstellung zu Peter Rapp oder vergleichbaren Moderatoren haben, damit man den leicht spöttisch anmutenden Ausdruck „Rappett'n" richtig verwenden kann.

Diese Aufzählung ließe sich noch verlängern, soll aber vor allem zeigen, wie wichtig das Umfeld einer Begriffsdefinition ist. Wenn man diese Zusatzinformationen nicht hat, kann man diese Frage seriöserweise nicht stellen.

Sophia: Wer stellt solche Fragen?

Phileon: Viele Fragen in quantitativen Fragebögen gehören in Wahrheit zu dieser Fragengruppe. Welcher Begriff ist allen Leuten bekannt, mit welchem Begriff verbinden alle Leute genau das gleiche? Nehmen wir noch ein Beispiel her: „Wollen Sie einen verchromten Auspuff auf ihrem Motorrad?"

Zu dieser Frage gibt es wiederum die Antworten „Ja", „Nein" und „Ich weiß nicht" zur Auswahl. Hier kann man sagen: ein Auspuff ist weder ein emotional besonders differenziert belegtes Objekt noch eines, dessen Begrifflichkeit variabel wäre. Es ist sozusagen eine klare Frage: wollen sie ihren Auspuff am Motorrad verchromt oder nicht? Was ein Auspuff ist, ist klar, verchromt dürfte auch klar sein – diese Frage müßte jeder beantworten können.

Bei genauerer Betrachtung stimmt das nicht ganz – es fehlt z.B. die Zusatzinformation, was für ein Motorrad die jeweilige Interviewperson fährt. Wenn es eine gepflegte Harley Davidson ist, bei der die Auspuffanlage verschieden gestaltet werden kann, immer aber als absolut wichtiger Teil und Schmuckstück des Motorrades gilt, so hat die Antwort eine andere Qualität als bei einem alten Roller, bei dem der Auspuff womöglich gar nicht sichtbar ist.

Unterschiedlichen Menschen sind Auspuffanlagen unterschiedlich wichtig. Wie jedoch will ich die verschiedenen Qualitäten durch obige Frage herausfinden? Das ist der eigentliche Hintergrund der Kritik Lamneks.

Sophia: Und wie ist das in der qualitativen Forschung?

Phileon: Diese Form der Fragestellung kommt gar nicht vor, daher treten die obigen Probleme auch nicht auf. In einem Tiefeninterview, in dem es um Bärte geht, könnte man etwa fragen: „Was fällt ihnen zum Aussehen von Bärten oder Bartträgern ein?". Man könnte auch noch fragen: „Welche Bartformen gefallen ihnen und welche nicht?", wenngleich diese Frage nur eine Folgefrage sein sollte, wenn das Thema bereits besprochen wird – denn die Interviewperson wäre vielleicht nie auf die Ästhetik von Bärten gekommen.

9. Das Subjekt als Objekt

„*Sowohl Forscher als auch die Untersuchten sind im Forschungsprozeß soziale Subjekte, die in gegenseitiger Orientierung und Anpassung aneinander handeln*" schreibt Lamnek (Lamnek, Band 1, S. 15) und kritisiert hiermit wiederum den methodologischen Ansatz der quantitativen Forschung, der diese gegenseitige Interaktion nicht zuläßt und die zu untersuchenden Menschen somit zu „Forschungsobjekten" degradiert, was das Ergebnis verfälscht. Sie als gleichberechtigte Partner ernstzunehmen empfindet er als wichtigen Grundsatz für die Sozialforschung. Die soziale Beziehung zwischen Forscher und Untersuchten zu vernachlässigen oder zu negieren bedeutet für Lamnek, auf die Kooperation mit ihnen zu verzichten.

An diesem Punkt setzt auch die tiefgreifende philosophische Kritik an.

Das Menschenbild, das einer „Verobjektivierung" des Subjekts zugrundeliegt, ist keines, das Erkenntnis über das Wesen des Menschen zuläßt. Sein Verhalten ist von seinem Wesen, seiner Ganzheit und seiner Einbettung in die Umwelt aber nicht zu trennen und kann davon abgelöst – sofern dies überhaupt möglich ist – nicht verstanden werden.

In der qualitativen Motivforschung trete ich an die Interviewperson als Subjekt heran indem ich ihr offene Fragen stelle.

10. Die Scheinobjektivität der Standardisierung

Das zentrale Problem ist hier, daß die Standardisierung der Bedeutungen, sofern sie überhaupt möglich ist, von der Standardisierung von Aussagen und Handlungen zu unterscheiden ist. Diese Trennung ist in der quantitativen Sozialforschung aber nicht gegeben, gleiche Phänomene müssen dort auch immer gleich interpretiert werden.

Die Kritik Lamneks, der sich hier an der Kritik Girtlers (vgl. Girtler; 1984) orientiert, setzt direkt an der Praxis an: jedes Interview läuft anders ab, durch die Methode der geschlossenen Befragung und der entsprechenden Auswertung wird aber auf diese Unterschiede keine Rücksicht genommen. Auch hier steht das Primat der Methode im Vordergrund: was die Probanden wirklich empfinden, welche Sinnzusammenhänge ihren Aussagen zugrunde liegen und in welcher Lebenssituation sie stehen, spielt deshalb keine Rolle, weil es nicht erfaß- und damit nicht auswertbar ist. Lamnek resümiert: *„Empirische Forschung ist daher nur dann fruchtbar, wenn sie die Perspektive der Untersuchten aufnimmt."* (Lamnek, Band 1, S. 16)

11. Die Forscherperspektive als Oktroy

Quantifizierende Methoden anzuwenden ist nur dann möglich, wenn vor der Untersuchung des sozialen Feldes bereits alle notwendigen Hypothesen formuliert werden. Girtler meint dazu: *„Dies würde bedeuten, den Handelnden etwas aufzuzwingen, was sie vielleicht gar nicht ihrem Handeln zugrundegelegt haben."* (Girtler 1984, S. 25)

Die den Hypothesen anschließenden Operationalisierungen – die Erstellung eines entsprechenden Fragebogens etwa – legen fest, was für die Untersuchung relevant ist und daher erhoben wird. Die Gewinnung zusätzlicher Bedeutungen und Sinnzusammenhänge ist nicht mehr möglich, weil ein „geschlossenes Interview", der Name verrät es, für weitere Daten nicht „offen" ist.

Es wird somit nur das erhoben, was der jeweilige Forscher vor der genauen Kenntnis des Forschungsbereichs für notwendig erachtet. Seine Sicht beherrscht das Thema und somit auch das Ergebnis, er wird „*die Perspektiven und Relevanzsysteme der betroffenen Untersuchungssysteme*" (Lamnek, Band 1, S. 16) möglicherweise nie erfahren.

Der Effekt in der Praxis – damit ist der Verlauf des Interviews gemeint – kann laut Girtler (vgl. 1984, S. 40) der sein, daß sich die von der Interviewperson als asymmetrisch empfundene Interaktionsbeziehung ungünstig auf ihre Motivation auswirkt: sie will nichts oder nicht das, was sie wirklich denkt und empfindet, sagen.

Durch die vor Forschungsbeginn bereits feststehende Frage-Antwort-Konstellation nimmt sich der Forscher selbst die Möglichkeit etwas über die Perspektiven und Relevanzsysteme der untersuchten Personen zu erfahren. Zusätzlich fühlt sich die Interviewperson nicht als eigenständiges Individuum ernstgenommen und ist in vielen Fällen demotiviert.

Das Hauptproblem liegt hier am Fehlen von offenen Fragen, durch die die Interviewperson den Eindruck erhält, als individuelle Person ernstgenommen zu werden und ihre Aussagen daher als wichtig betrachtet. Nur so wird sie auch das sagen, was ihr wichtig ist. Sinn ergibt die Verwendung von offenen Fragen aber nur dann, wenn sie a.) wirklich ausgewertet werden können und b.) der Forschungskontext auf diese Form der Interaktion zwischen Forscher und Interviewperson ausgelegt ist. In der qualitativen Motivforschung ist dies der Fall, wenngleich natürlich auch hier eine Forscherperspektive von Beginn an gegeben ist. Darauf komme ich noch etwas später ausführlich zurück.

12. Methodologie und Forschungsrealität

Aus der Diskrepanz von methodologischen Forderungen und empirischer Forschungspraxis wird keine Konsequenz gezogen. Sie wird daher auch nicht als Anlaß zur Diskussion des daraus entstandenen grundsätzlichen Problems sozialwissenschaftlicher Forschung genommen: „*Vielmehr wird an Symptomen kuriert (die Methoden „verbessert" etc.), ohne jedoch grundsätzlich den spezifischen Gegenstand der Sozialwissenschaften zu reflektieren.*" (Lamnek, Band 1, S. 17)

Als Gründe dafür führt Lamnek unter anderem die mangelnde Kommunikation zwischen Wissenschaftstheoretikern und Sozialforschern und die ebenso mangelhafte Kompetenz der Theoretiker in den Fragen der Praxis an und resümiert: *„Daher gehen methodologisch-normative Forderungen nicht selten an der Forschungsrealität vorbei, während die Grundsätze qualitativer Forschung sich deutlich aus dem konkreten Forschungsalltag ableiten lassen."* (Lamnek, Band 1, S. 17)

In der qualitativen Motivforschung verlangt die Methode eine ständige Überprüfung ihrer selbst. Jeder neue Forschungsauftrag bringt neue Aufgabenstellungen, auch neue Menschen. Die Methode muß jedem neuen Auftrag angepaßt werden, das geht oft soweit, daß grundlegende methodische Fragen neu überdacht werden müssen. In der quantitativen Forschung gibt es die Methode des sogenannten „Omnibus", bei der ein Fragebogen zusammengestellt wird, der stets auf die gleiche Art und Weise Menschen vorgelegt wird und auch mit den gleichen Statistikprogrammen ausgewertet wird. Dies geschieht unter anderem deshalb, weil neue Methoden nicht erwünscht und auch nicht notwendig sind, da es keine neuen Forschungsaufgaben gibt. Erstens werden nur bekannte Faktoren auf ihre momentane Gewichtung überprüft, zweitens bestimmen die Forscher selbst die Forschungsfrage und gleich auch noch ihre Beantwortung, die somit ebenfalls vorgegeben ist und damit keinen Aufbruch der Methodik zuläßt oder erfordert.

Sophia: Du hast gesagt „unter anderem"? Was noch?

Phileon: Die Methode des Omnibus wurde auch entwickelt um Langzeittendenzen feststellen zu können. Sofern der Omnibus korrekt gemacht wird, entstehen sehr interessante und aussagekräftige Ergebnisse, zu denen die qualitative Motivforschung mit ihren Methoden nicht oder nur sehr schwer kommen kann. Da sind quantitative Methoden eindeutig vorzuziehen.

13. Die Distanz des Forschers zum Gegenstand

Ein weiteres Problem, anknüpfend an den letzten Punkt, ist der oft mangelnde Realitätsbezug der quantitativen, aber sicher auch der qualitativen Forscher. Die Arbeit an der Front, die oft sehr mühsame Datenerhebung, wird den Interviewern überlassen, die wiederum ihre Erfahrungen, die sie neben dem Ausfüllen der Fragebögen oder auch neben dem Führen von Tiefeninterviews machen, nicht in die weitere Arbeit einbringen können. Dadurch geht einerseits wertvolles Material verloren, anderseits fehlt dem „eigentlichen Wissenschafter", dem Sozialforscher, der Blick in die Realität. Er kann daher auch schwer Fehler in seiner Methodik erkennen, da diese sich gerade bei der Datenerhebung zeigen.

Diese Problematik tritt in der qualitativen Forschung nur in verminderter Weise auf, da durch die geringere Anzahl der Interviews ein Forscher durch eigene Teilnahme an der Erhebung einen ausreichend guten

Einblick in die Problematik der jeweiligen Forschungssituation bekommen kann. Des weiteren sind die Interviewer, da sie eine gute Ausbildung haben müssen (Tiefeninterviews unterscheiden sich punkto Anforderungen an den Interviewer von quantitativen Interviews beträchtlich, dazu später) auch oft mit der Problematik der Methodologie vertraut oder arbeiten selbst an der Auswertung mit. In der quantitativen Forschung ist dies meist nur in einem Testlauf der Fall.

14. Die Ausblendung des Forschungskontextes

Die Methoden der quantitativen Forschung verlangen eine Ausblendung des Forschungskontextes aus der Erhebung und Auswertung, d.h. das soziale Umfeld, die Interaktion zwischen Interviewer und Interviewperson oder die Interviewsituation muß entweder, wenn dies von der Fragestellung her erforderlich ist, standardisiert erfaßbar sein oder aber es darf keine Rolle spielen. Die zu untersuchenden Variablen müssen davon isoliert werden, die oben erwähnten Aspekte gelten als Störvariablen, die eliminiert werden müssen.

> In der quantitativen Forschung muß der Forschungskontext aus Erhebung und Auswertung ausgeblendet werden, da er nicht standardisierbar und somit auch nicht quantifizierbar ist. Soziales Umfeld oder auch die Interaktion zwischen Interviewer und Interviewperson gelten als Störfall.

In der qualitativen Forschung passiert, sofern sie gut gemacht ist, das Gegenteil: die Position der Forscher und des Kontextes werden als Teil der Untersuchung miteingeplant, reflektiert und integriert. Der Kontext wird für an der Entstehung Unbeteiligte wie etwa den Auftraggeber so erst verständlich bzw. wissenschaftlich vergleichbar. Die Forschungsdokumentation gehört ebenfalls in diesen Bereich.

15. Meßartefakte

Als solche gelten methodisch-technische Schwierigkeiten empirischer Sozialforschung des praktischen Forschungsprozesses.

Lamnek nennt vor allem zwei besonders störende Einflußfaktoren:

Erstens unterläuft der Forscher seine Annahme eines objektiv und unabhängig vorgefundenen Untersuchungsgegenstandes, indem er die Untersuchung nach seinen Vorstellungen vorstrukturiert, und zwar meistens bis ins kleinste Detail. Das macht die Untersuchung methodisch leichter zu bewältigen und somit kostengünstiger.

Zweitens wird der Aspekt der Interaktivität vernachlässigt bzw. verleugnet: In der Untersuchung treffen Forscher und „Forschungsgegenstand" aufeinander und beeinflussen einander. Das verändert das Ergebnis und müßte daher in der Methode berücksichtigt sein. In der quantitativen Forschung werden diese „Forschungsartefakte" aber als fehlerhafte Ergebnisse aufgrund von Störfaktoren angesehen.

Lamnek führt den ersten Störfaktor übrigens auf unzureichende Ausbildung oder Kenntnis des jeweiligen Forschers oder seiner Mitarbeiter zurück, nicht auf eine Insuffizienz der Methode (vgl. Lamnek, Band 1, S. 20).

In der qualitativen Forschung treten diese Meßartefakte nicht oder nur in verringertem Ausmaß auf.

16. Fazit

Lamnek weist in seinem Fazit des Kapitels über die Kritik an der quantitativen Forschung auf 3 Fragen hin, die in Hinblick auf die Beurteilung bei jedem einzelnen Kritikpunkt berücksichtigt werden müssen:

1. Es ist zu fragen, „...*ob die genannten Probleme überhaupt als Fehlerquellen zu werten sind oder nicht vielmehr als unumgehbare, tolerierbare oder sogar gewünschte Effekte (z.B. der Reaktivität des Untersuchungsobjektes bei der Aktionsforschung) betrachtet werden können.*"
2. „...*ob die Problemquellen und die daraus sich ergebenden Unangemessenheiten des Vorgehens eindeutig und allein bei der quantitativen Sozialforschung verortet werden können.*"
3. „...*ob die qualitative Sozialforschung die der quantitativen Sozialforschung gegenüber vorgebrachte Kritik zu vermeiden und die daraus folgernden Konsequenzen selbst einzulösen vermag.*" (Lamnek, Band 1, S. 20f.)

Bei der Diskussion der neuen qualitativen Forschungsmethoden, der qualitativen Ursachenforschung sowie der mehrdimensionalen Ursachenforschung, werden diese Fragen einer der Prüfsteine für die Brauchbarkeit sein.

Sophia: Nach deinen ergiebigen Ausführungen müßte man glauben, daß die quantitative Forschung ohnehin keinen *Erfolg* haben kann. Wie sieht der Erfolg der quantitativen Forschung in der Praxis aus?

Phileon: Trotz ihrer für gewisse Bereiche eingeschränkten Möglichkeiten hat die quantitative Forschung beachtlichen Raum gewonnen und nimmt einen relativ hohen Stellenwert in der Gesellschaft ein. Das geschieht aus mehreren Gründen: einer davon ist die Trägheit des Systems. Sie wirkt sich auf die Forschung aus und daher natürlich auch auf die Motivforschung. Jahrzehnte hat man den Schwerpunkt auf quantitative Forschung gelegt, hat die Methoden ausgefeilt und auf Bereiche ausgedehnt und angewendet, für die sie eigentlich nicht gedacht waren. Ein Umdenken fällt daher schwer. Das trifft vor allem deshalb zu, weil in dieser Forschung ganz massiv finanzielle Fragen eine Rolle spielen: Untersuchungen werden von der Wirtschaft gefordert und bezahlt. Dadurch hat sich im Laufe der Zeit ein lukrativer Markt aufgebaut, dessen „Platzhirsche" vielfach verständlicherweise nicht bereit sind, ihre Pfründe aufzugeben oder auch nur beschneiden zu lassen. Ein weiterer Grund ist das „unreflektierte Primat der Naturwissenschaft". Die Methoden der Motivforschung richten sich ebenso wie die anderer Forschungsgebiete weitgehend nach der Leitwissenschaft, die für quantitative Methoden im Bereich der Naturwissenschaften zu finden ist. Das Ergebnis ist die quantitative Motivforschung, die, wenn sie das betreibt, was im anglo-amerikanischen Sprachraum als „public opinion poling" bezeichnet wird, unter dem Titel „Meinungsforschung" läuft. Darunter fallen alle Forschungen, die gesellschaftlich-öffentlich-politischen Charakter haben. Die Forschung über Produkte z.B. wird hingegen als „Marktforschung" bezeichnet. In beiden Fällen werden die Methoden der Naturwissenschaften – die quantitative Messung – in Form der Statistik und anderer Hilfswissenschaften auf soziale und individualpsychologische Fragen zur Antwortsuche herangezogen.

Auch hier spielt die Trägheit des Systems eine entscheidende Rolle. Der Wissenschaftsbetrieb stützt sich auf seine Leitwissenschaft.

> Die Trägheit des quantitativen Forschungssystems kann letztlich nur überwunden werden, wenn die Auftraggeber ihre Unzulänglichkeiten erstens erkennen und zweitens – meist aus Kostengründen – nicht mehr akzeptieren wollen. Dies kann wiederum nur passieren, wenn sie von Außen, d.h. durch Veränderung des wirtschaftlichen Umfeldes wie etwa durch zunehmende Konkurrenz dazu gezwungen werden.

Sophia: Was muß passieren, damit die Trägheit dieses Systems überwunden werden kann?

Phileon: Die Fehler, die in diesem System auftreten, führen zu ganz bestimmten Störungen. Sobald diese Störungen in einer Weise unangenehm werden, die einen Handlungsbedarf hervorruft, werden Alternativen gesucht. Ein Merkmal dafür ist wiederum – es geht hier auch um wirtschaftliche Aspekte – die finanzielle Seite. Erst wenn die Methoden eine spürbare Anzahl falscher Ergebnisse gebracht haben und damit eine Menge Geld zum Fenster hinausgeworfen worden ist, überlegt sich ein Auftraggeber einen Wechsel der Methode bzw. die Motivforschung eine Weiterentwicklung.

Das System, um das es hier geht, ist ein lernfähiges System, aber es lernt langsam, weil die Wissenschaft langsam lernt und schnell, weil der Markt schnell lernt. Durch die sich ständig verschärfende Konkurrenzsituation am Markt ist vor allem die Wirtschaft gezwungen, neue Konzepte auszuprobieren und etwa Langzeitforschung in ihre Planung miteinzubeziehen. Die qua-

litative Motivforschung kann diese Erwartungen mit ihren methodischen Ansätzen für bestimmte Forschungsbereiche erfüllen.

Sophia: Kann man das bereits als

Das methodische Ziel der qualitativen Forschung

bezeichnen?

Phileon: Ich möchte hier noch einmal Lamnek zitieren, der das Ziel folgendermaßen beschreibt: *„Ziel der Inhaltsanalyse im qualitativen Forschungsprozeß ist – je nach soziologisch-theoretischer Ausrichtung des Forschers –
entweder der wissenschaftlich kontrollierte Nachvollzug der alltagsweltlichen Handlungsfiguren (die durch kommunikative Akte repräsentiert werden)
und die Systematisierung eines Musters aus diesen Figuren, oder aber die
Analyse latenter Sinnstrukturen, deren Manifestationen alltagsweltliche
Handlungsfiguren sind."* (Lamnek, Band 2, Seite 203)

Die qualitative Meßmethode beschäftigt sich hauptsächlich mit den
Schnittstellen von Systemen. Diese Schnittstellen sind Wendepunkte, die im
dynamischen System eine Umwandlung bedeuten. Deshalb ist die Erfassung
solcher Schnittstellen hauptsächlich in Zeiten einer Umstrukturierung von großer Bedeutung. Jedes System hat nur wenige Hauptangriffsstellen oder Hebel-
punkte, die strukturell dauerhafte Veränderungen bewirken. Je komplexer ein
System ist, desto weiter voneinander entfernt sind Ursache und Wirkung sowohl im Raum, als auch in der Zeit. Aus diesem Grund ist für solche Realitäts-
erfassungen das naturwissenschaftliche Kausalitätsdenken allein nicht sinnvoll.

Ich möchte an dieser Stelle auf Aristoteles hinweisen, der in seiner „Metaphysik" vier verschiedene Arten von Kausalzusammenhängen anführt, die alle
für ihn zur Wissenschaft gehören: „Causa materialis" (Materialursache) wird
„...derjenige Teil einer Sache genannt, von dem aus als innewohnend etwas
entsteht, wie etwa das Erz Ursache der Statue ist, das Silber Ursache der Schale
und die Gattungen von diesen." (Aristoteles, Metaphysik – Schriften zur ersten
Philosophie; Reclam, Ditzingen 1984, S. 113). Die zweite Art von Kausalzusammenhängen ist die „causa formalis" (Formursache), von der Aristoteles
meint: „...nach einer anderen Bedeutung werden Ursache die Form und das Ur-
bild – das aber ist der Begriff des Was-es-ist-dies-zu-sein – und die Gattungen
davon genannt (z.B. für die Oktave das Verhältnis 2:1 und überhaupt die Zahl)
und die Teile, die im Begriff enthalten sind." (ebenda).

Die dritte Art ist die „causa efficiens" (Wirkursache): „Weiter wird Ursache das genannt, von dem aus der erste Anfang der Veränderung oder der
Ruhe stammt; so ist z.B. der Berater Ursache, der Vater Ursache des Kindes
und überhaupt das Bewirkende Ursache des Bewirkten und das Verändern
Ursache des Sichverändernden." (ebenda).

Es folgt die vierte Ursache, die „causa finalis" (Zielursache): „Weiter wird Ursache als Ziel aufgefaßt, das heißt als das Weswegen, wie etwa die Gesundheit Ursache des Spazierengehens ist." (ebenda).

Sophia: Und was hat das mit der Motivforschung zu tun?

Phileon: Die causa efficiens ist eben nur eine der Ursachen. In der quantitativen Meßmethode sind die Ergebnisse abhängig von der Interpretation des Beobachters. Der Beobachter (Behaviorist) schließt von der Beobachtung eines Verhaltens auf die Struktur und Bedeutung des Untersuchungsgegenstandes.

Tatsächlich läßt sich aber die Bedeutung dieses Untersuchungsgegenstandes nur dann feststellen, wenn man danach fragt. Dazu ist es wichtig, sich der offenen Kommunikation zu bedienen. Genau hier tauchen in der quantitativen, naturwissenschaftlich gesteuerten Forschung die alten Probleme auf: man kann nicht frei kommunizieren, da man so keine verwertbaren Daten erhält – auch das Abfragen vorgefertigter, gut formulierter Fragen, wie das in standardisierten Fragebögen der Fall ist, ist natürlich Kommunikation, die aber für die Beantwortung bestimmter wichtiger Fragen nicht ausreicht.

Sophia: Welche Form der Kommunikation ist ausreichend?

Phileon: Es ist notwendig, themenzentrierte Gespräche zu führen, die zum Ziel einen erweiterten Kenntnisstand der Beteiligten haben, da es darum geht, Zusammenhänge zu erfassen, die sich außerhalb des Bewußtseinsstandes befinden.

> In der qualitativen Motivforschung versucht man mittels themenzentrierter Gespräche Zusammenhänge zu erfassen, die sich außerhalb des Bewußtseinsstandes befinden. Das Ziel ist ein erweiterter Kenntnisstand aller Beteiligten.

Sophia: Wie werden diese Schnittstellen erfaßt?

Phileon: Diese Form der Gesprächsführung liefert den Forschern neue Erkenntnisse, die mit vorhandenen Erklärungsmodellen verknüpft werden. Diese Verknüpfung sollte interdisziplinär erfolgen, da nur dadurch ganzheitliche Sichtweisen erarbeitet werden können. Diese sind besonders für die Erfassung von Schnittstellen wichtig. Über interdisziplinäres Arbeiten werden wir uns dann noch unterhalten, wenn wir über die Praxis der qualitativen Motivforschung reden.

Sophia: Ich möchte jetzt zu einem Punkt kommen, der mir sehr wichtig ist:

Die Bedeutung der Philosophie in der qualitativen Motivforschung

Ein interessanter und vieldiskutierter Aspekt ist die Frage der Legitimation der Philosophie als methodische und wissenschaftliche Grundlage der qualitativen Motivforschung. Wie siehst du das?

Phileon: Die mir am sinnvollsten erscheinende Vorgangsweise ist die schrittweise Annäherung von verschiedenen Seiten – philosophisch gesprochen. Zuerst möchte ich die

Abgrenzung zur Soziologie

beschreiben. In vielen Standardwerken (Lamnek, Mayring etc.) werden die Grenzen der soziologischen Methoden dort gezogen, wo nach Meinung der Autoren die Philosophie anfängt. Oder anders formuliert: dort, wo man soziologisch nicht mehr weiterkommt, wo die Erklärungsmuster fehlen oder dünn werden, heißt es: hier muß man auf die Denkmodelle der Philosophie zurückgreifen.

Sophia: Warum?

Phileon: Interdisziplinäre Betrachtung ist schwierig, wenn man von einer Disziplin ausgeht und deren Denkmodelle daher als Überbau für alle anderen Theorien verwendet. Durch Zuhilfenahme der Philosophie, die es erlaubt, von verschiedenen Seiten an ein Thema heranzudenken, kann man dem Problem entgehen. Es gibt aber noch einen zweiten Grund: bestimmte Denkmodelle sind ganz einfach philosophische Modelle, die zur Erklärung des menschlichen Wesens schlechterdings notwendig sind.

Sophia: Warum?

Phileon: Weil sie auch der ursprüngliche Ausgangspunkt der einzelnen wissenschaftlichen Denkmodelle waren.

> Viele zentrale Denkmodelle der qualitativen Interpretationsarbeit sind philosophische, die auch der ursprüngliche Ausgangspunkt vieler einzelwissenschaftlicher Denkmodelle waren. Sie bilden somit sinnvollerweise die wissenschaftliche Grundlage für qualitative Motivforschung.

Sophia: Wie ist die Position der Philosophie innerhalb der wissenschaftlichen Rangordnung – bezogen auf die Motivforschung?

Phileon: Man kann unter Philosophie viele verschiedene Denkansätze verstehen: sie kann die „Liebe zur Weisheit" sein oder auch einfach das kritische Denken. Man kann darunter die Aufarbeitung der Denkansätze der Philosophen der Vergangenheit und auch der Gegenwart verstehen oder ganz einfach das Miteinander-Sprechen, den kritischen Dialog und vieles mehr. Als vorsichtiger Versuch einer einheitlichen Definition von „Philosophie" könnte man sagen: „die Reflexion auf die Voraussetzungen".

Theorien und Denkmodellen, die zur Erkenntnis des Denkens und Fühlens der Menschen beitragen, kann der philosophische Charakter sicher nicht abgesprochen werden. Es steckt der Wille und der Wunsch zur Erforschung der menschlichen Wesensmerkmale dahinter, der so alt ist wie die Menschheit selbst.

In der heutigen Zeit erscheinen die Menschen in ihrer Fähigkeit zur Kommunikation, zum Dialog nicht unbedingt gescheiter als die Menschen, von denen wir zu diesem Problem Überlieferungen haben, die tausende von Jahren alt sind.

Trotzdem leben wir in einer anderen Zeit und in gewisser Weise in einer anderen Welt. Sie wird manchmal mit „Zivilisation" oder auch mit „global village" beschrieben. Durch die Technisierung unserer Welt haben sich z.B. die Möglichkeiten der Kommunikation verändert. Wesentlich stärker hat zu dieser Veränderung aber die Bildung neuer Sozialstrukturen beigetragen. Es gibt Wirtschaftsunternehmen mit vielen tausend Mitarbeitern, es gibt ausgefeilte und teilweise überforderte Hierarchien und sich ständig verändernde politische und wirtschaftliche Verhältnisse. Insgesamt ist die Welt wohl ein Stückchen „kleiner" geworden in dem gleichen Ausmaß, wie sie gewachsen, d.h. räumlich erreichbar ist.

Sophia: Ist sie jetzt kleiner geworden oder größer?

Phileon: Sowohl als auch. Wir stehen hier vor einem dialektischen Problem. In dem Ausmaß indem sie kleiner geworden ist – siehe „global village" – ist sie auch größer geworden, also unüberschaubarer und fremder. Wir erkennen hier den Widerspruch von Nähe und Distanz, von „Informationen" auf der einen und „News" auf der anderen Seite. Die Bewältigung dieser Probleme ist wahrscheinlich nur durch kulturelles Lernen zu erreichen. Dies wiederum erfordert eine Auseinandersetzung mit fremden Ideen, Gedanken, Theorien, Ideologien und Philosophien. Das können wir hier nicht durchdenken. Wichtig ist für uns, daß auch die qualitative Motivforschung ihren Beitrag leisten kann, indem sie mit ihren interdisziplinären Methoden einen Schritt in die notwendig einzuschlagende Richtung geht.

Aber nicht nur die fortschreitende Technisierung oder die Entstehung hierarchischer Sozialstrukturen hat die Welt verändert, es war und ist auch der Einfluß der naturwissenschaftlichen Erkenntnisse auf das Leben aller.

Wenn früher die Philosophie eine Art Leitwissenschaft war, so sind es heute Chemie, Mathematik oder Physik, die den Sozialwissenschaften unter anderem deshalb den Rang abgelaufen haben, weil sie sie mit ihren Methoden durchdringen konnten: sowohl in der Soziologie als auch in der Psychologie ist z.B. Statistik heute ein Pflichtfach.

In den Bereichen, wo diese beiden Sozialwissenschaften in der Marktforschung eine Rolle spielen, arbeiten sie – mit wenigen Ausnahmen – vor allem mit naturwissenschaftlichen Methoden.

Die qualitative Motivforschung ist eine Forschungsmethode, die mit der Philosophie als Leitwissenschaft arbeiten kann und trotzdem eine Anbindung an die herkömmlichen Methoden zuläßt. Dabei ist auch interdisziplinäre Arbeitsweise unumgänglich und auch ganz im Sinn der Methode. Dazu möchte ich später noch kommen.

Sophia: Beschreibe mir bitte zuerst

Die Ausgangslage der philosophisch-methodischen Überlegungen

Phileon: Ganz am Anfang steht der Wunsch nach Wissen und Erkenntnis, der wiederum aus der Unsicherheit bzw. seiner Ursache entsteht, ein Problem lösen zu müssen und nicht zu können, da das Problem nicht ganz bekannt oder sogar völlig unbekannt ist. Es läßt sich daher auch nicht formulieren und ist somit einer Diskussion nicht zugänglich – außer man reflektiert auf die Voraussetzungen!

Das Problem liegt für die Menschen, die das Wissen benötigen würden, vor allem darin, daß ihnen der Zugang zu den Strukturen fehlt, deren Erforschung die Grundlage der gewünschten Erkenntnis ist. Mit anderen Worten: sie sind keine Experten und beauftragen daher ebensolche, das Problem für sie zu lösen und ihnen dann ein umsetzbares Ergebnis zu liefern. Diese Experten sind die Motivforscher.

> Um ein Problem, dessen Strukturen noch nicht bekannt sind, lösen zu können, muß man es einer Diskussion zugänglich machen, indem man auf seine Voraussetzungen reflektiert. Die dafür notwendigen Experten sind die Motivforscher, sofern es sich um ein Problem menschlicher Bedürfnisse und den daraus entstehenden Handlungsformen dreht.

Das Ziel der qualitativen Motivforschung ist die Erforschung der menschlichen Handlungsgrundlagen mittels der Erforschung der ihnen zugrunde liegenden Emotionen, Motive und kommunikativen Sozialstrukturen. Der Ausgangspunkt dafür ist z.B. die Reflexion auf die Voraussetzungen. Eine Grundhaltung des Motivforschers ist daher die

Neugier zum Unbekannten

Sie wird in der Praxis vom Auftraggeber geweckt, der mit einem zu lösenden Problem an den Forscher und sein Team herantritt.

Dieses Unbekannte ist der Mensch, es geht also um die Erforschung des Anderen, und zwar um seine Motive und seine Gefühlswelt sowie seine sozialen Strukturen, – mit anderen Worten: das, was er immer schon weiß, zugleich aber nicht weiß, daß er es weiß. Daher muß man es aus ihm „herausfragen", z.B. in der Form des Tiefeninterviews oder auch so wie es Sokrates in seiner Form der Philosophie in Platons Dialogen tut.

Was jeweils erforscht werden soll, hängt vom Auftrag ab und der Frage, die der Auftraggeber beantwortet haben will. Je nach Problematik wird sich der Forscher eine Methode überlegen, mittels derer er zur notwendigen Erkenntnis kommen kann.

Der zentrale Ansatz, mit dem in der qualitativen Motivforschung versucht wird, zum Anderen zu gelangen, ist der Dialog.

Die Methode dazu ist das Interview in seinen unterschiedlichsten Formen. Die Weiterverarbeitung des Materials erfolgt mittels verschiedenster Denkmodelle und -methoden aus der Hermeneutik, der Dialektik, der Psychoanalyse oder auch verschiedener Ansätze aus der Psychologie oder der Soziologie etc.

Der Dialog in Form des offenen Interviews stellt den methodisch zentralen Ansatz zur Datenerhebung in der qualitativen Motivforschung dar.

Am Schluß einer Untersuchung steht die Präsentation des Ergebnisses vor dem Auftraggeber und die Umsetzung in die Praxis, d.h. die Arbeit an der Lösung des anfänglichen Problems.

Bei genauer Betrachtung stecken hinter den aktuellen methodischen und wissenschaftstheoretischen Problemen uralte philosophische Überlegungen. Man kann bis Platon oder noch weiter zurück gehen. Die damals bereits erkannten Probleme finden sich heute eingebettet in wissenschaftliche und gesellschaftliche Disziplinen wieder. Allerdings läuft ihre Diskussion immer durch den Filter der jeweils zuständigen Disziplin.

Historisch gesehen kann man bei Platon beginnen, der das individuell Gute vom allgemein Guten unterschied.

Froschauer/Lueger orten 2 theoretische Säulen, auf denen die qualitative Sozialforschung ruht: „*Auf einer Vorstellung über den Aufbau von Gesell-*

95

schaft und auf Regeln wissenschaftlichen Erkenntnisgewinns über die Gesellschaft..." (Froschauer/Lueger; S. 11)

Da das Handeln der Menschen immer in einem sozialen Kontext zu betrachten ist (vgl. George Herbert Mead 1978, sowie Ludwik Fleck, 1980), muß die qualitative Sozialforschung diesen sozialen Kontext erforschen. Froschauer/Lueger meinen dazu: „*Alle Handlungen – und demgemäß auch alle Aussagen in Interviews – sind durch die Strukturen und Prozesse der Lebenswelt beeinflußt, die eine Person umgeben (wie etwa soziale Systeme).*" (Froschauer/Lueger; S. 12)

Sophia: Wie ist das mit der quantitativen Forschung?

Phileon: Für die gilt natürlich das gleiche, auch sie muß den sozialen Kontext berücksichtigen!

Sophia: Welchen Bezug hat die Philosophie dazu?

Phileon: Die Lebenswelt zu erforschen ist teilweise mit Methoden der Soziologie oder der Psychologie möglich. Die individuelle Lebenswelt auch in einem Sinnzusammenhang darstellen zu können, d.h. die Motivstrukturen, deren Verbindungen und Eigenschaften, vermögen die Denkmodellen der Philosophie besser.

Sophia: Warum?

Phileon: Weil sie mit ihren Erklärungsmodellen aus der Hermeneutik, der Erkenntnistheorie, der Dialektik und noch anderen die individuellen Motivstrukturen innerhalb einer Gesellschaftsstruktur darstellen kann. Für Froschauer/Lueger ist die Grundlage z.B. der symbolische Interaktionismus. (vgl. Froschauer/Lueger; S. 11ff.) Gadamer etwa sieht in dem Begriff der Hermeneutik einen ganzheitlichen Ansatz enthalten:

„*– Er bezeichnet die Grundbewegtheit des Daseins, die seine Endlichkeit und Geschichtlichkeit ausmacht, und umfaßt daher das Ganze seiner Welterfahrung. Es ist nicht Willkür oder konstruktive Überspannung eines einseitigen Aspekts, es liegt vielmehr in der Natur der Sache, daß die Bewegung des Verstehens eine umfassende und universale ist.*" (Hans Georg Gadamer, Wahrheit und Methode; Vorwort, S. 16)

Der ganzheitliche Ansatz

ist es, den der qualitative Motivforscher nicht aus den Augen verlieren darf und den er besser wahrnehmen kann, wenn er bereit ist, philosophische Denkmodelle und Denkweisen einfließen zu lassen und damit die Philosophie als eine mögliche Grundlage seiner Systematik und Methodik zu akzeptieren. Das Verstehen gesellschaftlicher Zusammenhänge gelingt durch das Verstehen der

96

Motivstrukturen und Handlungsweisen eines Individuums und umgekehrt, d.h. durch das Aufdecken des Bezugs des Individuums zur Gesellschaft.

Sophia: Wie sind Individuum und Gesellschaft miteinander verkoppelt?

Phileon: Dialektisch, d.h. untrennbar: Sie formen und beeinflussen einander wechselseitig. Daraus folgt, daß gesellschaftliche Strukturen im Individuum erkennbar sind, sofern das Wechselspiel in der empirischen Erforschung berücksichtigt wird. Dann ist es möglich, durch die Erforschung der Handlungsgrundlagen der Individuen die Strukturen und Gesetzmäßigkeiten der Gesellschaft oder ihrer Teilbereiche zu erkennen.

Die Wechselwirkung entsteht durch Kommunikation, die Veränderung der Gesellschaft und der in ihr agierenden Individuen ebenfalls. Die Kommunikation, vor allem in ihrer Form des Dialogs, kann auch die Grundlage der Erforschung dieser Veränderungen sein.

Laut Froschauer/Lueger, die in ihren Ausführungen Blumer (vgl. Blumer, 1981, S. 81) folgen, entsteht im Gesamtkontext des Wechselspiels zwischen Individuum und Umwelt *„eine Ordnung in Form von Bedeutungen als Orientierungshilfe für sinnhaftes Handeln."* (Froschauer/Lueger; S. 13)

Dieser Bedeutungsgehalt ist folglich mittels des Interviews zu erforschen.

Nach Blumer (vgl. Blumer, 1981) entstehen die Bedeutungen in der sozialen Interaktion, indem Menschen andere Menschen und deren Umgang mit der Umwelt beobachten. Die Bedeutungen durchlaufen einen interpretativen Prozeß durch das Individuum, sie sind aber trotzdem soziale Produkte und nicht oder nicht nur individuell. Durch die so entstandene Ordnung erhält das Individuum einen Handlungsspielraum, der es zu einem Mitglied einer bestimmten Gesellschaft macht. In der gemeinsamen Interaktion entsteht sozialer Sinn. Dieser Sinn unterliegt ebenso wie die Bedeutungen und die gesellschaftliche Ordnung einem ständigen Wandel, der natürlich ebenfalls Bestandteil der Gesellschaft ist und bei ihrer Erforschung ständig berücksichtigt werden muß. Dieser soziale Sinn ist eine der Handlungsgrundlagen der Menschen.

Sophia: Gibt es noch andere?

Phileon: Natürlich, hervorzuheben sind Triebe und Emotionen. Der Mensch ist ein Wesen mit Vergangenheit, die letzten 100 000 Jahre lassen sich nicht einfach abschütteln, wenn es um die Analyse menschlicher Verhaltensformen geht.

> Der soziale Sinn, Triebe und Emotionen sind Handlungsgrundlagen, die der Mensch in den Gesellschaften der vergangenen Jahrtausende entwickelt hat und die sein individuelles bzw. soziales Handeln maßgeblich beeinflussen.

Sophia: Bitte ein Beispiel, wie solche Verhaltensformen in der qualitativen Motivforschung eine Rolle spielen!

Phileon: Wir haben vor Jahren eine Untersuchung über Knabbergebäck gemacht. Der deutsche Auftraggeber konnte seine Produkte sehr gut verkaufen, wollte aber darüber hinaus den Erfolg seines Unternehmens langfristig sichern. Er hatte den begründeten Verdacht, daß er zu diesem Zweck das Verhältnis zwischen seinen Produkten und den Konsumenten kennen muß, je genauer desto besser. Ein Aspekt war die Untersuchung der Motivdimensionen von Knabbergebäck. Wir haben in der Studie herausgefunden, warum Menschen bei einer Packung Chips oft „nicht aufhören können". Eine sinnvolle Interpretation stammt aus der Anthropologie: der Mensch war die letzten Jahrtausende ein Mangelwesen. Es gab entweder zuviel oder zuwenig zu essen. Das hat sich erst mit dem Entstehen von Vorratswirtschaft geändert, was menschheitsgeschichtlich betrachtet aber noch nicht lange her ist, so daß sich unsere Physiologie noch nicht umgestellt hat.

Es gibt demzufolge eine unbewußte Handlungsweise, von einem Produkt möglichst große Mengen in sich hineinzustopfen. Dies ruft einen Lustgewinn hervor, auch wenn einem danach schlecht wird. Man kann keinen Kilo Brot auf einmal aufessen, aber eine dem Volumen nach entsprechende Menge Erdäpfelchips sehr wohl.

Sophia: Und wie findet der Forscher das heraus?

Phileon: Dies ist eben einer der Vorteile einer philosophischen Betrachtung. Der Forscher versucht mittels des Interviews, durch die Augen der Interviewpartner die ihm fehlenden Perspektiven auf das zu untersuchende Phänomen zu erhaschen.

Diese Perspektiven sind aber noch nicht mit gesellschaftlich allgemein verankerten Motiven ident. Es müssen also in einer weiteren Stufe der Abstraktion von den Aussagen der Interviewpersonen die dahintersteckenden Motive, die sich zuerst als Phänomen darstellen, analysiert, diskutiert und beschrieben werden. Dazu sind die verschiedenen, den unterschiedlichen Wissenschaften entnommenen Denkmodelle notwendig. Hier liegt die eigentliche Leistung der qualitativen Motivforschung.

Die zentrale Leistung der qualitativen Motivforschung liegt in der Analyse und Darstellung von gesellschaftlich handlungsrelevanten Motiven sowie in der daraus resultierenden Möglichkeit der Prognose gesellschaftlicher Entwicklung.

Sophia: Die qualitative Motivforschung erfüllt zweifelsohne eine explorative Funktion, es stellt sich aber die Frage, wieweit sie auch hypothesen- bzw. erkenntnisbildend sein kann?

Phileon: Nach Abel (vlg. Lamnek, Band 1, S. 100) entlastet uns Verstehen im Zusammenhang mit einem Verhalten von einer nicht geläufigen und unerwarteten Verständnismöglichkeit und ist die Quelle für Vorahnungen, die uns helfen, Hypothesen zu formulieren. Für Platon war dies übrigens der menschliche Zugang zu den „Ideen".

Zugleich findet in der Arbeit eines Auswertungsteams wissenschaftliche Leistung statt, die sich in ihrer Erkenntnisform nicht oder nicht sehr stark von naturwissenschaftlicher Erkenntnis unterscheidet, sofern diese in einem Team stattfindet. Lothar Schäfer und Thomas Schnelle beschreiben in ihrem Vorwort zu Ludwik Flecks Buch „Entstehung und Entwicklung einer wissenschaftlichen Tatsache" einen Erkenntnisvorgang als ein dynamisches Produkt im Rahmen eines Denkkollektivs: *„Eine derartige Entwicklung kann nur von einem Kollektiv geleistet werden, dessen Mitglieder, auf einheitlicher Grundlage arbeitend, individuell Modifikationen eben dieser Grundlage probieren. Erfolglose Bemühungen überwiegen dabei, nur an den erfolgversprechenden arbeitet die Gruppe, weitere Modifikationen probierend, weiter. Den Forschungsgang bezeichnet Fleck deshalb als eine Zick-Zack-Linie, von Zufällen, Irrwegen und Irrtümern bestimmt. Epistemologisch verändern sich dabei den Wissenschaftlern die ursprünglichen Grundlagen ihrer Arbeit langsam unter der Hand – in der Retrospektive weiß das Kollektiv allerdings nichts mehr davon. Die Verschiebungen des selbst konzipierten Forschungsinhalts gehen im Kollektiv für das Individuum unmerklich von sich. Auf der Grundlage des gefundenen Ergebnisses und seiner aktuellen theoretischen Darstellung erscheint die Forschung als ein geradliniger, von der ersten Problemformulierung bis zum vorläufigen Forschungsabschluß führender Weg."* (Lothar Schäfer/Thomas Schnelle, in: Ludwik Fleck; Entstehung und Entwicklung einer wissenschaftlichen Tatsache, Vorwort S. 28) Aus dieser Überlegung heraus entstand in den Sozialwissenschaften die Forderung nach einer Forschungsdokumentation, in der sowohl die Veränderungen wie auch die äußeren Umstände der Forschungsentwicklung festgehalten werden. Davon noch später.

Wir sind hier übrigens bereits im ersten philosophischen Bereich der qualitativen Motivforschung, der

Erkenntnistheorie

Die eigentliche Leistung der qualitativen Motivforschung liegt neben der Datensammlung in der Auswertung bzw. der darauf folgenden Interpretation.

Diese geschieht durch den oder die Forscher aufgrund der von ihnen vorausgesetzten Denkmodelle.

Sophia: Mich interessiert, wo sich

Der Ort der Erkenntnis

befindet.

Phileon: Sowohl in der quantitativen wie auch in der qualitativen Forschung schaffen die Forscher einen Erkenntnisgewinn durch Zusammenarbeit. Hier möchte ich die Entstehung der Akademie als Beispiel heranziehen. Platon hat die erste Akademie auf dem Grundstück des Akademos gegründet. Die Gelehrten hatten dort Platz und Muße sich der Diskussion samt anschließender Erkenntnis zu widmen. Diese entstand aber eben erst aus der Diskussion: jeder hatte seine Ansicht eines Problems einzubringen und gemeinsam konnte man dann durch das Abwägen der verschiedenen Für und Wider zu einer Erkenntnis gelangen, die über der anzusiedeln war, die ein Individuum allein zustande gebracht hätte. Ein neues Mitglied der Akademie mußte daher, bevor es aufgenommen werden konnte, zuerst die Erkenntnisse studieren, die die anderen bereits gemacht hatten, d.h. den Gruppenstandard erreichen. In der Gruppendynamik als moderner Wissenschaft hat man erkannt und auch beweisen können, daß Gruppenleistungen stets höher anzusiedeln sind als Einzelleistungen.

Rein räumlich gesehen entsteht die Erkenntnis daher nicht im Kopf des Forschers, nicht auf dem Papier und auch nicht im Interview, sondern in der gemeinsamen Diskussion verschiedener Individuen, also im Lernprozeß der Gruppe.

> In der Sozialforschung entsteht Erkenntnis nicht im Kopf des Forschers, nicht auf dem Papier und nicht im Interview, sondern in der gemeinsamen Diskussion verschiedener Individuen, also im Lernprozess in der Gruppe.

Sophia: Wo findet wissenschaftliche Erkenntnis generell in der Sozialforschung statt?

Phileon: Die Erkenntnis läuft im Prinzip in der quantitativen Forschung genauso ab wie in der qualitativen. Wir sind hier bei der zentralen wissenschafts- bzw. erkenntnistheoretischen Frage unseres Themas. Wenn nicht, wenn es also keine Unterschiede gibt, dann stellt sich die Frage der Wissenschaftlichkeit der qualitativen Forschung auf einer anderen Ebene, nicht mehr allerdings auf der Streitebene zwischen qualitativer und quantitativer Forschung. Dort kann keine mehr der anderen Unwissenschaftlichkeit vorwerfen.

Sophia: Weshalb ist das ein Problem?

Phileon: Weil es bis jetzt so war – der qualitativen Forschung wurde und wird vorgeworfen, daß ihre Erkenntnisse in den Köpfen der Wissenschafter entstehen würden und die Empirie, die empirischen Daten in Form der Interviews gar nicht notwendig wären. Dies ist ein interessanter Vorwurf, den es zu diskutieren gilt.

Sophia: Ist es überhaupt möglich, anders zu neuen Ideen oder auch zu Erklärungsmustern zu kommen als durch die Phantasie?

Phileon: Das bleibt abzuwarten. Wahrscheinlich geht es auch nicht um diese Frage, sondern darum, wie und woher die vorausgesetzten Denkmodelle zustande kommen. Zentral sind dabei folgende Fragen, die ich anhand der Unterschiede zwischen qualitativer und quantitativer Motivforschung klären möchte: Es geht darum, wie das Material entsteht, mit welchen Voraussetzungen der Forscher an das Material herangeht, weshalb und wie er zur Erkenntnis gelangt und wie diese in der Praxis standhält.

Unser Thema sind somit

Die Bedingungen der Erkenntnis

Die erste Frage läßt sich in mehrere Einzelforderungen aufsplitten: Welche Vorbildung haben die Forscher des Auswertungsteams?

Diese Vorbildung ist für ihre Gedankengänge natürlich ein Einflußfaktor. Doch das gilt für die quantitative Forschung genauso, da die Forscher dort ebenso eine Vorbildung und eine persönliche Geschichte haben, also eine Meinung zu dem jeweils untersuchten Thema. Durch die offene Fragestellung in den Interviews der qualitativen Motivforschung kann der Forscher die Einbringung eigener Ideen in die Datenerfassung weitgehend ausschließen. In der quantitativen Forschung fließen sie hingegen voll ein, da die Fragenfindung vom Forschungsteam vorgenommen werden muß und der Fragenkatalog daher zu Anfang der empirischen Untersuchung schon den Stempel des jeweiligen Projektleiters trägt. Hier gibt es Unterschiede zwischen den beiden Forschungsmethoden, wenngleich gesagt werden muß, daß auch in der qualitativen Forschung eine Abgrenzung des Themas vorgenommen wird, und zwar ebenfalls vor der Erhebung, allein schon durch die Problemstellung durch den Auftraggeber. Diese Abgrenzung kann jedoch bereits durch die Interviewer aufgebrochen werden, und zwar ohne Rückfrage mit dem Projektleiter, wenn sie aufgrund ihrer Interviewtechnik und Erfahrung merken, daß es für die Interviewperson einen interessanten, mit wichtigen Motiven besetzten „Seitenarm" des Themas gibt.

Die Vorbildung des Forschers fließt also in beiden Methoden ein, allerdings auf sehr unterschiedliche Weise.

Sophia: Dazu fällt mir noch eine Frage ein: wie reichen die wissenschaftlichen Fähigkeiten eines Projektteams an die Problemstellung heran?

Phileon: Diese Frage kann nicht ein für alle Mal beantwortet werden, sondern muß bei jedem neuen Forschungsprojekt neu gestellt, diskutiert und beantwortet werden. Diese Aufgabe fällt dem Projektleiter zu, der die Oberhoheit über die Auswahl der Auswerter haben soll. Hier ist ein weiterer wichtiger Unterschied zwischen quantitativer und qualitativer Forschung anzuführen: die qualitative Forschung arbeitet meistens interdisziplinär, d.h. das Auswertungsteam setzt sich aus mehreren Spezialisten unterschiedlicher Disziplinen zusammen. Philosophen und Soziologen sind immer dabei, aber das Spektrum ist darüber hinaus offen – es können genausogut Ernährungswissenschafter oder Softwareentwickler zur erkenntnistheoretischen Abdeckung hinzugezogen werden. Es müssen nicht einmal Wissenschafter sein, die eine Expertise bzw. Hypothesen zu einem bestimmten Gebiet herstellen, da der Grundstab der Auswerter sowie die Projektleitung die „unwissenschaftlichen" Expertisen oder Theorien in das wissenschaftliche Geflecht einarbeiten können.

Das Datenmaterial der qualitativen Motivforschung besteht aus Aussagen, die den Tiefeninterviews entnommen wurden. Diese Tiefeninterviews werden alltagssprachlich geführt und die Aussagen sind daher für einen Auswerter auch dann lesbar, wenn er weitgehend ohne wissenschaftliche Vorbildung auf das Material zugeht. Bei der quantitativen Forschung ist dies nicht möglich, da die Aussagen durch einen statistischen Raster laufen und daher nur Experten mit Kenntnissen der Statistik zugänglich sind. Diese wiederum verarbeiten das Material zu einer Form, die dann den oben angesprochenen Fachleuten zugänglich ist. Ein Unterschied besteht manchmal darin, daß die Experten in der quantitativen Forschung erst in einem späteren Stadium involviert werden können als dies in der qualitativen Forschung möglich ist, da dort die Experten eines Fachgebiets, das für die Erkenntnisbildung sinnvollerweise hinzugezogen werden müssen, bereits im Stadium der Hypothesenbildung einsteigen können.

Hier gibt es in der Forschungspraxis einen Unterschied: im Fall der quantitativen Forschung ist es vielfach nicht möglich, die zur Erkenntnis notwendigen Fachleute zur richtigen Zeit in den Forschungsablauf miteinzubeziehen.

Sophia: Was meinst du mit „die zur Erkenntnis notwendigen Fachleute"?

Phileon: Wir reden hier von komplexen Motivstrukturen, die sich nicht linear darstellen lassen. Sie betreffen für den jeweils untersuchten Menschen verschiedene Bereiche seines Lebens- und Erfahrungshorizontes. Diese sind auf unterschiedliche und komplexe Weise miteinander verbunden. Um dieser Komplexität gerecht werden zu können, bedarf es mehrerer Erklärungsmodelle und daher der interdisziplinären Arbeit. Man braucht also etwa für die

102

Untersuchung der Motivlage der Menschen in Bezug auf Knabbergebäck keinen Softwaretechniker, möglicherweise aber einen Psychologen. In anderen Fällen ist ein Psychologe wiederum entbehrlich, aber man braucht einen Volkswirtschafter. Manchmal ist der Volkswirtschafter überflüssig und man braucht einen Mediziner oder einen Publizisten oder beide. Die richtige Auswahl der notwendigen Fachleute wird von der Projektleitung in Zusammenarbeit mit dem Auftraggeber vorgenommen, kann im Verlauf der Forschung jedoch jederzeit verändert oder ergänzt werden. Jede Wissenschaft sieht nur eine Seite eines Problems.

> In der Praxis der qualitativen Motivforschung stellt der Projektleiter ein interdisziplinär zusammengesetztes Team auf, das die zur möglichst differenzierten Beantwortung der Forschungsfrage notwendigen Experten enthält.

Sophia: Welche Rolle spielt die Persönlichkeitsstruktur der Forscher?

Phileon: Er muß natürlich sein Fachgebiet beherrschen. Sobald er jedoch im Erkenntnisprozeß in einem Team arbeitet, ist er eben nicht mehr als Individuum tätig, sondern trägt zur Gruppenleistung bei – zugleich vertritt er einen bestimmten Standpunkt, nämlich den seiner Disziplin, der aber eben nur einen Teil der Gruppenarbeit darstellt und gegen die anderen aufgewogen wird.

Wir haben es bei der ersten Frage schon andiskutiert. Der persönliche Lebensweg und die individuelle Lerngeschichte jedes Forschers beeinflussen natürlich seine Interpretationsleistung. Hier geht es jetzt um den Kernpunkt der Auswertung der Daten. Die fachliche Qualifikation eines Forschers in seinem Fachgebiet ist wichtig, also der Philosoph muß imstande sein, unter verschiedenen Denkmodellen das der Fragestellung angemessenste, zielführendste auszuwählen, beim Soziologen liegt der Fall ähnlich. Aber auch alle anderen müssen sich in ihrem Fachgebiet auskennen.

Die Mitarbeiter an einer Studie müssen zur Teamarbeit fähig sein und interdisziplinäres Arbeiten aushalten. Dies ist bei manchen Motivforschern, die z.B. aus der Psychologie kommen und ihre Studien nur mit diesem Hintergrund betreiben, nicht der Fall. Über die interdisziplinäre Arbeit werden wir uns noch später unterhalten.

Die Forscher müssen weiters die methodischen Regeln der qualitativen Motivforschung verstehen und befolgen können.

Das Problem, das dabei auftaucht, liegt aber eine Ebene tiefer. Man kann die Qualifikation eines Bäckers leicht abprüfen, indem man analysiert, ob er die richtigen Zutaten verwendet und ob die Brote die richtige Größe haben. Man kann einen quantitativen Forscher dahingehend überprüfen, ob er die

Regeln der Statistik und der sachgerechten Fragebogenerstellung beherrscht. Man kann aber einen qualitativen Forscher nicht prüfen, ob er genug Phantasie und Kreativität besitzt, um Aussagen so deuten zu können, daß er die Motivlage der Menschen ein bestimmtes Thema betreffend richtig analysiert, daß er sozusagen „ins Schwarze trifft". Es liegt aber nicht nur an der Kreativität oder an der Persönlichkeitsstruktur des Forschers. Man kann die Motivforscher auch nicht mit den berühmten „Kreativen" aus der Werbebranche vergleichen, da diese keinen wissenschaftlichen Prüfungen unterzogen werden und in diesem Gebiet auch keine Kenntnisse brauchen. Qualitative Motivforschung ist ein Handwerk, das man erlernen und dessen wissenschaftliche Grundregeln man beherrschen kann. Es gibt hier, so wie in allen wissenschaftlichen Forschungsgebieten, bessere und schlechtere Vertreter ihres Faches. Der Erfolg einer Forschung ist aber nicht nur vom Genie oder Können des Forschers abhängig, sondern in einem großen Ausmaß auch von der Brauchbarkeit der Methode und vor allem auch vom jeweiligen Erfahrungshorizont der Forscher.

Die Verifikation erfolgt erst, wenn die Studie beim Auftraggeber verarbeitet wird und dort zu entsprechenden Erfolgen führt. Man mißt die Forscher am Erfolg.

> Die Wertigkeit und der Erfolg einer qualitativen Studie kann erst in der Phase der weiteren Verarbeitung durch den Auftraggeber geprüft werden. Erfolg bedeutet Erkenntnisgewinn, der in die Praxis umgesetzt werden kann.

Sophia: Wie sehen solche Erfolge aus?

Phileon: Erfolg, und damit sind wir wieder am Anfang, bedeutet in die Praxis umsetzbarer Erkenntnisgewinn. Wenn der Auftraggeber die Antwort auf Fragen bekommt oder die Denkmodelle, um sich die offenen Fragen selbst beantworten zu können, dann bedeutet das Erfolg. Meistens suchen die Auftraggeber Erkenntnis, das heißt, sie wollen ihnen unbekannte Zusammenhänge kennen, um in ihrer Unternehmensstrategie darauf Rücksicht nehmen zu können. Ein wichtiger Bestandteil jeder guten Unternehmensstrategie ist die Kenntnis der Motivlage der Kunden bzw. Konsumenten das jeweilige Produkt betreffend. Das Ziel eines Unternehmens ist stets die Monopolbildung: wer den Markt beherrscht, hat entscheidende Vorteile. Wer das Verhältnis Konsument – Produkt nicht berücksichtigt, kennt den Markt nicht und wird nicht lange gegen die Konkurrenten, die ihre Produkte „motivgerecht" anbieten, bestehen können. Durch Einsatz der qualitativen Motivforschung läßt sich diese Marktposition besser erkennen und verändern.

Sophia: Neben den Forschern gibt es aber auch noch das empirische Material. Wie brauchbar ist es, oder anders gefragt: Wieweit spielt das Material der Datenerhebung für die Erkenntnisbildung eine Rolle?

Phileon: Es geht um

Die Wertigkeit der Empirie in der qualitativen Motivforschung

Hier stehen sich zwei Auffassungen gegenüber:

Die Empirie ist das Wichtigste. Die Interpretationsleistung der Forscher entspricht nur der Qualität der Interviews. Dies muß so sein. An diesem Punkt setzt auch die Forderung nach wissenschaftlicher Standardisierung an.

Die Empirie ist unwichtig. Sie dient nur der Unterstützung der Ideen der Forscher und könnte notfalls auch weggelassen werden. In der Praxis überprüft der Forscher damit nur seine Hypothesen und Theorien, die er ohnehin schon im Kopf hat.

Auch hier existiert eine Dialektik des Zusammenhangs Empirie – Theorie. Die Synthese wäre die Erkenntnis, deren Erklärungsgehalt für eine praktische Umsetzung ausreicht. Mit anderen Worten: Die Aussagen der Forscher müssen praxisbezogen sein. Dies setzt voraus, daß sie stimmen. Das wiederum läßt sich nur empirisch und wahrscheinlich nur quantitativ feststellen. Wir sind hier wieder bei der Dialektik Quantität – Qualität angelangt, kommen aber aus einer anderen Richtung.

Die Realität der Forschung, in der der Forscher versucht, zu einem gültigen Resultat zu kommen, ist ein fortlaufender Prozeß, der an einer Stelle abgebrochen wird, um den momentanen Stand in Form eines Berichts darzustellen. Soeffner 1982 und Oevermann 1979a (vgl. Lamnek, Band 1; S. 101) bezeichnen diesen Prozeß als Vorgang der abwechselnden Bildung und Überprüfung von „*Interpretationshypothesen*".

Interpretation ist jedoch nichts anderes als Deutung und Beschreibung eines Sinnzusammenhanges. Die kommunikative Vermittlung der Interpretation der Erkenntnis ist dann die Erklärung.

Sophia: Ist wissenschaftliche Erkenntnis in der Motivforschung überhaupt anders denkbar denn als Erkenntnis, die aus der Interpretationsleistung einzelner Individuen oder auch deren Vernetzung entsteht?

Phileon: Bei der Vernetzung erfolgt die Erkenntnis letztendlich im Individuum, jeder Einzelne muß den Erkenntnis- bzw. Lernprozeß durchmachen, um zu „verstehen". Auch Lamnek merkt hier als Kritikpunkt an, daß sich die Hypothesenbildung ausschließlich im Kopf des Forschers abspielt, führt diesen Punkt aber nicht weiter aus (vgl. Lamnek, Band 1; S. 110).

Sophia: Inwiefern hat Lamnek damit recht?

Phileon: Er hat recht, man muß nur die Frage stellen, wo sie denn sonst stattfinden soll. Jede Hypothesenbildung findet im Kopf des Forschers statt, egal in welcher Wissenschaft. Das ist aber nicht der springende Punkt.

Sophia: Was dann?

Phileon: Es geht darum, wie diese Hypothesenbildung zustande kommt. Erstens findet sie nicht im Kopf eines einzelnen Forschers statt, sondern in einem Team, das diese Hypothesen gegenseitig überprüft.

Zweitens findet diese Hypothesenbildung erst statt, nachdem der Forscher das empirische Material durchgearbeitet hat.

> Die Hypothesenbildung findet in den Köpfen mehrerer Forscher statt, die in gruppendynamischer Teamarbeit die jeweiligen Hypothesen, die aus dem Datenmaterial entstanden sind bzw. daran gemessen wurden, einander gegenüberstellen und somit überprüfen.

Sophia: Macht sich der Forscher vorher bereits Gedanken bzw. bildet Denkmodelle und Hypothesen?

Phileon: Das ist richtig. Aber wenn es diese Gedanken schon vorher gibt, so müssen sie doch einer Überprüfung durch das Datenmaterial einerseits und die anderen Forscher andererseits standhalten. Man muß hier eine differenzierte Sichtweise der Dinge zu Hilfe nehmen. Auch im Kopf des Auftraggebers gibt es bestimmte Theorien, im Kopf des Forschers ebenso. Es geht nicht darum, daß es im Vorfeld keine Hypothesen geben darf. Es ist aber die Aufgabe des Forschers, sofern er wissenschaftlich korrekt vorgehen will, diese Hypothesen als solche zu reflektieren und sie an das Datenmaterial heranführen.

Sophia: Wie sieht die Gewichtung Daten vs. Phantasie des Forschers aus?

Phileon: Beides ist wichtig. Wie wir vorher schon besprochen haben, gibt es letztlich keine Theorie ohne Empirie und umgekehrt, zumindest nicht in der qualitativen Motivforschung. Es ist auch nicht entscheidend, was zuerst da war, die Henne oder das Ei, die empirischen Daten oder die Hypothese. Es geht darum, wie beide zusammengebracht und zueinander in ein Verhältnis gesetzt werden. Letztlich fängt man auch bei einer Forschung zu einem Thema, über das es scheinbar noch keine wissenschaftlichen Arbeiten gibt, nicht bei Null an, sondern klinkt sich in einen Erkenntnisprozeß ein. In der qualitativen Motivforschung passiert nichts anderes als diesen Erkenntnisprozeß ein Stück voranzutreiben.

Sophia: Und wie weit?

Phileon: So weit wie es der Auftraggeber will und es die Umstände zulassen. Hier liegt auch der Unterschied zwischen den verschiedenen methodischen Ansätzen in der qualitativen Motivforschung: der Grad der Tiefe, den ich wähle, bestimmt die Größe des Schrittes der Erkenntnis.

> In der Motivforschung klinkt man sich an einer Stelle in den Erkenntnisprozeß ein mit dem Ziel, diesen ein Stück voranzutreiben. Die Größe dieses Stückes wird durch die Komplexität des Themas, die Kompetenz des Forschungsteams, die Zeit sowie durch die Geldbörse des Auftraggebers bestimmt.

Sophia: Zum Verhältnis Empirie – Theorie. Wie kann der Motivforscher an die Probleme der Auftraggeber mit philosophischen Theorien und Denkmodellen herantreten?

Phileon: Der Auftraggeber hat ein Problem, im konkreten Fall eine offene Frage, auf die er eine Antwort sucht. Er wendet sich mit dieser Frage an ein Forscherteam, von dem er annimmt, daß es die richtigen Methoden beherrscht, um seine Frage so zu beantworten, daß er mit der Antwort etwas anfangen kann, d.h. er will sie in die Praxis desjenigen Arbeitsbereiches einbauen, in dem die Frage aufgetaucht ist und mit der Antwort darauf ein bestimmtes Problem lösen. Dies kann die Steigerung des Umsatzes, eine politische Entscheidung, ein interner Konflikt oder sonst etwas sein.

Sophia: Bitte ein Beispiel! Wie sieht das Verhältnis Forscher – Auftraggeber bezüglich der Erkenntnis aus?

Phileon: Zur besseren Verdeutlichung möchte ich einen Vergleich mit einem antiken Orakel heranziehen. Der Fall liegt hier ähnlich: jemand hat in einem bestimmten Bereich seines Lebens ein Problem, das ihn zu einer für ihn noch nicht beantworteten Frage führt. Dieser Mensch sucht sich nun jemand, der diese Frage für ihn beantworten kann und beschließt, ein Orakel aufzusuchen. Nach der Bezahlung einer gewissen Summe – auch Orakelpriester und ihre Organisation lebten nicht von den Wahrsagungen, sondern von Speis und Trank – bekommt man die Antwort auf die zuvor gestellte Frage. Dies war jedoch stets mit einem bestimmten Ritual verbunden: die Priesterin, man kann als Beispiel die berühmte griechische Pythia oder auch andere heranziehen, trat nie als gewöhnlicher Mensch in Erscheinung, sondern als geheimnisumwobene Person, von der man nicht ganz genau sagen konnte, ob sie wirklich von dieser Welt ist oder zumindest, ob sie ganz in der normalen, profanen Welt lebt. Diese Ungewißheit über die Ursprünge der Wahrheit wurde mit technischen und anderen Hilfsmitteln noch verstärkt. Das Orakel saß hinter einem Vorhang, Rauchschwaden vernebelten den Blick noch zusätzlich und wahrscheinlich sprach die Priesterin auch noch mit verstellter Stimme, sofern sie nicht selbst durch Drogen beeinflußt war.

Sophia: Und was hat das mit dem heutigen Orakel zu tun? Wie ist hier das Verhältnis zwischen Wissen, Weisheit, Phantasie und Wahrheit?

Phileon: Durchaus dem Orakel vergleichbar. Auch die heutigen Forscher sind keine Zauberer und arbeiten mit ganz einfachen Methoden. Genau wie die griechische Orakelpriesterin verschleiert der Forscher heute seine Wissensressourcen, tut dies aber auf einem quasi legalen Weg: der Auftraggeber kann die genaue Methodik des Forschers sowie den Ursprung der Erkenntnis deswegen so schwer begreifen, weil sich der Forscher hinter der Wissenschaft versteckt – man kann dies am akademischen Titel erkennen. Der Titel des Forschers verhüllt sein oftmals vorhandenes Unwissen hinter dem Mythos des Wahrheitsmonopols. Was wissenschaftlich bewiesen ist, ist wahr. Wenn man heute eine Dokumentation im Fernsehen genau verfolgt, so wird irgendwo das Ergebnis einer wissenschaftlichen Untersuchung präsentiert und die zuvor noch offene Frage ist damit beantwortet, braucht nicht mehr hinterfragt werden und wird nicht mehr hinterfragt, auch wenn die Wissenschaft oftmals nicht die geeigneten Methoden zur eigentlichen Beantwortung der Frage hat. Ihre Antwort steht aber immer höher als die des Nicht-Wissenschafters, egal wer recht hat.

Sophia: Für welche Wissenschaften gilt das?

Phileon: Für alle! Hier sind die Geisteswissenschaften nicht ausgenommen. Aber es stellt sich für heutige aufgeklärte Menschen die Frage, was dieser scheinbare Schabernack für einen Sinn hatte bzw. immer noch hat.
Einerseits war es sicher eine clevere Täuschung des Unwissenden, der mit Ehrfurcht und Erwartung zum Orakel kam und sich dort auch einiges erhoffte, andererseits war es sicher eine gute und praktikable Möglichkeit, mit der Wahrheit und der Erkenntnis umzugehen. Die Vorteile sind unbestritten:

1. Die Priester konnten, wenn sie sich irrten, jederzeit einen Gott oder sonst irgendeine Macht als Entschuldigung heranziehen. Sie waren ja schließlich nur die Übermittler aus einer anderen Welt, wo die Wahrheit zu Hause ist. Übertragungsfehler sind nicht ausgeschlossen.

Ein Geheimnis des Orakels war, daß es durch seine sakrale Stellung vor Zweifel und Kritik sicher war.

Der Vergleich mit den heutigen Motivforschern ist möglich: wie schon oben erwähnt, will ein Auftraggeber eine Frage beantwortet bekommen. Er sucht sich einen Forscher aus und erklärt ihm die Frage, d.h. sein Problem. Der Forscher fragt solange nach, bis er das Problem verstanden hat. Dann startet er seine Untersuchung und liefert – natürlich gegen Bezahlung – eine Antwort auf die Frage.

108

Sophia: Und weshalb soll diese moderne Form funktionieren bzw. Erfolg haben?

Phileon: Es gelten hier die gleichen Vorteile wie beim antiken Orakel: Der Forscher ist vor Zweifel oder Kritik einigermaßen sicher, da er sich auf die Wissenschaft berufen kann. Diese bietet ihm einen um nichts geringeren Schutz als es die Berufung des Orakels auf die metaphysischen Wahrheitsquellen taten.

> Die Wissenschaft bietet dem Motivforscher nicht nur Denkmodelle und Kommunikationsmöglichkeiten, sie ist auch ein gesellschaftlich anerkannter Bereich, in den er sich zurückziehen und durch den er sich im Falle eines Angriffs auf den Wahrheitsgehalt seiner Forschungen berufen kann.

Beide waren oder sind gesellschaftlich anerkannte Bereiche, in denen Wahrheit generiert wird.

Aber es gab noch andere interessante Merkmale des griechischen Orakels:

2. Die Priester mußten nicht die wahren Strukturen der Wahrheitsfindung offenbaren und somit säkularisieren.

Man vermutet heute, daß die Orakelsprüche deshalb so oft ins Schwarze trafen, weil die Priester des Orakels ganz einfach sehr gut informiert waren über das, was in der Welt so vor sich ging. Sie erfuhren die Probleme der verschiedensten Leute und konnten sich mit einiger Phantasie ein Bild der Lage machen. Ein gewisses Können vorausgesetzt, konnten sie dann aus den ihnen zur Verfügung stehenden Informationen die richtigen Schlüsse ziehen.

Es galt nämlich genau das Gegenteil von dem, was alle für richtig hielten: die Sprüche des Orakels entsprangen nicht einer diffusen jenseitigen Welt, sondern beruhten auf sehr profanen Informationen, die in richtiger Kombination und entsprechend clever verkauft, einen hohen Wert hatten.

Ein weiteres Geheimnis des Orakels war somit seine Weltzugewandtheit, nicht seine Abgehobenheit. Die war nur Fassade.

Auch dieser zweite Vorteil des Orakels hat sein Äquivalent in der modernen Motivforschung: Die zur Erkenntnis herangezogenen Daten stammen ebenfalls aus der Lebenswelt, auch wenn sie dann durch den Filter der wissenschaftlichen Betrachtung der Auswerter geführt und als wissenschaftliche Erkenntnis getarnt werden. Sie sind genauso „echt" wie es die antiken Erkenntnisse waren und sie werden meistens ebenso clever verkauft.

3. Die geheimnisvolle Aura, die das Orakel umgab, hatte noch einen weiteren angenehmen Effekt: Die Menschen, die das Orakel besuchten, hatten ei-

nerseits Ehrfurcht vor ihm, wurden andererseits aber durch unklare Sprüche, die eventuell noch als Rätsel formuliert waren, zum Nachdenken angeregt. Es ging nicht darum, die Sprüche direkt in Taten umzusetzen, sondern einen Prozeß zu starten, durch den dem Auftraggeber, dem Suchenden, die eigene Situation klarer werden konnte. Danach fielen die Entscheidungen, die getroffen werden mußten, um vieles leichter – sie beruhten ja jetzt auf realitätsbezogenen Annahmen.

Das Geheimnis des Orakels war, daß es den Menschen die allgemeinen Richtlinien, nicht aber den ihnen eigenen Weg zur Beantwortung ihrer Fragen und damit zur Lösung ihrer Probleme zeigte, es war somit eine der damaligen Zeit angemessene Institution zur Beantwortung privater und gesellschaftlicher Fragen. Vom kleinen Mann bis hin zum König wurde es gerne konsultiert. Für den einzelnen bestand aber immer noch ein Spielraum der Interpretation.

Dieser dritte Vorteil des Orakels ist ebenfalls in moderner Form vorhanden: auch die Motivforschung liefert keine Ergebnisse, die sofort in die Praxis umgesetzt werden können. Es ist auch hier ein Prozeß der Verarbeitung, der Reflexion und Diskussion notwendig, um aus den Sprüchen des modernen Orakels einen in die Praxis umsetzbaren Lösungsansatz zu bilden.

Die qualitative Motivforschung ist die moderne Form des Orakels. Sie kann mit ihren Methoden zur Antwortfindung auf private, wirtschaftliche und gesellschaftspolitische Fragen beitragen.

Sophia: Ich möchte bei den philosophischen Grundlagen bleiben. Welche Bereiche der Philosophie sind für die qualitative Motivforschung noch wichtig außer der Erkenntnistheorie, die wir vorhin besprochen haben?

Phileon: Zum Beispiel die

Phänomenologie

Ein wichtiger Punkt, der vor allem bei der Auswertung eine große Rolle spielt, ist die Interpretation des Materials. Es stellt sich hier die Frage des „Fremdverstehens". Die Grundlage dafür ist die Annahme, „*...daß andere Personen (im gleichen Kulturkreis) zumindest über mehr oder weniger ähnliche Bewußtseinslagen verfügen, also ein genügend großer Vorrat gemeinsamer Symbole existiert.*" (Lamnek, Band 1; S. 40). Außerdem ist die Annahme einer Reziprozität der Perspektiven erforderlich, d.h. daß „*Interaktionspartner in der Lage sind, sich gedanklich in die Positionen der jeweils anderen hineinzuversetzen.*" (Lamnek, Band 1; S. 40)

In diesen Punkten unterscheidet sich laut Lamnek die qualitative Forschung übrigens wiederum erheblich von der quantitativen, er führt als Vertreter der qualitativen Methodik vor allem die Frankfurter Schule, den symbolischen Interaktionismus und die Auseinandersetzung mit der Phänomenologie Husserls an (vgl. Lamnek, Band 1; S. 40).

In der Phänomenologie geht es um die Erforschung der „Sachen selbst" (vgl. Lamnek, Band 1; S. 59). Die Phänomene sollen *„so betrachtet werden, wie sie „sind" und nicht, wie sie aufgrund von Vorkenntnissen, Vorurteilen und Theorien erscheinen mögen."* (Lamnek, Band 1; S. 59) Husserl folgend gibt es eine subjektive Theoriewelt, in der jedes Individuum verhaftet ist. Diese Welt ist verfälscht, da sie konstruiert und zufällig ist, kulturgebunden und von der persönlichen Erfahrung abhängig. Von ihr gilt es wegzukommen und die verfälschenden Einflüsse auszuklammern, was in der nächsten Stufe, der Lebenswelt, möglich wird. Diese Welt ist auch unsere Alltagswelt, dort holen wir unsere Erfahrungen her. Diese Stufe ist nicht wissenschaftlich, hier gibt es die originäre Erfahrung, die man sich möglichst vorurteilsfrei holen soll. Auf die Sozialwissenschaft bezogen heißt das, daß man sich ins „Milieu" begibt. In der qualitativen Motivforschung geschieht dies durch den „naiven" Standpunkt des Interviewers, der im „Milieu", d.h. bei seinen Interviewpersonen, die Erhebungen macht.

Auf der nächsten Stufe muß man von der *„natürlichen zur phänomenologischen Einstellung"* gelangen (vgl. Lamnek, Band 1; S. 62). Dazu muß man die eigene naive Einstellung aufdecken und sich davon distanzieren, indem man sich selbst reflektiert und sozusagen „beobachtet". Die beobachteten Gegenstände sind vom reflektierten Akt des Beobachtens nicht mehr zu trennen.

In der qualitativen Motivforschung wird dem Genüge getan, indem man in der Gruppendiskussion das Szenario und das Umfeld der Interviews kritisch reflektiert – und auch das subjektive Empfinden der teilnehmenden Wissenschafter.

Die dritte Stufe ist die sogenannte „eidetische Reduktion", bei der man versucht, von der phänomenologischen Einstellung zur „Wesensschau" zu gelangen. Es geht darum, das eigentliche Wesen des Untersuchungsgegenstandes herauszustellen. Dies soll erreicht werden, indem man das jeweils vorgegebene Phänomen frei variiert um so aus der Vielfalt der Variationen das „Invariante" herauszufiltern. (vgl. Lamnek, Band 1; S. 63)

Sophia: Was ist dieses „Invariante"?

Phileon: Dieses Invariante stellt das Wesen dar, es können objektive Formen oder auch subjektive Strukturen sein, Erlebnisweisen oder Einstellungen etwa. Der Vorteil der qualitativen Motivforschung liegt darin, daß sie diese verschiedenen Phänomene alle durch die Verwendung der komplexen Erhebungsmethode des Tiefeninterviews und durch die interdisziplinäre Auswertung quasi „erreichen" kann.

> Mittels Gruppendiskussion und Verwendung sozialwissenschaftlicher Denkmodelle werden Phänomene frei variiert, um im Forschungsergebnis zu dem zu kommen, was Husserl das „Invariante" nennt – dies können sowohl objektive Formen wie auch subjektive Strukturen sein, Erlebnisweisen oder Einstellungen.

Sophia: Welche Gültigkeit hat dieses „Invariante"?

Phileon: Es hat seine Gültigkeit im „Hier und Jetzt". Die Aussagekraft ist nie absolut, sie gilt nicht für alle Zeiten oder alle Völker.

Lamnek ergänzt, daß die beste Art der freien Variation dann zu schaffen ist, wenn man den Untersuchungsgegenstand von verschiedenen Seiten aus betrachtet.

Dies ist in der qualitativen Motivforschung vor allem auch durch zwei Faktoren gegeben: durch die Gruppendiskussion von Wissenschaftern der verschiedensten Fachrichtungen einerseits und durch die methodische Basis anderseits, der Philosophie als Leitwissenschaft.

Die letzte Stufe für Husserl, die Erreichung einer „transzendentalen Subjektivität", spielt in der Praxis der qualitativen Motivforschung keine Rolle und braucht daher auch nicht in der Theorie übernommen werden. Dieser Ansicht ist übrigens auch Lamnek (vgl. Lamnek, Band 1; S. 65), der die Phänomenologie Husserls für die Praxis der qualitativen Sozialforschung nur teilweise übernimmt und anschließend noch ein paar Forderungen an die Vorgehensweise stellt. Der Forscher sollte

... möglichst nur das Phänomen sehen und beschreiben;
... so genau, vollständig und zugleich so einfach wie möglich beschreiben;
... unvoreingenommen sein;

Heidegger beschreibt den Sinn der Phänomenologie folgendermaßen: *„Das was sich zeigt, so wie es sich von ihm selbst her zeigt, von ihm selbst her sehen lassen."* (Heidegger 1963, S. 34) Er betont damit ebenfalls noch einmal die Wichtigkeit der unvoreingenommenen Beobachtung und Beschreibung.

Sophia: Was ist in der qualitativen Motivforschung dieses „sich von ihm selbst her zeigen"?

Phileon: Das geschieht eben im Interview, im Dialog, wo der Interviewer durch Nachfragen in die Tiefe der Motivstruktur des Interviewpartners vordringt und sich das zeigen, d.h. beschreiben läßt, was dort verankert ist, also die Erlebnisse und Empfindungen, die die Basis der Handlungsmuster sind.

Sophia: Und wie erreicht der Interviewer, daß er bis zu den Bereichen vordringt, in denen die Motive zu finden sind?

Phileon: Nun, so wie wir das jetzt gerade in diesem Moment tun. Du fragst mich, und ich als Interviewperson überlege mir, wie ich die Dinge sehe. Und das sage ich dir dann.

Sophia: Die Übermittlungsgrundlage ist also die Sprache. Welche Rolle spielt sie in der Phänomenologie?

Phileon: Eine Methode der Wesenserfassung eines Forschungsgegenstandes ist laut Lamnek die semantische Sprachanalyse (vgl. Lamnek, Band 1; S. 69), bei der die Wortbedeutungen das Wesentliche eines Phänomens sichtbar machen. Zu berücksichtigen ist dabei allerdings die Zeitgebundenheit der Sprache und außerdem ist die semantische Sprachanalyse durch das phänomenologische Schauen, d.h. durch die Betrachtung eines Phänomens aus verschiedenen Perspektiven zu ergänzen.

Aus genau diesem Grund werden die Tiefeninterviews in der qualitativen Motivforschung auf Tonband aufgenommen. So sind sie der wortwörtlichen Analyse zugänglich. Es geht sogar ein bißchen darüber hinaus, man kann auch die Sprachfärbung, Pausen und manchmal emotionale Beteiligung in die Auswertung miteinbeziehen, etwa wenn die Interviewperson an einer Stelle lacht, ausweicht, stottert, schneller wird oder Ähnliches.

Sophia: Zieht sich die Phänomenologie auch in die Auswertung hinein oder bleibt sie eine Erklärungshilfe für die Datenerhebung, also für das Interview.

Phileon: Weitgehend. Wie wir schon wissen, erfolgt anhand der gesammelten Daten meist sinnvollerweise eine Gruppendiskussion, bei der als Ergebnis Erklärungsmuster für die vorgefundenen Phänomene bzw. Widersprüche gefunden werden. Diese Phänomene werden als Erscheinungsformen menschlichen Denkens und Handelns interpretiert.

Sophia: Gut. Du hast vorher schon die Bedeutung der Sprache erwähnt. Dabei geht es immer auch ums Verstehen. Welche Theorien liefert hier die Philosophie, die in der qualitativen Motivforschung Anwendung finden?

Phileon: Das zweite wissenschaftstheoretische Standbein ist (übrigens auch für Lamnek) die

Hermeneutik

die im Zusammenhang mit der qualitativen Sozialforschung als die „Kunst des Verstehens" bezeichnet werden kann: „*Hermeneutisches Verstehen bezieht sich auf das Erfassen menschlicher Verhaltensäußerungen und Produkte*". (Lamnek, Band 1; S. 72) Besonders zu beachten sind bei den Verhaltensäußerungen sprachliche Äußerungen (hier setzt die qualitative Motivforschung an) und bei den Produkten Kunstgegenstände oder auch technische Geräte.

> Mittels offenem Interview versucht der Forscher die Geschichte der zu untersuchenden Sozialstruktur zu erfassen, indem er die daran Beteiligten ihre persönliche Sichtweise der Geschichte berichten läßt. Aus all den unterschiedlichen Betrachtungsweisen wird dann eine Gesamtgeschichte rekonstruiert.

Sophia: Die klassische Hermeneutik beschäftigt sich ja vor allem mit der Analyse historischer Texte. Wie ist hier der Zusammenhang mit unserem Thema?

Phileon: Gadamer sagt: *„Was ist Geschichtsforschung ohne die „historische Frage"?"* (Gadamer, Vorwort, S. 18) Im Tiefeninterview sehe ich mir die Historie einer Organisation oder einer Person an, wenn auch nicht in der klassischen Form, aber doch vergleichbar. Nehmen wir als Beispiel die Strukturanalyse einer Computerfirma. Ein wichtiger Teil davon sind die sozialen, hierarchischen Strukturen, die offiziellen und die inoffiziellen. Daneben gibt es noch Konflikte, die das Unternehmen schwächen etc. In der Analyse versuche ich als Forscher mittels Tiefeninterviews die „Geschichte" der vorhandenen Sozialstruktur zu erfassen, indem ich sie mir von verschiedenen Personen, die alle Teil dieser Geschichte sind, erzählen lasse. Aus all den Geschichten versuche ich dann die Gesamtgeschichte zu rekonstruieren und zu verstehen, was vorgeht. Man muß jedoch vorsichtig sein: in einem Interview geht es nicht nur um die motivlichen Dimensionen, die ich von der Interviewperson erfahren will, sondern immer auch darum, die tatsächlichen Handlungen, die die Interviewperson setzt, ihre persönlichen Gewohnheiten etc. zu erforschen: wie oft ißt jemand ein bestimmtes Produkt, wie hat er in einer bestimmten Konfliktsituation reagiert etc. Auch das gehört zur Analyse.

Das Verstehen ist in der Hermeneutik der Untersuchungsgegenstand, d.h. der Verstehensvorgang als solcher wird untersucht und beschrieben. Gadamer sagt zum Verstehen, es sei *„niemals ein subjektives Verhalten zu einem gegebenen Gegenstande, sondern zur Wirkungsgeschichte."* (Gadamer; Vorwort, S. 17) In unserem Interview ist dies auch so, es hat einen hermeneutischen Hintergrund.

Sophia: Inwiefern?

Phileon: Der Dialog zeigt eine Geschichte, die Geschichte des Denkens der Interviewperson und in weiterer Folge eine Geschichte des im Interview behandelten Themas. In diesem Sinn ist er auch philosophisch, da nur im Bereich der Philosophie Dialoge diese Funktion erfüllen.

Sophia: Wie ist das mit einem journalistischen Interview etwa in einer Zeitschrift?

114

Phileon: Interviews werden dort nur abgedruckt, damit eine gewisse Authentizität dargestellt wird. Fast immer sind diese Interviews zusammengeschnitten und sollen nur beweisen, daß die Interviewperson das Geschriebene tatsächlich gesagt hat. Im Tiefeninterview geht es aber vor allem um die ganze Geschichte bzw. um die Entwicklung bestimmter Gedankengänge. Dieser Dialog wird in der qualitativen Motivforschung auch ungekürzt der Interpretation unterworfen.

Ich möchte aber hier die Hermeneutik nur soweit beschreiben, wie dies für die Konfrontation mit der qualitativen Motivforschung notwendig ist. Genauere Details kann der interessierte Leser den Werken von Lamnek (vgl. Lamnek, Band 1; S. 72ff.), Schleiermacher, Gadamer oder Dilthey entnehmen.

In der qualitativen Motivforschung taucht die Hermeneutik vor allem in zwei wichtigen Bereichen in philosophischer Form auf:

1. Im Gespräch, also im Interview, in Form der Auslegung von Gesagtem, dem Verstehen und den daraus wiederum resultierenden neuen Fragen.
2. In der Auslegung der Texte, also der Interviews, durch den Auswerter. Das ist aber zugleich auch Auslegung von Gesprochenem.

Sophia: Erzähle mir mehr über das Verstehen!

Phileon: Die folgende Definition des Verstehens von Giesen/Schmid ist auch für die qualitative Motivforschung und deren Interviewtechniken interessant:

„Ich habe ein Handeln oder eine Handlung eines Fremden dann verstanden, wenn ich mir Aufschluß verschafft habe über einen Handlungsentwurf (Pläne, Ziele) und den beabsichtigten Einsatz bestimmter Mittel, wenn ich also das Motiv seines Handelns erkennen kann und wenn ich die Handlungssituation so sehen gelernt habe, wie der verstehende Fremde sie selber sieht. Verstehen müsse sich an dem subjektiv gemeinten Sinn des Handelnden selber orientieren und dürfe nicht als eine Interpretation fremden Handelns von außen....an das zu beschreibende Handeln herangetragen werden." (Giesen/Schmid, 1976, S. 165)

Die Wahrheit ist immer die Wahrheit des Textes bzw. im Tiefeninterview die Wahrheit der Interviewperson! Das meinen Giesen/Schmid wenn sie sagen, daß man sich am subjektiv gemeinten Sinn des Handelnden selbst orientieren muß. Es geht also um das Verstehen eines subjektiven Inhalts. Aus diesem Grund ist, sofern man die Hermeneutik als eine wissenschaftstheoretische Basis der qualitativen Sozialforschung ansehen will, das qualitative, offene Interview dem quantitativen vorzuziehen, weil nur so das individuelle Verstehen erfaßt werden kann. Wenn es irgendwie möglich ist, zum „subjektiv gemeinten Sinn des Handelnden selber" vorzudringen, dann nur über das Tiefeninterview.

> Nur mittels des qualitativen, offenen Interviews kann die hermeneutische Forderung nach der Notwendigkeit des Vordringens "zum subjektiv gemeinten Sinn des Handelnden selber" erreicht werden.

Gadamer macht jedoch noch eine weitere Unterscheidung: es gibt einerseits eine „objektive Seite" des Verstehens in der Literatur, anderseits eine „subjektive" im Seelenleben des Autors. Beides zusammen ist ausschlaggebend für das Verstehen. Das bedeutet in der qualitativen Motivforschung folgendes: wenn der Interviewer seine Arbeit gut gemacht hat, können seine Einflüsse auf das Interview in der Frage des Verstehens helfen, indem sie durch die richtigen Fragen genauen Einblick in die Motivlage der Interviewperson bieten. Zugleich ist natürlich die Interpretation des Textes auf seine „objektiven" Inhalte nicht zu vernachlässigen – sie fällt im Tiefeninterview jedoch mit der subjektiven Seite zusammen, da der Inhalt des Interviews nicht die Beschreibung objektiver Fakten wie etwa in einem Bericht über ein historisches Ereignis ist, sondern eben eine Seite des „Seelenlebens" des interviewten Individuums. Hier existiert ein wichtiger Unterschied zwischen der Interpretation eines Textes aus der Literatur und dem eines Tiefeninterviews.

Sophia: Welche Denkansätze aus der Hermeneutik spielen jetzt in der qualitativen Motivforschung eine Rolle?

Phileon: Die beiden hermeneutischen Zirkel zum Beispiel. Im ersten hermeneutischen Zirkel wird der Forscher vor das Problem gestellt, daß er einen Text nicht ohne ein gewisses Vorverständnis verstehen kann. Wenn dieses Vorverständnis jedoch gegeben ist, und er es auch als ein solches und ihm eigenes erkennt, so kann er zu einem Textverständnis gelangen, das ihm wiederum ein erweitertes Vorverständnis verschafft. Die endgültige Übereinstimmung der Verstehensleistung des Lesers mit dem Verständnis des Autors kann zwar laut hermeneutischer Theorie nie erreicht werden, ein für die Interpretation ausreichend hoher Grad der Annäherung läßt sich aber erzielen.

Gadamer zieht zu diesem Punkt Heidegger zu Rate, der meint, wenn man einen Text verstehen will, so befindet man sich immer schon im Vollzug eines Entwerfens: der Sinn des Ganzen wird angenommen, sobald sich ein erster Sinn zeigt. Es ergibt sich daraus ein ständiges Neu-Entwerfen, indem man immer der Beirrung durch Vormeinungen ausgesetzt ist. Die Objektivität erreicht man durch die ständige Ausarbeitung der Vormeinungen (vgl. Gadamer; S. 252).

116

In der qualitativen Motivforschung ist dies ebenso: der Auswerter liest sich ein
Interview durch, er ist von Anfang an beeinflußt durch seine Vormeinung zum
Thema, etwa durch bereits gelesene andere Interviews. Im Laufe des Sich-
Durchtastens durch den Text ergänzt er seine bisherige Meinung, er gewinnt
Facetten dazu und ergänzt Sinnzusammenhänge. Laut Gadamer kann er dabei
durch die Position der Offenheit, die ja eine der Grundforderungen Lamneks
ist, die Vormeinungen überwinden. Die Grundvoraussetzung dafür ist: er muß
der eigenen Voreingenommenheit inne sein (vgl. Gadamer; S. 253).

Sophia: Inwieweit kann ein Forscher das leisten?

Phileon: Diese Stufe der Reflexion kann vom Auswerter nicht immer erreicht
werden, selbst wenn er sich bemüht. Aus diesem Grund gibt es das interdisziplinäre Auswertungsteam. So können sich die Auswerter gegenseitig überprüfen und ihre Meinungen und Theorien objektivieren. Die Bewegung des
Verstehens geht ja immer vom Ganzen zum Teil und umgekehrt: *„Die Aufgabe ist es, in konzentrischen Kreisen die Einheit des verstandenen Sinnes zu
erweitern. Einstimmung aller Einzelheiten im Ganzen ist das jeweilige Krite-
rium für die Richtigkeit des Verstehens.“* (Gadamer; S. 275) Das jeweils dem
Thema angepasste, nach interdisziplinären Kriterien zusammengestellte
Auswertungsteam repräsentiert hermeneutisch gesehen das Ganze, der einzelne Auswerter den Teil. In der Diskussion des Teams pendelt das Verstehen dann vom Ganzen zum Einzelnen.

Sophia: Wie gelangt man zu so einem Vorverständnis?

Phileon: In der Praxis der qualitativen Motivforschung wird der Forderung
des hermeneutischen Zirkels nach einem Vorverständnis auf vielerlei Art
Rechnung getragen:
    Bevor eine Untersuchung gestartet wird, erfolgt eine Vorerhebung der
Umstände, soferne das Untersuchungsgebiet ein neues ist: Dies geschieht in
Form von Gesprächen zwischen Auftraggeber und Auftragnehmer und in
Folge durch die Weiterleitung dieser Erkenntnisse an das Interviewerteam,
was in Form von ausführlichen Briefings erfolgt.

Zum zweiten erfolgt die Schaffung eines Vorverständnisses durch die Interviewer selbst: durch die offene Fragetechnik und die „künstlich naive" Einstellung zum Wissensgebiet eignet sich der Interviewer ein Verständnis des Problems an, das nicht nur von seinen eigenen Vorurteilen geleitet ist, sondern vor allem durch die Sichtweise der Befragten, die zugleich das Wesen des Untersuchungsgegenstandes darstellt.

Drittens leiten die Interviewer ihre Erkenntnisse an das Auswertungsteam weiter, was durch die Verwendung von Tonbandaufzeichnung des Interviews auch ohne Verluste und Verzerrungen erfolgen kann. Somit wird gewährleistet, daß alle mit der Interpretation und Auslegung der Texte betrauten Personen mit einem ausreichenden Vorverständnis ausgestattet sind und ein Verstehen im Sinne der hermeneutischen Problematik möglich wird.

Sophia: Vorverständnis und Vorurteil – wo ist da in diesem Fall der Unterschied?

Phileon: Gadamer meint dazu, daß einem die Vorurteile, die man hat, nicht selbst zur Verfügung stehen, weder positive noch negative, sie sind also nicht unterscheidbar (vgl. Gadamer; S. 279). Diese Unterscheidung muß im Verstehen selbst geschehen bzw. durch andere Personen, welche die Problematik von einem anderen Standpunkt aus sehen. Dies ist einer der Gründe, warum das Auswertungsteam interdisziplinär zusammengesetzt sein muß – disziplinäre, also sozusagen „fachliche" Vorurteile können somit ausgemerzt werden, aber auch die kleinen Vorurteile des Alltags werden in der Diskussion einer Probe unterzogen.

Das Vorverständnis hingegen ist Teil des Verstehens.

Sophia: Wo kann es beim Akt des Verstehens bzw. beim Vorverständnis Probleme geben?

Phileon: Da paßt ein Beispiel aus der Praxis der qualitativen Motivforschung. Probleme gibt es etwa dann, wenn eine Untersuchung in der Schweiz durchgeführt wird, aber österreichische Interviewer sie durchführen. Die Praxis hat gezeigt, daß es hier gleich mehrere Probleme geben kann. Erstens: Ein Schweizer etwa, der nur „Schwizerdütsch" spricht, kann nur sehr schwer interviewt werden, sofern die Österreicher nicht auch diesen Dialekt beherrschen. Hier gibt es eine Sprachbarriere, die sich nicht auswirken muß, aber auswirken kann. Es kann auch vorkommen, daß der Interviewer die Frage in Hochdeutsch stellt und der Interviewte in Schwizerdütsch antwortet.

Das zweite Problem ist noch etwas delikater: die meisten Schweizer sprechen neben ihrem Dialekt auch noch Hochdeutsch, manche aber nicht. Dies mag verschiedene Ursachen haben, auf jeden Fall ist ein Teil der Bevölkerung den Interviews nicht zugänglich. Die qualitative Forschung kann sich nur insofern helfen, als es bei ihrer Methode nicht um ein repräsentatives Sample geht und man die Leute, die man nicht versteht, nicht interviewen muß, sofern genug andere zur Verfügung stehen.

Drittes Problem: Wir wurden damals bei der Untersuchung von den schweizer Interviewpartnern gefragt: „Können wir das Interview in Schwizerdütsch machen oder muß es auf Hochdeutsch sein?" Leider mußte es auf Hochdeutsch sein, weil die Interviewer erstens nicht oder nur schlecht des Schwizerdütschen mächtig waren und außerdem diejenigen die Hände über den Kopf zusammengeschlagen hätten, die für die Verschriftung der Interviews zuständig waren.

Die Interviewpartner fanden diesen Umstand nicht gut und es stellte sich heraus, daß viele einfach in vermindertem Maße auskunftsfreudig waren, wenn sie Hochdeutsch sprechen mußten. Es gab eine besondere Art der Fremdheit zwischen Interviewer und Interviewten, die sich nur schwer abbauen ließ und konkret in so einem Fall dazu führt, daß das Interview nicht so viel wert ist wie andere.

Das ist aber noch nicht alles. Als viertes Problem kommt dazu, daß Interviews, die mit Menschen gemacht werden, die einen anderen Dialekt sprechen, durch die Wortwahl beider Seiten verfälscht werden können. Dies kann schon der Fall sein, wenn ein Wiener einen Steirer interviewt. Nicht immer verstehen zwei Personen unter einem Wort das gleiche. Dies ist ein klassisches hermeneutisches Problem, das in einem Tiefeninterview durch Nachfragetechniken teilweise gelöst werden kann. Durch den offenen Dialog erhält der Interviewer die Möglichkeit, Worte oder Sätze, die ihm nicht vollständig klar sind, auf ihre Bedeutung hin nachzufragen.

Im Gegensatz zum quantitativen Interview oder auch zum Fragebogen kann im Tiefeninterview bei unklaren Begriffen nachgefragt werden. So wird ein gemeinsames Verständnis erreicht – ein hermeneutisch unverzichtbarer Bestandteil des Verstehens und der Interpretation.

Sophia: Du hast vorher zwei hermeneutische Zirkel erwähnt. Worum geht es im zweiten?

Phileon: Im zweiten hermeneutischen Zirkel geht es um das Verhältnis zwischen Textteilen und dem Ganzen: „*Einzelne, wichtige Begriffe lassen sich oft nur aus dem Textganzen erschließen, während das vollständige Verstehen des Gesamttextes das Verstehen dieser Begriffe zur Voraussetzung hat.*" (Lamnek, Band 1; S. 76)

Auch hier beweist die qualitative Motivforschung wieder ihre Berechtigung neben der quantitativen: es ist nur in qualitativen Interviews überhaupt möglich, ein Ganzes sinnvoll erforschen zu wollen, da man nur mit der Methode des offenen Interviews auf das Ganze stoßen kann: die Ja-Nein-Antworten der standardisierten Forschung können mit einzelnen unverständlichen Aussagen nichts anfangen und müssen sie daher bereits bei der Zusammenstellung der Fragen völlig ausklammern: Widersprüche z.B., die nur unter dem Blickwinkel einer ganzheitlichen Sicht begreifbar sind, werden in der quantitativen Forschung oft eliminiert, auch dann, wenn sie für das Verstehen des Problems unerläßlich sind. Der Forderung des hermeneutischen Zirkels wird vor allem dadurch Rechnung getragen, daß die Interviews von den Auswertern als hermeneutisches Ganzes betrachtet werden. Neben der Einteilung der Interviews in Kategorien werden sie auch als „Gesamtgebilde" ausgewertet.

> Manche Begriffe werden erst durch ein Verständnis des Ganzen klar – umgekehrt versteht man das Ganze erst, wenn die darin enthaltenen Begriffe klar sind. Durch Nachfragen sowie durch die Interpretation eines gesamten Interviews kann man in der qualitativen Motivforschung diesem hermeneutischen Zirkel entgehen.

Ein weiteres Problem, das durch den hermeneutischen Zirkel beschrieben wird, ist die Indexikalität verschiedener Wörter: manche Worte haben mehrere Bedeutungen und können nur dann richtig verstanden werden, wenn die jeweils zutreffende Bedeutung miterklärt wird. Auch dieses Problem kann nur in der qualitativen Forschung erfaßt und gelöst werden: durch die Technik des Nachfragens kann die jeweilige Bedeutung eines Begriffes innerhalb eines bestimmten Diskurses geklärt und erfaßt werden. Bei standardisierten Interviews ist dies nicht möglich, da ein gezieltes, individuelles Nachfragen im System nicht enthalten ist. Hier haben wir Parallelen zum Schwizerdütsch-Beispiel: manche Worte haben im Schweizerischen eine andere Bedeutung als im Wienerischen, sofern man sie in einem bestimmten Zusammenhang betrachtet. Als guter Interviewer muß man ein Gespür für Worte und deren Bedeutungsvielfalt haben und Worte bzw. Sätze, die nicht für beide Seiten vollkommen klar sind, zum Thema machen und bis zu einem bestimmten Punkt klären, solange, bis ein gemeinsames Verständnis im Rahmen der thematischen Grenzen erreicht ist. Diesen Punkt zu finden ist Aufgabe des Interviewers, wenngleich er hier vor dem Problem steht, mißverständliche Worte als solche erst einmal erkennen zu müssen.

Wir sind hier wieder beim „Verstehen" angelangt, das sich durch die ganze Arbeit zieht und auch eine zentrale philosophische Bedeutung hat. Lamnek unterscheidet zwischen „*psychologischem Verstehen*", bei dem versucht wird, „*durch Nacherleben einer Situation oder durch Sichhineinversetzen (Empathie) in einen anderen zu verstehen*" (Lamnek, Band 1; S. 80) und dem sogenannten

„Sinn-verstehen", bei dem es sich um *„das Verstehen eines Sachverhaltes durch die Beleuchtung und Erfassung des Sinnzusammenhangs, in den dieser eingeordnet werden muß."* (Lamnek, Band 1; S. 80) handelt.

Sophia: Worum geht es bei diesem „Sinnzusammenhang"?

Phileon: Es ist dieser Sinnzusammenhang, der in der qualitativen Motivforschung erfaßt werden soll. Zu diesem Zweck sind adäquate Methoden erforderlich, von denen eine das Tiefeninterview ist. Auch in diesem Fall läßt sich das Sinnverstehen vor allem dadurch erzielen, daß sich der Forscher durch die Technik des Nachfragens im Bewußtsein der Interviewperson auf die Suche nach dem Sinnzusammenhang ihrer Aussagen macht. Er entdeckt dabei verborgene Sinnzusammenhänge, die der Interviewperson manchmal erst in dem Augenblick bewußt werden, in dem sie sie äußert, vielfach aber auch völlig unbewußt bleiben. Auch hier ist die richtige Interviewtechnik die Voraussetzung dafür, daß es sich bei der Erforschung der Sinnzusammenhänge um die der Interviewperson und nicht um die des Interviewers handelt. Zu diesem Punkt gibt es eine weitere Unterscheidung Lamneks (vgl. Lamnek, Band 1; S. 80f.), nämlich die zwischen elementarem Verstehen und höherem Verstehen. Ersteres ist Verstehen im alltäglichen Umgang, ohne daß ein bewußtes Bemühen um Verstehen stattfindet: die Deutung eines verständlichen Handzeichens etwa, das aber in einem anderen Kulturkreis eine völlig andere Bedeutung haben kann. Das Bemühen um das Verstehen setzt erst ein, wenn der Akt des elementaren Verstehens gestört ist. Dann beginnt das sogenannte „höhere Verstehen", das auf elementarem Verstehen aufbaut. Dieses „höhere Verstehen „kann etwa der Prozeß der Aneignung komplexer Wissensgebiete sein oder der Akt der Erforschung einer fremden Kultur. Lamnek: *„Höheres Verstehen liegt dann vor, wenn der Verstehensakt nur leistbar ist, wenn das zu Verstehende aus einem größeren (übergeordneten) Zusammenhang hergeleitet wird."* (Lamnek, Band 1; S. 81)

In einem Tiefeninterview entdeckt der Interviewer bzw. später der Auswerter oft verborgene Sinnzusammenhänge, die der Interviewperson erst in dem Augenblick bewußt werden, indem sie sie äußert. Manchmal bleiben sie ihr auch komplett unbewußt.

Zum höheren Verstehen gehört auch die Theorie Gadamers, daß der Sinn eines Textes immer seinen Autor übertrifft (vgl. Gadamer; S. 280).

Sophia: Wie ist das zu verstehen?

Phileon: Man muß sich den Sinn eines Ereignisses vergegenwärtigen. Eine Handlung kann für mich zu dem Zeitpunkt, an dem ich sie setze, einen bestimmten Sinn ergeben. Ich habe dazu auch ganz bestimmte Motivationen. 4 Wochen später kann es sein, daß ich diese meine eigene Handlung unter einem völlig neuen Blickwinkel sehe, etwa weil ich jetzt Informationen habe, die mir Wochen früher nicht zugänglich waren. Es kann auch sein, daß Ereignisse eingetreten sind, die meine Handlung in einen neuen Zusammenhang bringen, einen, den es zuvor noch nicht gab oder den ich noch nicht erkennen konnte. Es müssen aber nicht vier Wochen vergehen. Man kann als Beispiel auch den Satz von Norbert Wiener „Ich wußte nicht, was ich sagte, ehe ich nicht die Antwort darauf hörte" verwenden. Nachdem ich die Antwort gehört hatte, erscheint mir das, was ich gesagt habe, in einem völlig neuen Licht – binnen Sekunden. Die Grundlage meiner Motive kann sich somit oft auch schlagartig verändern.

Es sind das Fortschreiten der Zeit sowie der soziale Zusammenhang, in dem meine Handlungen und meine Motive zu sehen sind.

Man kann aus einem Interview mehr herauslesen, als die Interviewperson bewußt hineingelegt hat. Einer Interviewperson werden außerdem oft erst während eines Gesprächs ihre eigenen Motivzusammenhänge klar. Dies passiert aber nicht immer und bei jedem Interview, oft bleiben die eigenen Handlungsgrundlagen verborgen. Der Interviewer darf diese, wenn er sie erkennt, aber nicht in der Form ansprechen, daß er sie in seine Fragen einbaut, denn das wäre bereits eine im Interview nicht zulässige Interpretation – die Interviewperson könnte auch etwas ganz anderes meinen bzw. durch die Frage in eine Richtung gelenkt werden, die nicht die ihre ist. Ein Anders-Verstehen ist noch nicht unbedingt ein richtigeres Verstehen.

Sophia: Und geht es darum in der qualitativen Motivforschung?

Phileon: Auch darum! Es geht um vielerlei Arten und Dimensionen von Verständnis: Ich will Informationen sammeln, Klischees, Identitätsformen kennenlernen, unbewußte sowie kollektiv unbewußte Inhalte aufdecken und noch vieles mehr. Es geht aber auch darum, das zu Verstehende aus einem vorher noch nicht bekannten Sinnzusammenhang herzuleiten. Dieser Sinnzusammenhang muß erst erstellt werden und das ist genau der eigentlich wertvolle Teil der Arbeit des qualitativen Motivforschers. Diese Zusammenhänge gilt es zu finden und sie sind dann gefunden, wenn der Auftraggeber etwa sagt: „...ah, jetzt weiß ich, warum die Menschen so und so handeln und wir unsere Produkte nur dort und dort verkaufen und nicht dort, wo wir eigentlich damit gerechnet hätten..."

Sinnverstehen bedeutet, daß das Individuum über seine subjektiven Ansichten hinaus ein „intersubjektives Allgemeines" als solches erfaßt und seine Position dazu erkennt. Das „objektive Allgemeine", wie es Dilthey bezeichnet, ist nicht metaphysisch zu verstehen, sondern ist einfach das Gemeinsame, an dem Subjekte partizipieren: gesellschaftliche Normen und Regeln etwa oder

Traditionen. Dilthey bezeichnet dies auch als „*objektiven Geist*" oder als die „*Sphäre der Gemeinsamkeiten*". (vgl. Dilthey 1961a, S. 146 + S. 150)

„Sinnverstehen" im hermeneutischen Sinn bedeutet, daß das Individuum über seine subjektiven Ansichten hinaus ein „intersubjektives Allgemeines" als solches erfaßt und seine relative Position dazu erkennt.

Ein wichtiger Punkt zur Erklärung des Sinnverstehens ist der geschichtliche Zusammenhang. Das „objektive Allgemeine", das es zu verstehen gilt, ist ein historisch gewachsenes, in einer bestimmten Kultur und einer bestimmten Zeit verhaftetes Allgemeines, das zugleich seinerseits die jeweilige Kultur prägt und formt. Der Forscher ist in diesen historischen Zusammenhang eingebettet und muß dies auch reflektieren, sozusagen „verstehen".

Sophia: Gibt es ein Beispiel, wie all diese hermeneutischen Überlegungen in die Praxis der Interviewauswertung einfließen?

Phileon: Ja, diverse Studien der qualitativen Motivforschung natürlich. Sie sind leider zu komplex, um auch nur eine einzige in der vollständigen Form darstellen zu können, die notwendig wäre, um deine Frage zu beantworten. Ein paar wichtige Punkte möchte ich hier trotzdem als Beispiel bringen. In der Auswertung eines Tiefeninterviews ist der erste Schritt das Durchlesen des gesamten Gesprächs. Dann erfolgt die Zuordnung wichtiger Passagen zu den Kategorien. Wir werden den genauen Ablauf später noch besprechen. Hermeneutisch gesehen ist ein Interview zum Teil mit einem Werk, einer Erzählung oder ähnlichem zu vergleichen. Es ist auch ein Gesamtgebilde, das aus Höhen und Tiefen besteht, aus langweiligen und spannenden Passagen, aus Dialogfolgen, in denen der Interviewer besser und aus solchen, in denen er schlechter in Form war, genauso wie die Interviewperson. Man kann beim Lesen eines solchen Interviews die Unklarheiten und Widersprüche erkennen, die eventuell auf eine versteckte Logik schließen lassen. Es gibt in den Ausführungen der Interviewpersonen Lücken – die fehlenden Elemente weisen oft auf einen Zusammenhang hin. Widersprüche im latenten Diskurs weisen auf Inkonsequenzen dem realen Diskurs gegenüber hin. All das zeigt die Lebendigkeit solch eines Gesprächs und fordert die Kompetenz des Auswerters, der versteckte Hinweise deuten und Zusammenhänge erkennen muß. Hier zeigt sich wieder, warum Philosophen in der qualitativen Motivforschung oft die Führungsarbeit leisten und die Hermeneutik ein nicht zu vernachlässigender Teil des methodischen Gesamtkonzeptes ist.

Man kann übrigens bei Danner über die Umsetzung der Hermeneutik in konkrete Handlungsanweisungen nachlesen (vgl. Danner 1979; S. 89f.). Er beschreibt die Interpretation eines Textes, seine Darstellung kann aber mit wenigen Änderungen auch für die Interpretation eines Tiefeninterviews herangezogen werden. Seine Überlegungen finden sich auch im Zuge dieser Arbeit wieder, ich möchte sie daher jetzt nicht näher darstellen.

Sophia: Du hast vorher noch eine zweite von Lamnek angesprochene Form des Verstehens genannt, das „psychologische Verstehen", wo es darum geht, sich in den anderen hineinzuversetzen. Welche Rolle spielt dieses Verstehen?

Phileon: Ein Interview ist für den Interviewer sehr anstrengend. Dies liegt einerseits daran, daß er der Interviewperson sehr genau und konzentriert zuhören muß, andererseits an der Notwendigkeit, sich in die Lebenswelt des Gesprächspartners hineinversetzen zu können. Dies ist notwendig, damit der Interviewer erkennen kann, was der Interviewperson wichtig ist. Richtiges Nachfragen kann oft nur erfolgen, wenn diese Empathie gewährleistet ist. Außerdem muß der Interviewer ein bestimmtes Vertrauen aufbauen, da sich die Interviewperson ihm gegenüber sonst nicht öffnet und er nicht in die emotionalen Bereiche vordringen kann. Das ist sehr anstrengend, da dieser Vorgang jedesmal anders verläuft, kein Gesprächspartner ist mit dem vorhergehenden zu vergleichen. Gadamer meint dazu, der Interviewer muß sich mit jeder Interviewperson sozusagen „auf den gleichen Sessel setzen", d.h. ich muß mich um denselben Ausgangspunkt der Perspektive bemühen, von dem aus sich dann die „terra incognita" erforschen läßt. Dies geschieht aber immer auch zugleich unter Mitnahme des „Selbst" – ich verstehe die Andersheit erst dadurch, indem ich mich in die gleiche Lage zu setzen versuche. Dieser Akt des „Sich-Hineinversetzens" reicht jedoch nicht aus, um den Akt des Verstehens zu vollziehen. Dafür muß man erst einen Horizont gewinnen, das heißt, über das Nahe und Allzunahe hinaussehen und dadurch das Nahe in ein Allgemeines einordnen (vgl. Gadamer; S. 288). Nähe und Distanz zur Interviewperson sowie zum Thema sind die beiden Pole, zwischen denen das Verstehen im Tiefeninterview und in der Auswertung erfolgt. Dieser Vorgang ist zugleich Auslegung UND Verstehen, so Gadamer (vgl. Gadamer; S. 291).

Laut Gadamer gibt es zwei Pole, zwischen denen das psychologische Verstehen im Tiefeninterview sowie in der Auswertung erfolgt: Nähe und Distanz zur Interviewperson sowie zum Thema.
Der Interviewer muß sich einerseits in die gleiche Lage mit der Interviewperson versetzten, sich andererseits davon distanzieren.

Sophia: Wir reden hier von der Führung und Auswertung eines Gespräches, das aus Fragen und Antworten besteht. Daß die Antworten ausgewertet und hermeneutisch interpretiert werden, ist klar. Wie sieht das mit den Fragen aus, welchen hermeneutischen Stellenwert haben die?

Phileon: Ebenfalls einen wichtigen. Wir haben vorher über Vorurteile gesprochen. Die Suspension der Vorurteile beginnt laut Gadamer immer mit der
Frage (vgl. Gadamer; S. 283). Ohne die Aktivität der Frage ist im Gespräch
keine Erfahrung möglich, auch keine Aufarbeitung von Vorurteilen. Die
Struktur der Offenheit zeigt das Wesen der Erfahrung – sie kann so oder so
sein. Durch die offene Frage stelle ich gleichsam einen Fragehorizont her, innerhalb dessen die Antwort möglich ist, sie bleibt in Schwebe, kann ein pro
oder ein contra bewirken, in jedem Fall.

Sophia: Determiniere ich damit den Befragten?

Phileon: Nein, es sei denn, jede Frage determiniert den Befragten. In der offenen Frage beeinflusse ich ihn insofern, als ich eine Antwort verlange, und
zwar eine Antwort auf meine Frage. Sokratisch gesprochen könnte man sagen, daß fragen schwerer ist als antworten. Der Grund liegt darin, daß ich mit
der Frage auch den Fragehorizont mitliefern muß, und zwar den richtigen für
den Befragten und für mich. Das heißt, ich muß als Frager in die „Sphäre"
des Befragten eindringen, seine zu meiner machen, indem ich durch meine
Frage eine Antwort fordere. Das Wesen der Frage ist der Richtungssinn – sie
ist auf eine Antwort gerichtet: *„Das Aufkommen der Frage bricht gleichsam
das Sein des Befragten auf."* (Gadamer, S. 345) Nur durch die Frage kann ich
aber auch meine eigene Sphäre einbringen.

Sophia: Und wie komme ich zu meiner Frage?

Phileon: Es ist das Wissen des bestimmten Nichtwissens, das zu einer bestimmten Frage führt (vgl. Gadamer; S. 348). Dieses Nichtwissen ist das
Grundprinzip des Tiefeninterviews, nur so kann ich die Macht der Meinung
durchbrechen, die meiner eigenen und die des Gesprächspartners. *„Die Logik der Geisteswissenschaften ist eine Logik der Frage"* sagt Gadamer (Gadamer; S. 352) und meint damit auch, daß die Meinung die Logik der Naturwissenschaften ist – deshalb heißt die quantitative Motivforschung in bestimmten Anwendungsformen auch „Meinungsforschung". Dort wird nicht
offen gefragt, denn das würde ja eine Meinung ändern, da die Antwort auf
eine offene Frage nicht vorhersehbar ist und das Sein des anderen enthält,
das meinem Sein entgegensteht. Wir können hier einen entscheidenden
Unterschied erkennen, wenn wir die jahrtausende alte Differenzierung zwischen „doxa" und „aleteia" betrachten. „Doxa" ist die „Meinung", die man
logisch-rational erforschen kann, „aleteia" hingegen die „Wahrheit". Das
darin enthaltene Wort „lete" heißt „Fluß des Vergessens" und deutet darauf
hin, daß die „Wahrheit" immer in Relation zu setzen ist: sie ist nie etwas
unverrückbar-absolutes, sondern hängt von der Sichtweise desjenigen ab,
der sie als Wahrheit bezeichnet. Diese Sichtweise ändert sich jedoch durch
den Dialog.

Den Geisteswissenschaften folgend brauche ich die Logik der Frage, die dialektischer Struktur ist: *„Dialektik als die Kunst, ein Gespräch zu führen (...) ist die Kunst der Begriffsbildung als Herausarbeitung eines gemeinsamen Gemeinten.“* (Gadamer; S. 350) Eine Antwort bedarf, damit sie Sinn macht, einer zuvor gestellten Frage. Ohne diese Frage kann die Antwort kein Verstehen bringen. Verstehen ist mehr als ein bloßes Nachvollziehen einer fremden Meinung: *„Indem es fragt, legt es Sinnmöglichkeiten offen, und damit geht, was sinnvoll ist, in das eigene Meinen über.“* (Gadamer; S. 357) Damit dies Erfolg hat, muß man einen Dialog führen, man muß mit dem Gesprächspartner reden: *„Die eigentliche Leistung der Sprache ist die im Verstehen geschehende Verschmelzung der Horizonte.“* (Gadamer; S. 359)

Das Wissen eines Nichtwissens führt zu einer bestimmten Frage. Dieses Nichtwissen ist das Grundprinzip des Tiefeninterviews, denn nur so kann ich die Macht der Meinung durchbrechen, die meiner eigenen und die des Gesprächspartners.

Sophia: Du hast im Laufe unseres Gespräches schon öfter das Wort „Dialog“ gebracht. Das Tiefeninterview ist ein Dialog. Was ist das besondere am Dialog oder an dieser Form des Dialoges? Was ist

Der Dialog

Phileon: Die Antworten auf die Fragen, die ein Auftraggeber an den qualitativen Motivforscher stellt, können nur in einem Dialog, in einem wechselseitigen Prozeß der Erkenntnis und des Wissensaustausches gefunden werden. Dies kann einerseits der Dialog zwischen Auftraggeber und Forscher, andererseits der Dialog zwischen Frager und Befragtem, also Interviewer und Interviewperson sein. Dieser wechselseitige Prozeß verlangt aber nach komplexeren Auswertungsmechanismen und nach einer Auseinandersetzung mit der Materie, die über die lineare Betrachtung hinausgeht.

Das ist kompliziert und auch relativ kostenintensiv, da man Experten braucht und die Auswertung nur zu einem geringen Teil automatisieren kann. Computer können nur rechnen, sie können qualitative Aussagen, in denen Wertungen enthalten sind, die nur mit der Kenntnis des systemischen Umfeldes erkannt und begriffen werden können, nicht in ihren Schaltkreisen auswerten.

Sophia: Was ist das Prinzip dieses Dialogs?

Phileon: Der philosophische Kern, der in dieser Problematik steckt, läßt sich dann erkennen, wenn man die Frage nach der Wertschätzung stellt. Für den quantitativen Forscher ist der Interviewpartner nur ein Objekt, das ihm hilft, einen standardisierten Fragebogen auszufüllen. Wer ihm gegenübersitzt, ist weitgehend egal – es könnte auch ein Computer sein, der antwortet. Der quantitative Interviewer kann sich auch nur auf statistische Weise mit den Lebensumständen der Interviewperson auseinandersetzen, indem er die demographischen Daten abfragt. Der Dialog betrifft nur das abstrakte Allgemeine, das auf diesem Wege eben erfaßbar ist.

Sophia: Wie sieht es da mit der menschlichen Seite aus, wenn sich zwei Menschen gegenübersitzen?

Phileon: Das Problem liegt unter anderem darin, daß auch bei einem quantitativen Interview zwei Menschen miteinander kommunizieren, selbst wenn es ein Telefoninterview ist. In jedem Fall beeinflussen die Interviewer die Interviewpersonen auf eine Art und Weise, die in der Methodik nicht eingeplant ist und daher nicht reflektiert wird. Wenn die Stimme der netten Dame vom Meinungsforschungsinstitut am Telefon die Interviewperson an eine gute Freundin erinnert, so spielt die Beziehung des Interviewpartners zu dessen Freundin möglicherweise eine Rolle und er gibt andere Antworten, als wenn ein Mann interviewen würde. Diese Faktoren kann man nie ausschalten, man kann sie nur integrieren und reflektieren.

Dazu muß man auch noch die Motive und Individualitäten der Interviewer im Auge behalten. Ein Feldversuch hat hier interessante Aspekte enthüllt: Man hat Interviewer über ihre Vorlieben bei Waschmittel befragt. Diejenigen, die ein bestimmtes Waschmittel für gut befanden, kamen in die eine Testgruppe. Diejenigen, die es nicht mochten, in die andere. Beide Gruppen wurden dann ausgeschickt um Interviews über Waschmittel zu machen. Das Ergebnis war beachtenswert: die erste Gruppe brachte wesentlich positivere Aussagen über das Waschmittel, die zweite Gruppe merkbar negativere. Es können viele Formen der Beeinflussung eine Rolle spielen und man kann nie alle gänzlich ausschalten.

Es ist übrigens so, daß die meisten Interviewer und auch viele Interviewpersonen den Umstand, mit dem anderen nur strukturiert reden zu dürfen, als belastend empfinden. Nicht ohne Grund ist die Fluktuation der Interviewer bei den Marktforschungsinstituten sehr hoch. Dort begegnet man dem Problem damit, daß man ständig neue Mitarbeiter sucht.

Der Umstand, daß man im quantitativen Interview weder offen fragen noch offen antworten kann, belastet in vielen Situationen sowohl Interviewer als auch Interviewperson. Dies kann auch die Art des Fragens sowie die des Antwortens verändern und in Folge das Ergebnis verfälschen.

Eine zentrale Differenz von der quantitativen zur qualitativen Forschung in Bezug auf die Kommunikation Interviewer – Interviewperson liegt in ihrer Methodik und läßt sich auf die Erhebungsmethoden fokussieren. Dort erfolgt die erste Reduktion, indem man von der Individualität der Interviewperson absieht und sie nicht als „Person" betrachtet. Sie wird nur auf dem Papier als solche bezeichnet.

Des weiteren, wie schon erwähnt, fehlt es an der Wertschätzung der Motive, die in einer normalen zwischenmenschlichen Beziehung eine entscheidende Rolle spielen.

Das führt dazu, daß sich die Interviewpersonen oft nicht ernst genommen fühlen, im schlimmsten Fall aber mißbraucht und ausgenützt. Dieser schlimmste Fall tritt entsprechend oft ein, was wiederum ein Grund dafür ist, daß die Arbeit den wenigsten Interviewern Spaß macht, da sie oft schon beim ersten Anruf unfreundlich abgewimmelt werden. Die Leute haben oft schon (negative) Erfahrungen mit solchen Interviews gemacht. Niemand läßt sich gerne zerstückeln, und sei es nur verbal. Diejenigen Personen hingegen, denen man wirklich zuhört, wollen oft nicht mehr aufhören zu reden – ein auf eine halbe Stunde angesetztes Interview kann durchaus 2 Stunden dauern und mehr.

Der fehlende Dialog macht auch ein Nachfragen unmöglich, was in den meisten Fällen äußerst wichtig wäre. Dieses Nachfragen ist ebenfalls in der Methode nicht vorgesehen, ganz im Gegensatz zum offenen Interview, wo es methodisch im Zentrum steht.

In der quantitativen Forschung wird, wenn sie gut gemacht wird, Hypothesenüberprüfung betrieben. Das ist in der qualitativen Forschung, wenn offene Interviews gemacht werden, schwer bis nicht möglich und auch nicht erwünscht, da die Fragen und auch die Antworten in den Interviews zu sehr differieren:

„Das Dialog-Konzept ist also iterativ, es dient dazu, daß sich die epistemische Struktur des Forschers an die vorgefundene Struktur des Gegenstandes durch schrittweise Annäherung anpaßt." (Kleining 1982, S. 224f.)

Die dazu notwendige „künstlich-naive" Einstellung ist natürlich nicht von vorneherein gegeben und muß im Interview simuliert werden.

Sophia: Und wie macht das der Interviewer?

Phileon: Indem er die Interviewperson in den Mittelpunkt stellt und seine eigenen Fragen nicht suggestiv gestaltet. Er muß sich darüber im klaren sein, daß seine Ansichten und Meinungen zum Thema im Interview nichts zu suchen haben. Einige Interviewer sagen das ihren Interviewpersonen manchmal vor oder während des Interviews.

Sophia: Und was soll der Dialog bringen?

Phileon: Erkenntnis über soziale Wirklichkeit, über Zusammenhänge. Diese entsteht durch Interaktion oder Kommunikation (im qualitativen Paradigma). Innerhalb einer alltagsweltlichen Handlungssituation wird dieses gemeinsame Wissen von den Akteuren thematisiert, um sich der gemeinsamen Deutung der Situation zu vergewissern. Die kommunikative Verständigung ist es, bei der der Wissenschafter ansetzt.

Sophia: Auf den ersten Blick erinnert mich ein Interview an den sokratischen Dialog, wo Sokrates den Menschen Fragen stellt und diese ein in ihnen schlummerndes Prinzip oder einen logischen Zusammenhang erkennen, der ihnen vorher unbewußt war. Kann man das vergleichen?

Phileon: Nein. Es sieht nur auf den ersten Blick so aus, in Wahrheit gibt es aber mehr Unterschiede zum sokratischen Dialog als Gemeinsamkeiten. Sokrates ist bei seinen Fragen immer schon im Besitz des Wissens bzw. der Wahrheit, er fragt die Menschen, um ihnen ihre Unwissenheit zu zeigen. In den Platonischen Dialogen ist Sokrates quasi der Geburtshelfer der Wahrheit. Aus diesem Grund sagen seine Gesprächspartner immer wieder „oh, wie recht du doch hast, oh Sokrates!". Wenn dies einem Interviewer passiert, dann weiß er, daß er den schwersten Interviewfehler begangen hat, den man begehen kann: er wurde interviewt, statt zu interviewen und hat seine Meinung in das Interview einfließen lassen.

Die Gemeinsamkeit liegt darin, daß auch der Interviewer sich als Geburtshelfer des Wissens versteht, aber selbst von einer naiven Position ausgeht und die Wahrheit vorher noch nicht kennt bzw. wenn dies der Fall ist, sie nicht einfließen läßt.

Der Interviewer muß von einer Position der Naivität aus zum Geburtshelfer des Wissens werden. Sofern er die „Wahrheit" schon kennt, darf er sie nicht in das Gespräch einfließen lassen.

Ein weiterer Unterschied liegt darin, daß Platon in seinen Dialogen Probleme a priori behandelt, meistens geht es um die Erkenntnisprinzipien des Geistes und deren Ausdrucksformen. Im Tiefeninterview hingegen werden empirische Probleme erforscht, es geht darum, Motivlandschaften zu entdecken, um die Handlungsprinzipien der Menschen besser kennenzulernen. Gadamer meint dazu, daß im sokratischen Gespräch der logos heraustritt, im Interview hingegen das Gefühl, die Emotionen (vgl. Gadamer; S. 350). Im sokratischen Dialog sind emotionale Verläufe nicht wichtig, es geht um Wissen. Im Besitz dieses Wissens ist Sokrates, und das weiß auch sein Gesprächspartner, der wiederum erst durch das Gespräch das Wissen erlangt!

Ein weiterer Unterschied zeigt die grundlegende Differenz zwischen Tiefeninterview und sokratischem Dialog: im Tiefeninterview geht es darum,

Widersprüche zu erkennen und der Auswertung zuzuführen. Es ist nicht sinnvoll, diese Widersprüche im Interview selbst aufzuklären, außer die Interviewperson tut dies von sich aus. Im sokratischen Dialog hingegen müssen Widersprüche aufgeklärt werden, da sie einen Erkenntnisgewinn darstellen.

Sokrates hat versucht, die Wahrheit über eine Sache herauszufinden indem er von der Person abstrahiert, das qualitative Interview versucht, die Wahrheit zu finden, in der Person und Sache eins sind.

Sophia: Wo ist der Unterschied zu den quantitativen Forschern?

Phileon: Ein Dialog findet auch in der quantitativen Motivforschung statt, daher gilt es, die Unterschiede im Dialog zu finden und nicht den Dialog selbst als der qualitativen Forschung eigen zu sehen.

Die quantitativen Forscher können mit ihren Fragebögen auch einen bestimmten Ausschnitt der sozialen Wirklichkeit beschreiben, allerdings nur dessen Gewichtung, sofern sie diesen Ausschnitt schon kennen. Viele Handlungssituationen werden jedoch durch unbewußte Deutungsmuster ausgelöst, die der emotionalen Welt entspringen und mit dem Primat der kognitiven Alltagslogik nichts zu tun haben. Diese Deutungsmuster sind noch dazu sehr oft widersprüchlich und daher schwer im Bewußtsein zu „halten", da der Mensch von seiner psychischen Struktur stets bestrebt ist, emotionale Widersprüche auf der rationalen Ebene aufzulösen. Mittels der Tiefeninterviews ist es jedoch möglich, die emotionalen Handlungsmuster ans Licht, sozusagen an die kognitive Oberfläche zu holen und somit „auszusprechen".

> Viele Handlungssituationen werden durch unbewußte Deutungsmuster ausgelöst. Da diese Muster, einer emotionalen Welt entspringend, oft widersprüchlich sind, versuchen die Menschen sie auf einer rationalen Ebene aufzulösen. Sie sind daher schwer im Bewußtsein zu halten, weshalb bei ihrer Erforschung spezielle Methoden wie die des Tiefeninterviews notwendig sind.

Sophia: Bewirkt das auch etwas in der interviewten Person?

Phileon: Ja, natürlich. Dies führt zu dem beobachteten Effekt, daß Interviewpersonen nach einem Interview selbst eine Erweiterung ihres Horizonts empfinden – natürlich nur, was das behandelte Thema betrifft – und diese Erweiterung auch im Regelfall als Gewinn einstufen.

Eine Ausnahme stellen jene Fälle dar, wo der Interviewer mittels eines harten Fragestils die gut aufgebaute emotionale Deckung einer Interviewperson durchbricht und dadurch mit verdrängten Gefühlen konfrontiert. Hier ist die Verantwortung des Interviewers gefordert, der sich seiner Rolle stets bewußt zu sein hat: Er ist Forscher und kein Therapeut. Er betreibt keine

Psychoanalyse und er ist – in seiner Funktion als Interviewer – kein Psychiater. Hier wird einer der Gründe augenscheinlich, weshalb die Ausbildung zum Tiefeninterviewer gründlich und verantwortungsvoll durchgeführt werden muß.

Sophia: Wo sind die Unterschiede zur Psychoanalyse?

Phileon: Das Tiefeninterview gilt auch bei Lamnek als thematisch zur Psychoanalyse gehörig. Das ist aber nur sehr eingeschränkt der Fall und es kommt auch darauf an, wie man den Begriff „Tiefeninterview" interpretiert. Im psychoanalytischen Gespräch gibt der Analytiker – je nach Art des Analysegespräches – meist kein Thema vor, das Tiefeninterview ist hingegen immer themenzentriert. Es ist auch viel kürzer und ein einmaliges Gespräch. Man macht mit einer Interviewperson nur ein Tiefeninterview zu einem Thema. Es gibt natürlich Ausnahmen, von Zeit zu Zeit gibt es bei einem wichtigen Interview Zeitprobleme und man vertagt einen Teil des Gesprächs. Methodisch sehr wichtig ist auch, daß der Interviewer im Gespräch nicht davon ausgeht, daß die Interviewperson in irgendeiner Weise „krank" ist. Man geht davon aus, daß sie gesund ist und eine sozusagen „normale" Ansicht zum Thema hat. Eventuelle Abweichungen können vom Interviewer registriert werden, er geht diesen Strömungen im Interview aber nicht in dem Bewußtsein nach, daß er es mit einer krankhaften Person zu tun hat.

Sophia: Wie ist das in der Psychoanalyse – ist die zu analysierende Person „krank"?

Phileon: Das kommt darauf an, was man als „krank" bezeichnet. Nehmen wir einen Fall als Beispiel, wo eine Person eine Analyse macht ohne selbst von sich anzunehmen, das sie krank ist. Sie möchte einfach nur Erlebnisse aus der Kindheit – Traumata oder andere prägende Ereignisse – aufarbeiten. Die Psychoanalyse ist hierfür eine brauchbare Methode. Auch der Arzt wird nicht davon ausgehen, daß die zu analysierende Person „krank" ist in dem Sinn, wie ein Psychiater sagen kann, daß ein schizophrener Mensch krank ist. Trotzdem kann man davon ausgehen, daß etwa ein Trauma, das in der Kindheit erlebt wurde, eine Veränderung in dem Seelenleben des Menschen herbeiführt, die man nicht als „normal" im Sinne von „für die Entwicklung notwendig oder förderlich" einstufen kann bzw. muß. Über dieses Thema streiten sich jedoch Anhänger und Gegner der Psychoanalyse sowie die Psychoanalytiker untereinander.

Sophia: Was ist im Interview normal und was nicht?

Phileon: Eine abnormale Ansicht ist für den Interviewer, der darauf reagieren muß und für den Auswerter, der sie analysieren muß, nur eine weitere interessante Meinung in der schon vorhandenen oder noch zu erstellenden Sammlung, ein zusätzliches Phänomen, das in der Phase der Auswertung nicht aus dem Rahmen fällt. Es geht daher auch nicht um die Erforschung und Aufdeckung von Symptomen, sondern um die Aufdeckung von normalen sozialen und individuellen Lebensumständen. Die Auswertung, die qualitative Inhaltsanalyse, muß daher explikativ, die kommunikativen Inhalte deutend, vorgehen.

Sophia: Gibt es noch weitere Unterschiede zur Psychoanalyse?

Phileon: In der Psychoanalyse versucht der Analytiker, die subjektive und meist verdrängte „Wahrheit" über ein historisches Ereignis herauszufinden und dem Patienten zugleich Zugang dazu zu verschaffen. Im Tiefeninterview gibt es hier eine Parallele vor allem dann, wenn Tiefeninterviews im Zuge einer Strukturanalyse gemacht werden und der Interviewer die Sichtweise der Interviewperson bezogen auf ein bestimmtes Ereignis kennenlernen will, das Teil einer Organisationsgeschichte ist. Der Sinn dieser Prozedur besteht darin, daß das Auswertungsteam verschiedene Sichtweisen ein und desselben Ereignisses erhält. Es geht aber in dem Interview nicht um die Lebenswelt der einzelnen Interviewperson, sondern um das Ganze, um die Organisationsstruktur. Die Bedeutung, die dieses vergangene Ereignis für die Interviewpersonen heute hat, ist so wie in der Psychoanalyse von zentraler Bedeutung, aber nicht, um die Sichtweise der Einzelperson zu problematisieren. Die Gesprächsposition im Tiefeninterview ist für beide Teilnehmer eine andere und der Auswerter tritt mit einer völlig anderen Sichtweise an das Material heran. Peter Heintel nennt das, was in der qualitativen Motivforschung betrieben wird, „Psychoanalyse des Alltags": *„Während die Psychoanalyse über bestimmte Arrangements versucht, direkt und erlebensgestützt in diese Bereich vorzudringen, bietet sich der Motivforschung ein indirekter Weg an, der aber auch recht „fündig" sein kann. Wenn man nämlich genauer nach Kauf- und Handelsmotiven fragt, nach Beweggründen für und Einstellungen zu bestimmten Unternehmungen und Vorhaben, so werden bei aller Vordergründigkeit und Rationalität immer auch Teile dieses unbewußten Motivbereiches mittransportiert. Sehr oft wird in Gleichnissen, Symbolen und Bildern gesprochen; entschlüsselt man diese, bemerkt man deutlich, daß Wertumkehrungen vorgenommen werden, dieser Motivbereich also einer ständigen Realitäts"zensur" unterworfen wird. Oft ist aber sichtbar, daß rationale Motive und Gründe bloßes „Transportmittel" sind."* (Peter Heintel, S. 36f.)

Sophia: Was passiert eigentlich im Laufe eines solchen Dialogs?

Phileon: Im kommunikativen Akt des Interviews wird der Aufbau einer bestimmten Wirklichkeit nachvollzogen bzw. beschrieben. In der Strukturanalyse z.B. kann auf diese Weise eine Art intersubjektive Wirklichkeit erforscht und dargestellt werden. Wenn man die subjektiven Sichtweisen der meisten oder aller Beteiligten eines Konfliktes kennt, kann ein gemeinsames Bild der Wirklichkeit erstellt werden, dessen Gültigkeit zumindest soweit gegeben ist, als es zur Klärung von Konfliktsituationen dient. Oft treten dabei auch unausgesprochene Normen und Standards sowie deren Protagonisten zu Tage. Ein Sinn des Interviews ist es, die unbewußten Deutungs- und Handlungsmuster der Interviewperson „zur Sprache zu bringen".

Sophia: Was bedeutet das?

Phileon: Sie müssen verbalisiert werden, denn in der sprachlichen Ausdrucksform stecken auch oft die involvierten Gefühle. Man könnte die Interviewpersonen auch ein Bild malen lassen, dieses wäre aber schwerer zu deuten. Die sprachliche Ausdrucksform des Menschen ist ein wertvolles Gut, das viele Inhalte transportiert. Ein Hinweis darauf ist die Tatsache, daß ein Interview für den Interviewer immer ein anstrengendes Unterfangen ist, da er die Signale, die die Interviewperson im Dialog aussendet, zu Kenntnis nehmen und sich darauf einstellen muß. Aus diesem Grund bringen Telefoninterviews weniger, deswegen werden sie oft quantitativ durchgeführt und es existieren genaue Statistiken über die Fehlerquote bei der Erhebung. Erst im direkten Dialog wird das Begreifen des Gegenübers möglich, wenngleich nur in verbaler Form. Auf diese Weise kann man auch einen möglichst ganzheitlichen Ansatz verfolgen.

> Im Tiefeninterview versucht man unbewußte Deutungs- und Handlungsmuster zur Sprache zu bringen, d.h. die in einem Thema involvierten Gefühle durch Verbalisierung einer Interpretation zugänglich zu machen.

Sophia: Inwiefern ist ein Tiefeninterview auch für die Auswerter ein Dialog?

Phileon: Natürlich gibt es einen Unterschied zwischen Interviewer und Auswerter, aber beide müssen sich auf den Dialog einlassen, der Auswerter in Form eines Textes, den er nicht mehr beeinflussen kann. Dies stellt natürlich eine andere Qualität dar. In der Praxis kann man den Unterschied zwischen einem guten und einem schlechten Interview unter anderem daran erkennen, daß man bei einem guten Interview auch als Auswerter „mitgehen" kann. Man freut sich über eine gelungene Frage bzw. über den Erkenntnisgewinn der Interviewperson. Genauso ärgert man sich über eine schlechte Frage.

Sophia: Du hast im Laufe des Gesprächs schon oft das Wort

Dialektik

verwendet. Was hat das mit qualitativer Motivforschung zu tun?

Phileon: Wenn von der Philosophie als Leitwissenschaft gesprochen wird, so bedeutet das folgendes: Im Zentrum der Methode steht ein dialektischer Ansatz. Das heißt, daß auch auftretende Widersprüche eine Erkenntnis darstellen und die Forschungsmethode daher darauf ausgerichtet sein muß.

In den meisten Einzelwissenschaften ist man gemäß der aristotelischen Logik bestrebt, Widersprüche zu eliminieren.

Überall dort, wo aber die Psyche des Menschen eine Rolle spielt, seine Emotionalität, seine Gefühle erforscht werden müssen, weil sie mit dem Forschungsziel in direktem Zusammenhang stehen, erfolgt durch die Eliminierung von Widersprüchen eine Verkürzung: man eliminiert zugleich auch eine mögliche Erkenntnisquelle bzw. wird auf eine falsche Spur geführt. Die Ergebnisse mancher Meinungsumfragen vor politischen Wahlentscheidungen können hier als gutes, wenngleich auch negatives Beispiel dienen.

Widersprüchlichkeit ist ein dem Menschen immanentes Wesensmerkmal – zumindest was seine Gefühlswelt betrifft –, das sich in seinem Umgang, seiner Wahrnehmung der Umwelt, seiner Beziehung zu den Dingen und Personen seiner Umwelt, widerspiegelt. Das gilt auch für die Beziehung zu Produkten und für seine Sozialstrukturen.

> Motive sind als Emotionen oft widersprüchlich und können daher nur mittels dialektischer Methoden erfaßt und interpretiert werden. „Dialektik" bedeutet „durcheinanderreden" und beschreibt den Mechanismus des ständig neuen Gegenüberstellens und Abwägens von Widersprüchen zum Zwecke der Erkenntnis der darin verborgenen Strukturen.

Sophia: Was hat das mit der Motivforschung zu tun?

Phileon: Die Motivforschung bezieht sich in ihrer Vorgangsweise zumeist auf die Grundmerkmale des menschlichen Verhaltens: auf die dem Menschen eigene Art zu denken und zu handeln. Hier ist eine gewisse Kontinuität feststellbar, man könnte sagen, es gibt bestimmte Grundformen des Zusammenlebens und des menschlichen Denkens und Handelns, die „immer gleich" sind, zumindest, wenn man sie auf eine bestimmte Gesellschaft bezieht. Das bedeutet für unsere Problematik, daß Gefühle wie Neid, Begehren, Liebe, Haß etc. fast in allen menschlichen Bereichen eine Rolle spielen.

Es sind unter anderem die physischen Grundbedürfnisse, die das Wesen des Menschen auch in seiner Positionierung in seinem sozialen Umfeld prägen, seine Triebhaftigkeit bestimmt die Formen und Regeln des Zusammenlebens. Die Welt der Triebe ist jedoch stark affektiv besetzt und somit ergeben sich Widersprüche, welche die Menschen vor die Aufgabe stellen, sie lösen zu müssen oder jedenfalls mit ihnen zu leben.

Die Grundlagen dieser Gefühle liegen in der menschlichen Wesensart, in seinem Mensch-Sein und sind seit jeher Gegenstand philosophischer Betrachtung gewesen. In der Psychologie findet man die Problematik oft unter dem Begriff Leib-Seele-Problem, es geht letztendlich um das, was die Philosophen die „Zerrissenheit" des menschlichen Wesens nennen, d.h. der ständige Kampf zwischen Körperlichkeit und geistigem Bewußtsein, zwischen „Natur" und „Kultur".

In dieser Zerrissenheit steckt die Grundlage für die Methoden der qualitativen Motivforschung, die das Bestreben hat, Probleme und Beziehungen (etwa zwischen Produkt, Produzent und Konsument) von mehreren Seiten her zu beleuchten und so ein möglichst vollständiges Bild u.a. der Widersprüche zu erschaffen.

Sophia: Wie sieht so ein „vollständiges Bild" aus?

Phileon: Gerade ein vollständiges oder möglichst vollständiges Bild ist komplex und in den meisten Fällen widersprüchlich und verlangt nach einer Auseinandersetzung damit. Nur wenn sich der Auftraggeber einer solchen Studie intensiv mit dem Ergebnis auseinandersetzt, kann er eine Veränderung herbeiführen. Diese Veränderung beginnt bei ihm selbst, bei seiner Sicht der Situation, die durch die neu hinzugekommenen Perspektiven eine Veränderung durchläuft. Diese Veränderung kann die Grundlage einer Veränderung des ganzen Unternehmens sein, eines Klärungsprozesses, der im Laufe einer gewissen Zeit zu einer Entwicklung führt bzw. eine Transparenz der Beziehung zwischen Konsument und Produkt zur Folge hat.

Diese Veränderungen finden auf mehreren Ebenen statt: in der Organisation, in der Kundenbeziehung und auch bei den interviewten Personen.

Nur wenn sich ein Auftraggeber mit der Komplexität der Widersprüche, die in einem Produkt oder einer Sozialstruktur enthalten sind, auseinandersetzt, kann er eine Veränderung und in Folge einen Fortschritt herbeiführen. Diese Veränderung muß immer bei und in ihm selbst beginnen.

Sophia: Gibt es noch andere Bereiche, wo die qualitative Motivforschung an die Philosophie grenzt?

Phileon: Eine weitere Besonderheit der qualitativen Motivforschung ist

Der holistisch-systemische Ansatz

Dabei geht es um folgendes: die Erhebungsweise mittels offener Interviews beinhaltet einen philosophischen Aspekt, der an den Paradigmen der Sozialforschung ansetzt. Die Methode der Datenerhebung mittels Tiefeninterviews kann die Wahrung eines gewissen Ansatzes leisten, den man mit „holistisch", also „ganzheitlich" beschreiben kann. Im Gegensatz zur quantitativen Sozialforschung, die ihre Ergebnisse in Zahlen präsentiert, versucht die qualitative Forschung – hier mit Hilfe der Sprache der Systemtheorie erklärt – den Menschen als ein geschlossenes System zu betrachten, das außerdem noch mit anderen Systemen in Interaktion steht. Es ist daher nicht oder nur in Ausnahmefällen sinnvoll und methodisch zu rechtfertigen, einzelne Aspekte – etwa aus dem Sozialleben eines Menschen – zu quantifizieren, ohne den dazugehörigen qualitativen Kontext mitzuliefern und die quantifizierten Aussagen damit zu verknüpfen.

Ein Beispiel soll dies erläutern:

Man untersucht mittels Fragebogen das Thema „Die Neutralität Österreichs in der Europäischen Union" und wertet die standardisierten Aussagen mit quantitativen Methoden aus. Das Ergebnis sind Prozentzahlen, die etwa lauten können:

34% der Österreicher zwischen 20 und 30 Jahren wollen, daß Österreich seine Neutralität beibehält;

28% der Österreicher zwischen 20 und 30 Jahren ist das egal;

38% der Österreicher zwischen 20 und 30 Jahren sind dafür, daß Österreich seine Neutralität aufgibt.

Es gibt an so einem Ergebnis einiges zu kritisieren, vor allem aber die Tatsache, daß eine Reduktion eintritt, die durch die Methode impliziert ist. Die befragten Menschen werden nicht nach ihren Motiven zur Neutralitätsdiskussion gefragt, sondern mit einer geschlossenen Frage konfrontiert, die in etwa so lautet:

„Sind Sie dafür, daß Österreich in der EU seine Neutralität beibehält?"

Die Antwortmöglichkeiten lauten:

Ja

Ist mir egal

Nein

Das ruft in den interviewten Personen, sofern ihnen das Thema nicht egal ist und sie dem Interviewer nur einen Gefallen tun wollen, meistens Unbehagen hervor. Sie würden gerne erklären, weshalb sie die Neutralität beibehalten wollen oder auch nicht. Das will aber der Interviewer nicht hören, da er mit dieser Zusatzinformation, die ich einmal „notwendige Hintergrundinformation" nennen möchte, nichts anfangen kann. Sie ist zwar interessant, kann aber nicht in die Auswertung einfließen.

Nicht erlaubt sind Antworten wie „ich bin gleichzeitig dafür und dagegen". Je nach Fragestellung bekommt man nämlich das Resultat, daß 60% der Österreicher für und 60% gegen die Beibehaltung der Neutralität sind.

Sophia: Kann die quantitative Forschung mit ihren Methoden Widersprüche erkennen?

Phileon: Auch in der quantitativen Forschung gibt es Methoden und Fragestellungen, mit denen man widersprüchliche Meinungen und Motive erkennen und festhalten kann. Dies funktioniert etwa, wenn man Querkorrelationen herstellt. Durch bestimmte Fragestellungen können widersprüchliche Antworten einander gegenübergestellt werden. Das Ergebnis kann dann auch ein „ich bin dafür und dagegen" zeigen – allerdings kann es nicht das „Warum" des Widerspruchs aufdecken – denn dafür müßte man rückfragen können.

> Auch in der quantitativen Forschung kann man mittels Querkorrelationen Widersprüche erkennen, kann aber nicht erklären, wie oder warum sie zustandekommen, da man nicht nachfragen kann.

Hier zeigt sich bei näherer Betrachtung folgendes: Man muß zwischen guten und schlechten Fragebögen unterscheiden.

Dabei muß man beachten, daß Fragen, die auf den ersten Blick dumm erscheinen, nur Teile eines Fragebogens sind und in Relation zu anderen Fragen gesehen werden müssen. Man kann die Qualität eines quantitativen Fragebogens oft erst dann richtig einschätzen, wenn man die Intentionen kennt, mit denen er erstellt wurde. Es ist auch möglich, daß etwa Suggestivfragen ganz bewußt eingesetzt werden um ihre Wirkung zu erproben, oft ist auch eine Nicht-Konsistenz ableitbar und führt zu einem wertvollen Ergebnis, auf das man bei anderer Fragestellung nicht gekommen wäre.

Sophia: Wir waren beim Unbehagen der Interviewperson.

Phileon: Genau. Ein weiteres Merkmal des Unbehagens erkennt man als Interviewer daran, daß die Interviewperson die Antwortmöglichkeiten als unzureichend empfindet.

„So kann ich das nicht beantworten, da bei mir zwei Antworten gleichzeitig zutreffen würden."

Auch das ist nicht erlaubt und der Interviewer muß auch dieses Angebot eines Dialogs abblocken. Er empfindet dabei aber meistens selber ein gewisses Unbehagen und gerät unter Rechtfertigungsdruck. Er muß von der Interviewperson entweder eine Entscheidung verlangen oder die Frage streichen.

Das Ergebnis sieht dann entsprechend aus.

Sophia: Du hast vorher die Systemtheorie erwähnt. Wieweit hängt sie mit qualitativer Motivforschung zusammen?

Phileon: Die Systemtheorie betrachtet *„soziale Systeme als eigenständige emergente Ganzheiten, die unabhängig von den jeweiligen AkteurInnen eine eigene Dynamik entfalten.“* (Froschauer/Lueger, S. 27)

Auf eine genaue Auseinandersetzung mit der Systemtheorie will ich hier verzichten, möchte aber anführen, daß die qualitative Motivforschung der Systemtheorie nicht widerspricht, allerdings auch nicht nahtlos einzufügen ist.

Die Systemtheorie liefert keine grundlegend neuen Erklärungsmuster für die qualitative Motivforschung.

Sophia: Was bringt die Systemtheorie dann dem Motivforscher?

Phileon: Eine systemische Sichtweise der Forschungssituation bietet gewisse Erleichterungen für den Forscher, die ihm eventuell den Durchblick oder zumindest die Selbstkontrolle ermöglichen: Das zu erforschende Sozialsystem wird in diesem Fall als Einheit betrachtet, als System im systemischen Sinn. Die Selbstreferentialität sozialer Systeme kann hier als Beispiel angeführt werden: Systeme nehmen auf sich selbst Bezug, sie müssen daher eine Beschreibung von sich selbst erzeugen und benutzen. In jedem Fall müssen sie sich nach außen, ihrer Umwelt gegenüber abgrenzen. Diese Grenzen kann man in einem Interview abfragen und sollte sie bei der Auswertung auch als solche erkennen. Individuen, die Teil eines Systems sind, haben dessen Selbstreferentialität internalisiert und agieren damit – bewußt oder unbewußt. Der Forscher muß sich dessen und seiner eigenen Systemgebundenheit jedoch ebenso bewußt sein wie der Tatsache, daß er in einem rekursiven Prozeß agiert und während der Forschung die Systeme verändert.

Sophia: Auch sein eigenes?

Phileon: Auch sein eigenes, sonst hat Goethe Recht, der gesagt hat: eine philosophische Schule ist ein System, das sich 150 Jahre nur mit sich selbst beschäftigt!

Sophia: Wir haben schon einige philosophische Grundlagen der qualitativen Forschung durchbesprochen. Welche wissenschaftlichen Ansätze sind noch wichtig?

Phileon: Lamnek definiert

Soziologisch-theoretische Voraussetzungen

die für unsere hier zu diskutierenden Methoden auf ihre Relevanz geprüft werden können. Obwohl sie methodisch nicht im Zentrum der qualitativen Motivforschung stehen, sollen die soziologisch-theoretischen Voraussetzungen auch nicht im Widerspruch zur qualitativen Motivforschung stehen, die ja immerhin einen Anspruch auf interdisziplinäre Vernetzung hat.

1. Das interpretative Paradigma

Das interpretative Paradigma kann man *„am ehesten als eine grundlagentheoretische Position bezeichnen, die davon ausgeht, daß alle Interaktion ein interpretativer Prozeß ist, in dem die Handelnden sich aufeinander beziehen durch sinngebende Deutung dessen, was der andere tut oder tun könnte."* (Matthes 1973; S. 201)

Für das interpretative Paradigma existiert die soziale Wirklichkeit als durch Interpretationshandlungen konstituierte Realität. *„Gesellschaftliche Zusammenhänge, die einer soziologischen Analyse unterworfen werden können, sind daher nicht objektiv vorgegebene und deduktiv erklärbare „soziale Tatbestände", sondern Resultat eines interpretationsgeleiteten Interaktionsprozesses zwischen Gesellschafts-mitgliedern."* (Lamnek; Band 1; S. 43)

Lamnek zieht als methodologische Konsequenz daraus die Annahme, daß wenn Deutungen konstitutiv für die gesellschaftliche Konstruktion der Wirklichkeit sind, die Theoriebildung über diesen Gegenstandsbereich auch als interpretativer Prozeß angelegt sein muß. Er schränkt zwar ein, daß diese Annahme nicht logisch zwingend ist, glaubt sie aber in allen qualitativen Ansätzen der Sozialforschung zu erkennen.

Für die qualitative Motivforschung bedeutet dieser Ansatz, daß sich der Forscher immer auch schon über seine interpretierende Eigenschaft im klaren sein muß.

2. „Natural Sociology" und „Natural History"

Die „Natural Sociology" ist empirische Arbeit in natürlichen sozialen Feldern mit solchen Methoden, die den Menschen in den zu untersuchenden sozialen Feldern vertraut, weil alltäglich sind. Für die qualitative Motivforschung ist dieser Ansatz insofern interessant, als das offene Interview eine leicht abgewandelte Form des normalen Gesprächs ist. Es gibt hier keine Widersprüche zwischen den beiden Ansätzen.

Die „Natural History" begreift Prozesse, Abläufe und Phänomene als soziale insoweit, als sie interaktiv konstruierte Geschichte sind. Es gilt einerseits typische Sequenzen und andererseits universelle Aussagen über den Ablauf der von Individuen interaktiv konstruierten Wirklichkeit zu finden (vgl. Bühler-Niederberger, 1989 S. 461f.). Dies setzt die Erfassung der Perspektive der Untersuchten voraus.

Dieser Ansatz steht in keinem Widerspruch zur qualitativen Motivforschung, die ebenfalls die Erfassung der Perspektiven der Interviewpartner verlangt, sie ist sogar ein Grundprinzip des Tiefeninterviews. Genaugenommen geht es bei der Datenerfassung auf qualitativer Ebene immer um die Erfassung dieser Perspektiven.

3. Der symbolische Interaktionismus

Für Lamnek stimmt die methodische Vorgangsweise der qualitativen Sozialforschung mit der Theorie des symbolischen Interaktionismus überein. Er versteht unter diesem Begriff ein „...*wechselseitiges, aufeinanderbezogenes Verhalten von Personen und Gruppen unter Verwendung gemeinsamer Symbole, wobei eine Ausrichtung an den Erwartungen der Handlungspartner aneinander erfolgt.*" (Lamnek, Band 1; S. 47) Symbole sind historisch und gesellschaftlich festgelegte Kulturprodukte, deren Bedeutung von den Mitgliedern der Gesellschaft gelernt wird. Sie repräsentieren den jeweiligen Standard. Von diesen Bedeutungen ist die soziale Interaktion abhängig. Das bedeutsamste Symbolsystem ist die Sprache.

Daraus ergeben sich methodisch für Lamnek folgende Forderungen:

1. Die subjektiven Ebenen der Interpretation der Akteure müssen miteinbezogen werden – dies ist in der qualitativen Motivforschung durch die interdisziplinäre Zusammenarbeit im Auswertungsteam gegeben.
2. Man muß mit der „Welt", die man erforscht, in Kontakt treten, sofern man sie als aus permanenten Interaktionsprozessen bestehend auffaßt – dies wird durch die Tiefeninterviews gewährleistet.
3. Zugleich ist auch eine analysierende Vorgangsweise gefordert – die in der Auswertung der Kategorien geschieht.
4. Der Forscher muß außerdem mit dem untersuchten Bereich einigermaßen vertraut sein – diese Forderung ist in der qualitativen Motivforschung nur bedingt einzuhalten – bei oberflächlicher Betrachtung gilt das Gegenteil: je weniger der Forscher vorher weiß, umso unbelasteter durch eigene Theorien geht er an das Material heran. Die Vertrautheit beschränkt sich auf die Vertrautheit mit der Methode.

Hier muß man allerdings zwischen Interviewern und Auswertern unterscheiden und einige Einschränkungen vornehmen. Die Interviewer sind spätestens nach ein paar durchgeführten Gesprächen selbst einigermaßen gut über das Thema informiert. Sie müssen das angesammelte Wissen und die daraus ent-

140

standene Meinung reflektieren und dem geforderten Standpunkt der Unwissenheit oder Naivität gegenüberstellen. Es gibt für den Interviewer manchmal den Ausweg, daß er Aussagen aus früheren Interviews als solche deklariert und als Frage formuliert. Prinzipiell hat das vorhandene Wissen jedoch aus einem „reinen" Tiefeninterview ausgeklammert zu werden, soferne es nicht Voraussetzung für das Verständnis ist. Ein Mensch, der noch nie in seinem Leben einen Computer gesehen hat, kann bestimmte Fragen nicht stellen und bei bestimmten Aussagen der Interviewpersonen nicht nachfragen, weil er die Problematik nicht versteht. Er kann in so einem Fall nur auf der Gefühlsebene der Interviewperson bleiben, muß jedoch bestimmte Bereiche ausklammern.

Der Auswerter steht vor einem anderen Problem. Er muß sein Wissen um das Thema ebenfalls reflektieren und vorerst ausklammern. Zugleich ist es für die Interpretation oft nützlich. Die Lösung des Problems ergibt sich durch das interdisziplinäre Gespräch, bei dem die einzelnen Auswertungen und die daraus entstandenen und vom Vorwissen des jeweiligen Wissenschafters geprägten Hypothesen miteinander konfrontiert werden. An dieser Stelle kann die Relativierung erfolgen.

Im symbolischen Interaktionismus ist ein wechselseitiger Rückkoppelungsprozeß zwischen dem „Wissenschaftsverstand" und dem „naiven Alltagsverstand" (vgl. Lamnek, Band 1; S. 47) gefordert. Einer allein genügt sozusagen nicht und wirkt reduzierend auf das Forschungsergebnis. Beide müssen einander kontrollieren und daher in gegenseitiger Wechselwirkung stehen.

Zentrale Elemente dieser Methodik sind die Exploration und die Inspektion.

Erstere ist die Untersuchung eines fremden Lebensbereiches bei ständiger Reflexion der Ergebnisse und deren Zusammenhänge samt der Methodik der Erfassung und Verarbeitung. Die ständige Prüfung des Ergebnisses innerhalb des Untersuchungsfeldes ist vonnöten.

Das bedeutet nichts anderes als wissenschaftliche Korrektheit: die Ergebnisse dürfen den Aussagen der Interviewpersonen nicht widersprechen – so die praktische Auslegung für die qualitative Motivforschung

Die Exploration – so Lamnek – erfordert ein „Bemühen um ein vorurteilsfreies und sensibles Sich-Einlassen und die Bereitschaft zur Selbstkritik incl. der eigenen Methode." (Lamnek, Band 1; S. 48)

Sophia: Wie sehr darf sich der Wissenschafter in die Materie „hineinlassen", ohne den Blick für das Ganze sowie die kritische und zur wissenschaftlichen Beobachtung notwendige Distanz zu verlieren?

Phileon: Ohne hier die Diskussion Lamneks als Grundlage zu nehmen, kann für die qualitative Motivforschung, die auf der Basis von Tiefeninterviews erfolgt, folgendes zu diesem Problem gesagt werden:

1. Der beim Interview geforderte methodische Standpunkt der „Naivität"
   (der übrigens mit oben erwähntem „naiven Alltagsverstand" nichts zu tun
   hat) garantiert, sofern er eingehalten wird, eine gewisse zweifelsohne
   notwendige Distanz zum Untersuchungsgegenstand und auch zu den untersuchten Personen.
   Auch alle anderen Grundregeln des Tiefeninterviews laufen auf eine
   Vermeidung des obigen Problems hinaus.

Der Interviewer braucht eine methodisch bedingte Position der „Naivität",
darf aber natürlich nicht wirklich naiv oder in bestimmten Fällen auch nicht
unwissend sein.

---

2. Bei der Auswertung ist, wie schon oben angedeutet, ebenfalls das Problem der Involviertheit vorhanden. Eine Möglichkeit der Lösung besteht
   darin, daß das Problem in der Gruppenarbeit angesprochen und thematisiert wird. Dadurch ist für alle Beteiligten eine ausreichende Distanziert-
   heit gegeben, die noch dazu von Fall zu Fall unterschiedlich aussehen
   kann, da es möglich ist, sie immer wieder aufs Neue anzudiskutieren.

Bei der Inspektion geht es darum, *„Zusammenhänge zwischen empirischen
Sachverhalten herzustellen und im Rahmen wissenschaftlicher Theorien zu
diskutieren."* (Lamnek, Band 1; S. 49)
   Dieser Methode der „Inspektion" werden die neuen Methoden der qualitativen Motivforschung gerecht. Durch die gruppendynamische Diskussion
von Wissenschaftern der unterschiedlichsten und dem Gegenstand angemes-
senen Disziplinen kann darüber hinaus sogar eine besonders intensive Forschungssituation hergestellt werden, bei der die verschiedenen von der Methodologie der qualitativen Sozialforschung erhobenen Forderungen jederzeit
erfüllt werden können, etwa die des symbolischen Interaktionismus:

a. Die Bedeutung von Dingen ist die Handlungsgrundlage für die Menschen. Man muß daher erforschen, was „sie glauben, daß ist" und nicht
   „was ist".
   Dieser Forderung wird durch die Erhebungsmethode des qualitativen, offenen Interviews Genüge getan.
b. Objekte erhalten ihre soziale Bedeutung dann, wenn sie im Interaktions-
   prozeß sprachlich thematisiert werden. Dies geschieht im Tiefeninterview, bei dem die untersuchten Personen – in diesem Fall die Interviewpartner – oft nach dem Interview mehr über sich und das besprochene
   Thema wissen als vorher. Dazu ist noch zu sagen, daß diese Information
   aus ihnen selbst kommt, nicht vom Interviewer.
c. Die Bedeutung der Dinge ist aus sozialen Interaktionen ableitbar.

Diese sozialen Interaktionen werden im Interview erforscht und danach im wissenschaftlichen Auswertungsstab thematisiert und diskutiert.

d. *„Die Bedeutungen werden in einem interpretativen Prozeß, den die Person in der Auseinandersetzung mit den ihr begegnenden Dingen benutzt, gehandhabt und abgeändert.“* (Lamnek, Band 1; S. 50)
Da die Bedeutungen von der Interviewperson mit ihren eigenen Worten definiert und durch Nachfragen seitens des Interviewers konkretisiert wird, stellt der interpretative Prozeß in der qualitativen Motivforschung kein Problem dar.

4. Ethnomethodologie

Die Ethnomethodologie ist eine Theorie über die sozialen Strukturen und Bedeutungen der Alltagshandlungen in verschiedenen Kulturkreisen: *„Ziel der Ethnomethodologie ist es, die Konstruktion von Ordnung und Wirklichkeit sowie die dabei notwendigen Techniken der Sinnproduktion und Sinninterpretation aus der Perspektive der handelnden Menschen heraus zu verstehen.“* (Lamnek, Band 1; S. 51)
Für die in dieser Arbeit behandelten Methoden der qualitativen Motivforschung spielen die Überlegungen der Ethnomethodologie erst dann eine erkennbare Rolle, wenn ein Produkt oder ein Problem kulturübergreifend untersucht werden soll. Genauere Details sind Lamnek, Band 1; S. 51ff. zu entnehmen.

> Die Methodik der qualitativen Motivforschung widerspricht keiner der 4 von Lamnek beschriebenen soziologisch-theoretischen Grundvoraussetzungen.

Sophia: Wir haben uns schon ausführlich über die wissenschaftstheoretischen Grundlagen qualitativer Motivforschung unterhalten und du hast diese Diskussion methodisch ins Zentrum gestellt. Wie sieht das aus Lamneks Sicht aus, also aus der des Soziologen?

Phileon: Lamnek sieht den Aufschwung der qualitativen Sozialwissenschaften unter anderem auch darin begründet, daß sich durch den Überhang an quantitativen Methoden und des scheinbaren Gewinners Naturwissenschaft eine Gegenströmung entwickelt hat, *„...da es jedoch innerhalb einer lebendigen Wissenschaft keine endgültigen „Sieger“ und „Verlierer“ gibt, kommen beim Übergewicht einer Position fast zwangsläufig Gegenströmungen auf, die sich auf andere Traditionen, Theorien und auch Methoden berufen, diese neu interpretieren und weiterführen.“* (Lamnek, Band 1; S. 39)

Ich bin allerdings der Ansicht, daß der Aufschwung der qualitativen Forschung nicht einer Art natürlicher Schwankung entspringt, der man den Vorwurf machen könnte, sie entstünde aufgrund einer Konterdependenz innerhalb der Wissenschaften, sondern daß der Ursprung zweifach zu orten ist: einmal in dem Bedürfnis vieler Menschen, die Unzulänglichkeiten der quantitativen Forschung auszugleichen. Dies gilt vor allem dann, wenn die Erfassung emotionaler Komponenten notwendig ist, um entprechende Ergebnisse zu erzielen.

Der zweite Ursprung ist wesentlich pragmatischer und rührt daher, daß eine Wirtschaft, die mit einer komplexen Organisationsentwicklung schwer zu tragen hat, es sich nicht leisten kann, die Schwächen der quantitativen Forschung ganz einfach hinzunehmen mit dem lakonischen Kommentar, daß man die Sackgasse nur ein wenig verlängern müsse, um doch noch den gewünschten Erfolg zu erzielen (Quantität – Qualität: mehr desselben verändert nur die Quantität, nicht die Qualität).

Der Grundgedanke der quantitativen Sozialforschung entspringt den naturwissenschaftlichen Paradigmen und ist in seiner konsequenten Auslegung dem Positivismus zuzuordnen: die Wahrnehmung der Welt erfolgt nur über die menschlichen Sinne, es gibt daher keinen Unterschied zwischen natur- und geisteswissenschaftlicher Methodologie (vgl. Lamnek, Band 1; S. 39).

Von den Prozessen des sozialen Lebens werden nur jene Anteile erfaßt, die mit naturwissenschaftlichen Methoden beschrieben und erkannt werden können.

Sophia: Und was ist mit dem Rest?

Phileon: Sofern man seriöse qualitative Forschung betreibt, muß man diese Methoden erweitern. Die Grundlagen müssen ganz andere sein: es geht vor allem darum, den Menschen nicht nur als Untersuchungsobjekt, sondern auch als Subjekt zu sehen und außerdem seine eigene Rolle als Forscher ebenfalls zu reflektieren und somit als in einem Forschungskontext verhaftet zu sehen.

Der Bedeutungszusammenhang der Forschungsergebnisse muß ebenso erfaßt und beschrieben werden wie der Prozeß der Forschung selbst. Es ist dabei notwendig, die jeweiligen Selbstauslegungen der Untersuchten als Basis der Bedeutungszusammenhänge zu nehmen.

Sophia: Was sind dazu

Die wissenschaftstheoretischen Grundlagen

– wie ist die qualitative Motivforschung verankert?

Phileon: Philosophie und Soziologie haben wir schon besprochen, ich möchte aber noch ein paar Ergänzungen machen und dazu an dieser Stelle noch einmal auf Lamnek zurückkommen, der in seinem Standardwerk die wichtigsten Aspekte besprochen hat. Ich möchte seine Ausführungen dort ergänzen, wo sich für die qualitative Motivforschung Änderungen ergeben. Lamnek geht in seinen Ausführungen davon aus, daß die Erkenntnistheorie der Wissenschaftstheorie vorgelagert ist, die wiederum das Theoriegebäude sowie die Forschungsanweisungen für die wissenschaftliche Arbeit sowohl in den Natur- wie auch in den Geisteswissenschaften liefert (vgl. Lamnek, Band 1; S. 57).

Wenn jedoch die Erkenntnistheorie die Grundlage für alle Wissenschaftstheorie ist, so kann man die Philosophie mit gutem Grund als die „Vorläuferin", „Mutter", „Grundlage" der Wissenschaftstheorie bezeichnen, sie ist somit auch die Grundlage der qualitativen Motivforschung.

Lamnek geht in seinen wissenschaftstheoretischen Überlegungen von verschiedenen Grundprinzipien aus und leitet daraus sein Theoriegebäude für die qualitative Sozialforschung ab. Dieses ist mit Einschränkungen auch für den Spezialfall – die qualitative Motivforschung – gültig. Auch in seinen Ausführungen kann man deutlich die Abspaltung und Schaffung einer Eigenständigkeit der qualitativen Sozialforschung durch die Generierung einer Gegenposition zur quantitativen Forschung beobachten.

Der erste wichtige Punkt ist die

1. Offenheit

Offenheit ist hier nicht ein Wert an sich, sondern es geht um „mehr Offenheit als in den quantitativen Methoden". Lamnek ist der Ansicht, daß die „...*informationsreduzierende Selektion insbesondere bei hochstandardisierten Erhebungstechniken anzutreffen ist, wo sie die möglicherweise vorhandene Informationsbereitschaft des Befragten abwürgen.*" (Lamnek, Band 1; S. 22)

Diese Offenheit soll gegenüber den Untersuchungspersonen, der Untersuchungssituation sowie den einzelnen Methoden herrschen. Damit soll eine ausreichend hohe Flexibilität gewährleistet sein, die ihrerseits wiederum eine Anpassungsfähigkeit des methodischen Instrumentariums an das Untersuchungsobjekt und die Situation zuläßt und nicht umgekehrt.

Es steht bei der qualitativen Sozialforschung zuerst die explorierende Felderkundung im Vordergrund, wobei die theoretische Durchdringung des Forschungsgegenstandes zunächst zurückgestellt wird.

Sophia: Was heißt das?

Phileon: Das heißt nichts anderes, als daß der Forscher zuerst einen Überblick über das Gesamtausmaß seines Forschungsgebietes erhalten will, bevor er in Details geht, die er ohne vorher bereits bekannten Blick über das Ganze nicht befriedigend erarbeiten kann. Nach der erfolgreichen Feldforschung können die weiterführenden Hypothesen dann erstellt werden. Auf die so beliebte „Hypothesenbildung ex ante" wird verzichtet. Dazu muß man aber folgendes anmerken: In der Philosophie ist es generell so, daß das Ergebnis vorausgesetzt werden muß – ich muß immer schon etwas haben, worüber ich mir Gedanken mache, von wo ich meine „Forschungsreise" beginne – zumindest eine Vorstellung oder eine Phantasie über das zu erforschende, noch unbekannte Gebiet.

Durch die Vorgehensweise der qualitativen Sozialforschung wird sie zur Forschung mit einem hypothesengenerierenden Verfahren (im Gegensatz zu einem hypothesenprüfenden Verfahren, vgl. Glaser/Strauss 1965, 1967).

Die Hypothesenbildung kann bei der qualitativen Forschung übrigens auch noch zu jedem späteren Zeitpunkt erfolgen, sofern das Prinzip der Offenheit auch wirklich verfolgt wird.

Sofern die theoretisch geforderte Position der Offenheit vom Forscher akzeptiert und angewendet wird, gehört die qualitative Motivforschung zu den hypothesengenerierenden im Gegensatz zu den hypothesenüberprüfenden Verfahren.

Offenheit entspricht laut Lamnek der Verwirklichung der ersten Reduktionsstufe der angewandten Phänomenologie. Das haben wir ja schon besprochen.

Sophia: Und ist diese Offenheit überhaupt einzuhalten?

Phileon: Die Offenheit kann möglicherweise aufgrund der Position des qualitativen Forschers nicht gewährleistet werden: wenn der Forscher bereits mit Theorien in die Studie hineingeht – was nicht vermieden werden kann – so ist sie nur mit Einschränkungen einforderbar. Das gilt aber für alle Formen der Motivforschung. Der Forscher hat meistens ja nur allgemeine Theorien, sozusagen ein vorhandenes Theoriegebäude, das aus bisher erworbenen Erfahrungen gebaut wurde. In diesem Gebäude sind Theorien über Handlungszusammenhänge von Individuen und Gesellschaft vorhanden, die aber bei konkreten Studien nicht immer alle zutreffen müssen. Welche zutreffen, weiß der Forscher erst nach Beendigung der Arbeit.

2. Forschung als Kommunikation

Die Kommunikation zwischen Forscher und Erforschtem ist in der qualitativen Forschung ein konstitutiver Bestandteil des Forschungsprozesses. Die Kommunikationsbeziehung zwischen den beiden gibt den interaktionellen Rahmen dieses Forschungsprozesses ab.

Sophia: Und wie muß diese Beziehung aussehen?

146

Phileon: Sie muß so beschaffen sein, daß der Forscher das „Forschungsobjekt" als Subjekt sieht und seine Auffassung der Wirklichkeit respektiert. Der Forscher darf sein Gegenüber deshalb nicht nur als Objekt der Forschung sehen. Schütze (1978, S. 18) hat dies folgendermaßen beschrieben:

„Der kommunikative – sprich: qualitative – Sozialforscher behandelt das informierende Gesellschaftsmitglied als prinzipiell orientierungs-, deutungs- und theoriemächtiges Subjekt."

Der entscheidende Punkt dabei ist, daß der Forscher dem zu erforschenden Gegenüber nicht seine Wirklichkeit aufdrückt, sondern ihm seine eigene Wirklichkeit zugesteht, auch wenn diese nicht in das Theoriegebäude paßt, weil sie z.B sehr widersprüchlich ist. Die Widerspüche deuten dem Forscher in so einem Fall nur den Weg in die Wirklichkeit des zu Erforschenden.

Hier muß man beachten, daß diese Wirklichkeiten oft sehr unterschiedlich und damit nicht standardisierbar sind. Dies macht vor allem den quantitativen Forschern Kopfzerbrechen, da sie von einer einzigen Wirklichkeit (und einer dadurch formal konstituierten Wahrheit) ausgehen müssen. Schon bei zwei unterschiedlichen Sichtweisen, von einer Person verkörpert, scheitert ihre Methode.

Lamnek schließt aus den oben angeführten Problemen, daß die kommunikative Interaktion zwischen Forscher und Erforschtem in den Mittelpunkt des Forschungsinteresses rücken muß. Aus diesem Grund „*...ist die forschungsspezifische Kommunikationssituation möglichst weit an die kommunikativen Regeln des alltagsweltlichen Handelns anzunähern.*" (Lamnek, Band 1; S. 24) Im Interview muß daher eine möglichst natürliche Kommunikationssituation geschaffen werden. Dies ist laut Lamnek bei der standardisierten Forschung nicht möglich.

Sophia: Und in der qualitativen Motivforschung?

Phileon: Das Tiefeninterview ist etwa Teil derjenigen Forschungsansätze, die der „möglichst natürlichen Kommunikationssituation" am nächsten kommen und trotzdem methodisch gezielt vorgehen.

Der Forderung nach einer möglichst natürlichen Kommunikationssituation kann mittels Verwendung offener Interviews so weit wie möglich nachgekommen werden, ohne jedoch eine methodisch gezielte Vorgangsweise vernachlässigen zu müssen.

---

3. Der Prozeßcharakter von Forschung und Gegenstand

Deutungs- und Handlungsmuster der Forschungspersonen existieren nicht per se, sondern nur in deren Anwendung. Sie sind also in ständigem Wandel begriffen, da sie von den handelnden Personen immer wieder reproduziert und modifiziert werden. Dadurch ergibt sich ein „Prozeß", in dem die involvierten Personen mit Hilfe der Deutungs- und Handlungsmuster die soziale Wirklichkeit schaffen.

„Diesen Konstitutionsprozeß von Wirklichkeit zu dokumentieren, analytisch zu rekonstruieren und schließlich durch das verstehende Nachvollziehen zu erklären, ist das zentrale Anliegen einer qualitativen Sozialforschung und der sie begründenden interpretativen Soziologie." (Lamnek, Band 1; S. 25)

Alle an diesem Prozeß beteiligten Personen sind Teil der Wirklichkeit, die sie schaffen. Das gilt natürlich auch für den Forscher und seine Beziehung zum Untersuchungsgegenstand und den zu untersuchenden Personen. In diese Kerbe stößt auch Kant, wenn er meint: „An einem Aufklärungsprozeß gibt es nur Beteiligte." (Kant, Was ist Aufklärung)

4. Reflexivität von Gegenstand und Analyse

Die Reflexivität des Forschungsgegenstandes braucht – so Lamnek – nicht erst gefordert werden, da der Forschungsgegenstand der Mensch ist und somit immer reflexiv, da die Bedeutung menschlicher „Verhaltensprodukte" immer kontextgebunden ist. Damit verweist jede Bedeutung reflexiv auf das Ganze und wird nur durch den Rekurs auf den symbolischen oder sozialen Kontext seiner Erscheinung verständlich. Da das Verständnis von Einzelakten das Verständnis des Kontextes voraussetzt, entsteht hier eine Zirkularität von Sinnkonstitution und Sinnverstehen. „Die Zirkularität – oder Reflexivität – des Forschungsgegenstandes (im Sinne einer zu analysierenden Sinnkonstitution) findet also ihre Entsprechung in der Zirkularität der Verstehensleistung, d.h. in der Methode zur Dechiffrierung des Sinns." (Lamnek, Band 1; S. 26)

Verstehen erfolgt durch Kommunikation im Rahmen sozialer Beziehungen. Die Realität ist eine kommunikative, soziale und vermittelte Realität, erforscht werden daher die Kommunikationsinhalte. Im Anschluß daran wird eine Rekonstruktion der sozialen Prozesse versucht (vgl. Lamnek, Band 2; S. 174).

In der Praxis ist zumindest die Forderung nach einer reflektierten Einstellung des Forschers sowohl dem Untersuchungsgegenstand wie auch dem Prozeß gegenüber aufrechtzuerhalten, meint Lamnek. Außerdem sollte die Beziehung zwischen Forscher und Erforschtem ebenfalls reflexiv sein.

In der qualitativen Motivforschung gibt es dazu zwei methodische Forderungen. Erstens: auch die Forscher müssen selbst Interviews machen, um sich in die dem jeweiligen Problem entsprechende Lebenswelt einfühlen zu können.

In der mehrdimensionalen Ursachenforschung kann aber eventuell darauf verzichtet werden. Da Tiefeninterviews wörtlich abgeschrieben werden, ist der Verlust an Information auf wenige Bereiche beschränkt: die Stimmlage sowie die Körpersprache der Interviewpersonen können nicht vermittelt werden.

In der qualitativen Ursachenforschung dagegen sollten die Forscher selbst auch Interviews machen, da hier die Daten oft schon bei der Erfassung reduziert werden. So kann der Forscher zumindest eventuelle Fehler im Leitfaden erkennen oder die Voraussetzungen, unter denen die Erhebung stattfindet, kennenlernen. Genaueres zu den beiden Methoden der qualitativen Motivforschung erkläre ich später noch.

Wenn es dem Auswertungsteam nicht möglich ist, an der Erhebung teilzunehmen, so kommt der Dokumentation der Interviewsituation durch die Interviewer gesteigerte Bedeutung zu. Auch so kann der Auswerter die Lebenswelt der Interviewpersonen in die Erkenntnissituation einbauen.

Der umgekehrte Fall gilt natürlich auch: die Interviewer sollen eingeladen werden, ihre Erfahrungen zu berichten. Die Möglichkeiten dazu sind vielfältig: entweder in schriftlicher Form, d.h. die Interviewer füllen nach jedem Interview einen zusätzlichen Bogen aus, wo sie die persönlichen Eindrücke sowie die Interviewsituation festhalten, oder sie sprechen es auf Band.

Der Forderung nach Reflexivität kann in der qualitativen Motivforschung nachgekommen werden indem es erstens eine genaue Forschungsdokumentation gibt und zweitens die Auswertenden Wissenschafter selbst am gesamten Forschungsprozeß teilhaben, also etwa selbst auch mehrere Interviews durchführen.

Eine andere Möglichkeit ist die direkte Schilderung des Ereignisses, was dazu noch den Vorteil hat, daß die Forscher nachfragen können.

Eine weitere wichtige Kommunikation soll zwischen den Interviewern erfolgen. Auch hier ist es wichtig, daß sie sich von Zeit zu Zeit gegenseitig ihre Erfahrungen schildern. Dies erweitert die Möglichkeiten der Fragestellung bzw. hilft, Fehler zu vermeiden. Ein wichtiger Punkt ist auch, daß die Interviewer den aufgestauten emotionalen Druck, der während der Interviews entsteht, loswerden können. Man kann sich sozusagen gemeinsam über eine Erkenntnis empört zeigen oder sein Leid an geeigneter, weil kompetenter Stelle plazieren. Es ist notwendig auch die unvermeidlichen emotionalen Voraussetzungen zu thematisieren.

Sophia: Begeht der Interviewer einen Fehler, wenn er sich selbst emotional beteiligt und das auch zeigt?

Phileon: Genaugenommen schon. Es ist jedoch eine Frage der Abwägung – wenn ein Druck da ist, der seitens des Interviewers nicht abgelassen werden kann, leidet das Interview als Ganzes darunter, es wird hölzern, die Interviewperson merkt dem Interviewer die Verspannung an und bezieht sie möglicherweise auf sich. Das Ergebnis kann ein schlechtes Interview sein, obwohl einmal kurz Dampfablassen völlig genügt hätte. Eine Methode ist z.B. an geeigneter Stelle eine kleine Geschichte aus der eigenen Erfahrung beizusteuern. Dies lockert die einseitigen Frage-Antwort-Rollen auf und zeigt außerdem der Interviewperson, daß der Interviewer selbst auch ein „Mensch" ist und keine Maschine – am Prozeß, an den Antworten interessiert und selbstverständlich auch „beteiligt".

Der Interviewer zeigt der Interviewperson außerdem, daß er zuhört, daß er am Thema interessiert ist und bereit ist, auch was zu geben und nicht nur zu nehmen. Aus meiner Erfahrung weiß ich, daß nach einem kleinen „Intermezzo" die Stimmung oft besser und lockerer ist als vorher. Solche Ereignisse müssen allerdings Einzelfälle bleiben und sollten nicht zur Regel werden.

Als zweiten wichtigen Punkt ist hier die Forschungsdokumentation anzuführen, wo über die Situation der Forscher, die Zusammenarbeit usw. reflektiert wird. Damit sind wir aber schon beim nächsten Punkt:

5. Die Explikation

Mit Explikation ist gemeint, daß der Forscher die Einzelschritte des Untersuchungsprozesses so weit als möglich offen legt und auch die Regeln bekanntgibt, nach denen die erhobenen Aussagen interpretiert und in welcher Form sie in Daten verwandelt werden. Dies ermöglicht die Nachvollziehbarkeit der Untersuchung.

6. Flexibilität

Der Forscher soll seine Methode dem Untersuchungsgegenstand so adäquat wie möglich anpassen.

Lamnek meint, daß die qualitative Forschung der quantitativen den Vorteil der höheren Flexibilität voraus hat, da sie etwa mit der Methode des narrativen Interviews den sozialen Kontext oder auch die Individualität der untersuchten Personen berücksichtigen kann. Mit anderen Worten: Der quantitative Forscher kann zwar die Fragen untersuchen, er hat aber keine Möglichkeit herauszufinden, ob es auch die richtigen Fragen waren. In verschiedenen Gruppierungen hat etwa ein und dasselbe Wort verschiedene Bedeutungen.

Sophia: Ich darf wieder um ein Beispiel bitten!

Phileon: „Versicherungsbetrug" ist für die Polizei und den Staatsanwalt der „Betrug eines Kunden an einer Versicherung". Für den Kunden ist es aber oft der „Betrug der Versicherung am Kunden".

Der methodische Hintergrund ist der, daß in der qualitativen Forschung von einer Position der „Naivität" oder besser: des „Nichtwissens" ausgegangen wird. Es sind nicht nur die zu erwartenden Daten vor der Untersuchung noch unbekannt, sondern auch die Bereiche, in die man vordringen wird. Aus diesem Grund ist die Flexibilität der Methode Voraussetzung. Der Blickwinkel ist zunächst weit und spitzt sich dann im Laufe der Forschung zu, jedoch mit der Option, ständig auch neue Bereiche hereinnehmen zu können oder durch Reflexion des bisherigen Prozesses sogar die Methode abzuändern.

Zur Flexibilität gehört auch die ständige Einbeziehung der bisherigen Daten in die nachfolgenden Untersuchungsschritte, die interdisziplinär erfolgen.

Lamnek beschreibt in seinem Buch drei typologische Unterscheidungen, denen die verschiedenen Forschungsansätze der qualitativen Sozialforschung zugeordnet werden können. Sie fangen eher „oberflächlich" an und gehen dann mehr in die Tiefe bzw. Komplexität der sozialen Welt.

In den ersten beiden Unterscheidungen liegt das Schwergewicht auf der Datenerhebung, bei der dritten im Auswertungsprozeß und in geeigneten Interpretationsverfahren.

Dazu eine kleine Anmerkung aus der abstrakten Logik: Es gibt zwei Fehler, die sich in einer logischen Schlußfolgerung einschleichen können:

1. Die Grundannahme (die „Prämisse") ist falsch.

A = B

B = C

A = C

Dies ist eine typische logische Schlußfolgerung: Wenn A gleich B ist und B gleich C ist, dann ist A gleich C. So weit, so gut.

Wenn jetzt aber A eben nicht gleich B ist, dann stimmt der dritte Schluß, daß A gleich C ist, nicht mehr.

Sophia: Bitte ein Beispiel!

Phileon: „Alle Menschen sind 2 Meter lang. Sokrates ist ein Mensch. Daher ist Sokrates 2 Meter lang."

Hier ist eindeutig ein Fehler in der Prämisse – denn es sind eben nicht alle Menschen 2 Meter lang.

2. Die Kombination zweier Schlüsse ist falsch.

Nehmen wir hier gleich ein Beispiel: „Diamanten sind Steine. Steine sind ein billiges Straßenpflaster. Daher sind Diamanten ein billiges Straßenpflaster."

Sophia: Wo liegt hier der Fehler?

Phileon: Es gibt in der Logik den „Satz der Identität", der besagt, daß A gleich A sein muß. In unserem Beispiel schleicht sich ein Fehler in die Kombination der Schlüsse ein, denn das A des ersten Schlusses („Steine") und das A des zweiten Schlusses (auch „Steine") sind nicht ident. Im ersten Fall sind die „Steine" nämlich „Edelsteine" und im zweiten Fall sind sie „Pflastersteine". Daher ist also A nicht gleich A und der Schluß ist falsch.

Sophia: Was hat das mit der Motivforschung zu tun?

Phileon: Dort können sich vergleichbare Fehler einschleichen: den ersten unserer obigen Fehler haben wir, wenn wir die Daten schlecht erheben. Den zweiten, wenn wir die richtigen Daten falsch auswerten. Beide Fehler können sowohl in der quantitativen wie auch in der qualitativen Motivforschung vorkommen.

In der Motivforschung können sich zwei Fehler einschleichen:
1. Wenn die Daten schlecht oder falsch erhoben werden, dann haben wir den aus der abstrakten Logik bekannten Fehler, daß die Grundannahmen, die Prämissen falsch sind.
2. Wenn die richtigen Daten falsch ausgewertet werden, dann haben wir den zweiten Fehler, die falsche Kombination zweier Schlüsse.

Wenn wir auf Lamneks Typologien zurückkommen, so muß man sagen, daß in der qualitativen Motivforschung das Schwergewicht auf den Teilen 2 und 3 liegt. Sie unterscheidet sich von den von Lamnek aufgeführten Typologien und kann daher in dieses Schema genaugenommen nicht eingeordnet werden. Das Schema kann uns aber zur Abgrenzung und als Orientierungshilfe dienen:

7. Drei Typologien der qualitativen Sozialforschung

1. Der Nachvollzug des subjektiv gemeinten Sinns

Im Mittelpunkt dieser Forschung steht die Untersuchung des Einzelsubjektes, wie es etwa in der Biographieforschung geschieht. Diese Art der Sozialforschung ist vor allem an der Dokumentation und Archivierung subjektiver Äußerungen interessiert.

2. Die Deskription sozialen Handelns

Es werden damit vor allem ethnographisch und phänomenologisch orientierte Lebensweltanalysen erstellt. Die Methode ist beschreibend und versucht sich weitgehend von einer Interpretation fernzuhalten. An den Übergängen zur 3. Unterscheidung sieht Lamnek auch das narrative Interview angesiedelt. Dort gibt es dann bereits auch Interpretation.

3. Die Rekonstruktion von Strukturen

Hier werden Ansätze verfolgt, in denen es um die *„Tiefenstruktur menschlicher Äußerungen als relativ autonome und als die eigentlich interessierende Realitätsebene"* (Lamnek, Band 1; S. 35) geht.

Im Mittelpunkt dieser Forschungen stehen *„nicht die Motive der Einzelpersonen oder die Deskription eines Sozialmilieus, sondern die Strukturlogik wie die „impliziten Regeln", nach denen Deutungen und Handlungen generiert werden."* (Lamnek, Band 1; S. 35)

Diese Ansätze erheben in der qualitativen Sozialforschung einen genuinen Erklärungsanspruch.

Die untersuchten Individuen dienen als *„Träger von Strukturen und als Vollzieher von Regeln. Der subjektiv gemeinte Sinn und die Handlungsmotive werden als Oberflächenderivate behandelt,..."* (Lamnek, Band 1; S. 35)

Sophia: Wie erkennt man solche Strukturen?

Phileon: Laut Oevermanns „objektiver Hermeneutik" (vgl. Oevermann 1979) wird eine Art „metaphysische Bedeutungsstruktur" angenommen, die den Äußerungen und Handlungen sozusagen latent unterlegt ist und sich nicht mit den psychisch erkennbaren Bedeutungen seitens der Akteure deckt.

Oevermann und Lamnek schlagen hier in dieselbe Kerbe wie vorhin Pesendorfer/Arnold mit dem Hinweis, daß Einzelaussagen in Interviews nur dann interessant sind, wenn sie auf eine übergeordnete Sozialstruktur und damit auf ein gemeinsames Allgemeines hinweisen.

Sophia: Das verstehe ich nicht!

Phileon: Man muß die Aussagen aus den Interviews auf entsprechende Weise interpretieren: Wenn eine Interviewperson sagt, daß sie „Angst vor der EU" hat, so wirkt diese Angst auf den ersten Blick irrational bzw. läßt sich durch Nachteile erklären, die die Interviewperson zu erkennen glaubt. Bei näherer Betrachtung durch die verschiedenen „disziplinären Brillen" der einzelnen Wissenschafter sowie weiterer Äußerungen und Konkretisierungen seitens der Interviewperson – der Interviewer hat, wenn er gut war, nachgefragt, was die Interviewperson denn mit der Angst genau meine – konnte die Angst mittels der sogenannten „Identitätszwiebel" erklärt werden.

Sophia: Was ist das?

Phileon: Ein komplexes Erklärungsmodell, das ich hier nur andeuten möchte: Jeder Mensch wird als Individuum geboren. Er „tritt in die Welt" und beginnt sie zu erkunden. Dies ist ein schmerzvoller Prozeß, denn alles Neue in der Welt macht zuerst einmal Angst. Der Mensch besitzt daher Sicherheiten, in die er sich zurückziehen und von denen aus er mit der Welt in Kontakt treten, lernen kann.

Die erste „Schale", die der Mensch in seinem Leben durchstößt, ist die der Geburt. Er gibt die Sicherheit des Mutterleibs auf und gewinnt dafür die Freiheit in der Welt zu sein. Er arbeitet sich nun im Laufe seines Lebens von „innen" nach „außen" und durchstößt Schalen, die immer größer werden und immer weiter vom Zentrum entfernt sind. Wenn das Kind den ersten Tag im Kindergarten verbringt, so verliert es für eine bestimmte Zeit die Sicherheit der Geborgenheit des Elternhauses. Es gewinnt dafür neue soziale Kontakte, also wieder ein Stück Unabhängigkeit, ein Stück Freiheit, ein Stück „Welt".

Eine dieser Schalen ist diejenige, wo der Mensch die vermeintliche oder auch tatsächlich vorhandene Sicherheit des Nationalstaates aufgibt und sich in die „Freiheit" des Staatenverbundes begibt. Dies ist mit einem schmerzhaften Lernprozeß verbunden und macht daher Angst. Es müssen Sicherheiten aufgegeben werden, damit Freiheiten gewonnen werden können.

Wir haben jetzt ein Erklärungsmodell für die Struktur der Angst, wie sie sich im Individuum manifestiert und nach außen hin sichtbar wird.

Sophia: Du hast schon öfter auf die „interdisziplinäre Zusammenarbeit" hingewiesen, die eine Grundlage der qualitativen Motivforschung sein soll. Was hat es damit auf sich?

Phileon: Im Zentrum der methodischen Diskussion zur Auswertung und Theoriefindung steht

Das Problem der interdisziplinären Zusammenarbeit

Ich möchte zuerst ein wenig auf die Wissenschaft und ihre Bedeutung eingehen.

Die Wissenschaft als Welterklärungsmodell

Die Wissenschaft hat – seit der Zeit des Aristoteles – mehr und mehr die Herrschaft über unser Leben übernommen: was seit der griechischen Antike bis Anfang der Neuzeit eine Methode war, um Wissen zu erlangen, zu vervollständigen und zu systematisieren, ist heute ein Modellgebilde zur Erklärung der Welt, mit ähnlicher Gewichtung wie vor 300 Jahren noch die Religion. Der Anspruch, den Wissenschaft heute erhebt, ist um nichts geringer, als der Anspruch der Kirche, daß es einen allmächtigen und allwissenden Gott gibt. Was heute nicht wissenschaftlich beweisbar ist, gilt als Spekulation und ist somit höchstens eine geduldete Vorstufe zur „Wahrheit" der wissenschaftlichen Erklärung. Besonders prägnant sind hier Beispiele aus Physik und Medizin. Wenn man heute behauptet, der Apfel fällt vom Ast zu Boden, weil Gott es so will und den Apfel quasi „lenkt", so wird man allerorts ein mildes Lächeln ernten – wahrscheinlich sogar aus den Kreisen der Kirche – und es wird sich schnell jemand finden, der über Newton und das Naturgesetz der Gravitation Bescheid weiß.

Die Frage, wer denn die Naturgesetze geschaffen hat oder wie und warum sie entstanden sind, wird heute noch von Philosophen und Theologen gestellt, im allgemeinen Tenor der Wissenschaften ist sie jedoch überflüssig bzw. einfach nicht Gegenstand der Diskussion. Die Erklärung, daß es Naturgesetze wie das der Gravitation gibt, ist für die, die Wissenschaft als eine Art metaphysisches Weltbild betrachten, also auch als Antwort auf die letzte Sinnfrage, völlig ausreichend.

Der Wandel der Naturwissenschaften vom brauchbaren Erklärungsmodell für gewisse Phänomene zur Lösungsinstanz für alle offenen Fragen hat die Grenzen zwischen Wissenschaft und Nicht-Wissenschaft verstärkt und gleichsam „radikalisiert".

Sophia: Wie kann man diese Radikalisierung erkennen?

Phileon: In der Medizin finden wir Beispiele für den Abkapselungsprozeß der Wissenschaft von der großen Menge verschiedener Denk-, und Erklärungsmodelle. Ein Zeichen dafür ist der ständige Kampf der abendländischen Schulmedizin gegen die im Untergrund wuchernden Heilmethoden anderer Medizinen: Ayurveda, philippinische Wunderheiler, Homöopathie, der gesamte Bereich der Esoterik, um nur einige wenige zu nennen.

In manchen Bereichen bricht der enge Käfig der an und für sich ja erfolgreichen Schulmedizin auf und läßt halbassimilierte Kinder fremder Heilmethoden ein in das wohlbehütete Großreich. Die Homöopathie ist ein gutes Beispiel, ebenso die Akkupunktur. Die Schulmedizin geht hier sehr pragmatisch vor: was systematisiert werden kann und brauchbar ist, wird verwendet, alles andere abgelehnt oder bekämpft.

Der Erklärungsanspruch der Wissenschaft ist in den letzten Jahrhunderten stets gestiegen, hat sich bis zu den hintersten Phänomenen vorgearbeitet und langsam seine Fühler zu allen wichtigen und weniger wichtigen Bereichen des Lebens ausgestreckt: die Medizin ist nur ein sehr strapaziertes und populäres Beispiel, aber auch die Politik und die Religion sind davon betroffen. Politiker stützen sich heute nicht mehr auf die Ergebnisse ihrer persönlichen Erfahrungen, sondern auf die Ergebnisse der quantitativen, statistisch und somit naturwissenschaftlich unterlegten Meinungsforschung: wahr kann nur das sein, was (wissenschaftlich) beweisbar ist. Intuition und Tradition sind nicht für schlagkräftige Argumente gut.

Die Religion schlägt sich ihrerseits mit dem Schwund der an sie glaubenden „Mitglieder" herum bzw. vielerorts werden neue Formen des Glaubens oder der Religion proklamiert – vom Internet bis zur Chakrenlehre.

Sophia: Ich habe den Eindruck, daß du gegen die Naturwissenschaften oder gegen die Wissenschaften generell polemisierst!

Phileon: Man muß natürlich differenzieren. Einerseits hat die Wissenschaft das mögliche Erkenntnisfeld eingeengt, anderseits hat sie viele Bereiche des Fortschritts überhaupt erst ermöglicht. Bleiben wir bei der Medizin: Noch vor 300 Jahren gab es unzählige Heilmittel gegen die Pest, die aus den seltsamsten Substanzen hergestellt bzw. mittels wahnwitziger Methoden angewandt wurden. Die Wissenschaft hat hier z.B. die Scharlatane von den Heilern getrennt. Das ist allein ihr Verdienst und wäre anders wahrscheinlich gar nicht möglich gewesen. Die Erstellung einheitlicher Methoden etwa, das Festsetzten von Normen und Regeln hat auch zu einem bestimmten Demokratisierungsprozeß geführt: nur was alle sehen (können), ist wahr. Das Problem dabei ist, daß das Einmalige wegfällt, das Allgemeine dafür klar erkennbar und handhabbar wird.

Einerseits ist durch das Primat der Wissenschaften erst die Möglichkeit einer Erstellung einheitlicher Methoden entstanden, anderseits taucht durch sie auch das Problem auf, daß das Einmalige, Individuelle wegfällt. Das Allgemeine wird hingegen klar erkennbar und handhabbar.

Sophia: Wie hat sich die heutige wissenschaftliche „Landschaft" entwickelt?

Phileon: Nun, es gab und gibt

Die Entstehung von Spezialisten

Zur Zeit des Aristoteles war es noch möglich, in allen wichtigen Bereichen des Wissens gleichzeitig am aktuellen Stand zu sein. Im Mittelalter begannen die ersten Teile des aristotelischen Wissenschaftsgebäudes Risse zu bekommen, am Anfang der Neuzeit spalteten sich die ersten Bereiche (zumindest in Ansätzen) ab. Am Anfang dieses Jahrhunderts begann die Kurve abseits ihrer normalen Steigerung in eine Exponentialkurve anzusteigen. Man kann das an der steigenden Zahl der Publikationen sehen oder auch an der Tatsache, daß interdisziplinäre Zusammenarbeit immer schwerer wird.

Heutzutage ist es schon lange nicht mehr möglich, auch nur in einem Teilbereich einer Wissenschaft alles zu wissen, was der momentane Stand gerade erfordern würde. Diejenigen, die die jeweilige Wissenschaft als Einheit vertreten, müssen sich in Diskussionen Spezialisten, Experten einladen, um nach allen wichtigen Seiten hin abgesichert zu sein.

> Durch die rasante Entwicklung der Einzelwissenschaften ist es heute in keinem Bereich mehr möglich alles Relevante zu wissen. Nur Spezialisten können noch einzelne Fachgebiete beherrschen.

Man kann die Entwicklung in der Wissenschaft mit dem Wachsen eine Baumes vergleichen. Die Spitzen der obersten Zweige sind die noch frischen, jungen Triebe der einzelnen Wissenschaftsrichtungen: die neuesten Methoden und Disziplinen, wo die jeweils aktuellen Theorien und Forschungsergebnisse entstehen. Der Stamm ist alt, ganz unten dick, aber nicht verzweigt. Er trägt die oberen Äste und er trägt schwer an der Last, da die Verzweigungen oben immer feiner und immer zahlreicher werden.

Die Analogie mit einem Baum läßt sich jedoch nicht vollständig durchdenken: ein Baum wächst nur solange, wie der Stamm die Zweige tragen kann. Dies ist in der Wissenschaft nicht der Fall, viele oben gewachsenen Zweige haben bereits die Verbindung zum Stamm verloren und quasi einen Wildwuchs begonnen.

Die Vertreter dieser Zweigspitzen sind die kompetenten und wichtigen Leute a, b, c und d in der Wissenschaft, sie müssen aber auch Probleme lösen, die an einem unteren Teil des Baumes auftreten, sie müssen quasi von oben nach unten arbeiten, bzw. von vorn nach hinten, was gar nicht so einfach ist, denn der a muß ja jetzt auch den b berücksichtigen, der keine Ahnung vom Spezialgebiet des a hat und umgekehrt.

Außerdem führt auch am c und am d kein Weg vorbei, sie erheben schließlich mit dem gleichen Recht wie der a Anspruch auf methodische und thematische Wahrheit. Wenn der a mit dem b und dem c sowie dem d aber nicht auf gleich kommt, dann werden sich, sofern sie zusammenarbeiten müssen, die Fronten verhärten, jeder wird Anspruch auf die Wahrheit von X erheben und sich zu dem Zweig erklären, der sozusagen als einziger „unter Saft steht".

Wir haben hier

Das Problem der Spezialisten miteinander

Wenn die Einigung nicht gelingt, so geht der Streit natürlich weiter, wenn es jedoch gelingt, dann gelten die anderen Zweige wirklich als abgestorben oder überwuchert und fehlen dann in der praktischen Umsetzung des Problems: es wurden schließlich nicht alle wichtigen Aspekte in die Forschung miteinbezogen. Um bei der Analogie zu bleiben: kein Baum besteht nur aus Zweigen.

> Solange sich wissenschaftlicher Streit nur an die Axiome der Logik hält, bekommt der eine recht und der andere unrecht, da von zwei einander widersprechenden Standpunkten, Theorien, Wahrheiten etc. nur einer recht haben kann.

Sophia: Woran scheitert es in diesem Fall?

Phileon: Das kann verschiedene Ursachen haben. Der Baum ist, wenn man ihn aufzeichnet, das Modell der „Hierarchie". Dieses Modell ist ein logisch aufgebautes, in dem jedoch, sofern es die Wissenschaft betrifft, die Vernetzung und die Berufung auf die Leistungsfähigkeit der Logik nicht mehr ausreichend sind. Man wird neue Wege suchen müssen.

Aber es gibt noch andere Aspekte: Die „interdisziplinäre Zusammenarbeit" ist prinzipiell schon nicht einfach, sie scheitert oft an den verschiedensten Hürden: an der fehlenden gegenseitigen Akzeptanz, an der Unfähigkeit zur Kommunikation, hervorgerufen durch die gegenseitige Ablehnung aus fachlichen Gründen oder durch ein ständiges Mißverständnis: der eine erklärt seinen Standpunkt in „Psychologenchinesisch" und der andere den seinen in „Technikarabisch". Die Sprachen der Wissenschaften sind nicht einheitlich, beide Seiten verstehen einander nicht oder nicht ausreichend.

Gerade die Entwicklung der letzten Jahrzehnte hat das sogenannte „Fachchinesisch" zu dem gemacht, was seinen inzwischen schlechten Ruf ausmacht: zu einer Art Geheimsprache, wie sie (die Wissenschaften betreffend) zwar schon seit langer Zeit existiert, aber erst seit einigen Jahrzehnten eine Bedeutung erlangt hat, die der wissenschaftlichen und wirtschaftlichen Entwicklung Sand ins Getriebe streut (vgl. Neil Postman: Das Technopol; S. 96ff.).

Es geht dabei nicht nur um das Unvermögen der jeweils betrachteten Disziplin, die Sprache einer anderen Disziplin zu verstehen oder zuwenig Wissen zu haben oder aufgrund der Methodenvielfalt nicht zu einem brauchbaren Ergebnis zu kommen.

Das alles trifft zwar oft zu, ist aber nur Folge eines woanders entstandenen und immer wieder neu entstehenden Problems: aufgrund obiger Faktoren ist die Kommunikation in der modernen Wissenschaft eingeschränkt bzw. gestört. Man redet nicht miteinander, weil man nicht kann und weil man nicht miteinander redet, kann man es auch nicht (mehr). Die Schwierigkeit liegt in der Vernetzung der unterschiedlichen Denkmodelle.

Ein weiteres Problem ist die Verknüpfung der Politik mit der Wissenschaft. Oftmals hängen politische Entscheidungen an Expertenmeinungen, staatliche Prozesse werden, ohne daß es der Bürger bemerkt und auch oft ohne daß es die Politiker bemerken, von einer „Expertokratie" gelenkt. Sofern Experten alle entscheidenden Umstände in ihrer Expertise berücksichtigen, ist das kein Problem. In der Praxis scheitert dieser Versuch jedoch immer. Peter Heintel: *„Spätestens seit der Diskussion um Zwentendorf kann man auch in Österreich von einer Krise der Experten sprechen. Gelang es doch allen politischen und ökonomischen Interessensgruppen ihre Wissenschaftler und Experten zu finden, die aus wissenschaftlichem Pathos die einzig richtige Wahrheit verkündeten. Wollte man diesen Experten nicht politische oder ökonomische Abhängigkeit unterstellen (bis zur direkten und indirekten Bestechung), so mußte man darauf aufmerksam werden, daß die einzelnen Wissenschaften für sich wohl nicht im Besitz der ganzen Wahrheit sein können."* (Peter Heintel, S. 7)

Sophia: Zwentendorf war vor langer Zeit. Wie ist das heute?

Phileon: Unverändert bis schlimmer. Heute werden oft die Experten Politiker und treiben damit die Expertokratie noch weiter voran. Der Mechanismus ist immer noch nicht durchschaut bzw. noch immer nicht in den Blickpunkt öffentlichen Interesses geraten.

Sophia: Warum?

Phileon: Weil dieser Mechanismus sich nahtlos in das opportune System einfügt. Das System leidet dann, wenn dies der Fall ist, als Ganzes. Nicht die Experten allein.

Sophia: Und was kann man da tun?

Phileon: Aus diesem Teufelskreis einen Ausweg zu finden ist nicht leicht und setzt eine gewisse Unvoreingenommenheit voraus, die in vielen Bereichen der Wissenschaft nicht selbstverständlich ist.

Sophia: Warum nicht?

Phileon: Interdisziplinäres, zusammenhängendes Denken ist schwieriger als das einzeldisziplinäre, es fordert mehr, ist anstrengender, man muß mehr von sich geben und mehr Sicherheit aufgeben.

Es ist vielfach ungewohnt, fordert vom Wissenschafter, daß er sich auf neue Denkmuster einläßt, die die Gefahr in sich bergen, die alten Muster zu relativieren oder gar zu zerstören. Das interdisziplinäre Denken verlangt Flexibilität (flexibel = unter Fremdeinwirkung biegsam) und die Bereitschaft, bereits entschiedene Grundfragen neu zu entscheiden. Manchmal funktioniert dies auch, letztendlich jedoch zu selten.

> Interdisziplinäres Arbeiten ist schwierig, da der Streit um die verschiedenen Wahrheiten neben großen Anstrengungen und Langwierigkeit auch eine Hinterfragung der eigenen Standpunkte und Wahrheiten verlangt und im Extremfall am mühselig gezeichneten Weltbild kratzt.

Die Suche nach *der* „Wahrheit" kann leicht zu etwas werden, das einem die Sicht auf andere „Wahrheiten" versperrt. Diese anderen Wahrheiten können gar nicht mehr wahr sein – da ja die eigene bereits wahr ist – und müssen daher falsch und somit abzulehnen sein. Eines der größten Probleme der interdisziplinären Arbeit bzw. Zusammenarbeit besteht darin, daß man oft auf der Suche nach einer gemeinsamen Wahrheit ist, die es aber in den seltensten Fällen geben kann – genau genommen gar nicht. Der Grund dafür liegt darin, daß Wahrheit ohnehin immer relativ ist: sie ist die jeweils gültige Wahrheit einer Disziplin, einer Denkungsart oder auch einer Gruppierung von Menschen. Letzteres ist für die Motivforschung besonders interessant, da es oft um die Erforschung von Sozietäten geht, um soziale Zusammenhänge. Die Wahrheit von Gruppen definiert ihre Identität. Wenn zwei Gruppen ihre Wahrheiten gegeneinander aufwiegen, so geht es um die jeweiligen Gruppenidentitäten. Für Menschen, die zwei oder mehreren Gruppen angehören, relativieren sich die verschiedenen Wahrheiten.

Diejenige Wahrheit, die infolge einer interdisziplinären Zusammenarbeit entsteht, wäre wiederum relativ, d.h. bezogen auf das Ergebnis der obigen Zusammenarbeit und nicht mehr gültig für die Einzeldisziplinen. Man kann sie dorthin auch nicht zurücktragen und einordnen. Sie ist etwas Neues, Eigenständiges.

> Wahrheiten, die im Zuge funktionierender interdisziplinärer Zusammenarbeit entstehen, sind ihrerseits wiederum relativ, d.h. bezogen auf das Ergebnis der Zusammenarbeit und daher auch nicht mehr gültig für die Einzeldisziplinen, denen sie jetzt „fehlt".

Sophia: Was macht man mit einer fremden Wahrheit?

Phileon: Man lehnt sie als Wahrheit ab. Die logische Konsequenz ist dann, daß man den Vertreter der anderen, fremden Wahrheit auch ablehnt, da er ja eine vermeintliche Falschheit transportiert und man den Verdacht nicht loswerden kann, daß er eigentlich gegen die eigene Wahrheit antreten will.

Mit Falschheiten braucht man sich aber nicht auseinanderzusetzen, da sie einem keinen Fortschritt, sondern einen Rückschritt bringen müssen.

Wenn ich dem anderen, der zu einer anderen Gruppe gehört, wohlgesonnen bin, so werde ich versuchen, ihm meine Wahrheit, die ich ja für die einzige Wahrheit halte, meiner bisherigen disziplinären Ausbildung gemäß halten muß, zu verdeutlichen und ihn davon zu überzeugen.

Es besteht die Vermutung, daß die Zusammenarbeit dann erfolgreicher verlaufen könnte. Erfolgreicher heißt in diesem Fall widerspruchsfrei was die wissenschaftlichen Grundannahmen und ideologischen Voraussetzungen angeht.

Der andere versucht jedoch genau das gleiche, mit demselben Anspruch und in demselben guten Glauben. Was dabei herauskommt, wird im TV und den dort etablierten Diskussionsrunden des öfteren bis zum Endzustand des wilden Schreiduells aller vermeintlichen Wahrheitsbesitzer durchexerziert. Der Erfolg ist – nicht nur im TV – eine Vergrößerung der Distanz statt einer Annäherung oder gar die Genese einer neuen, grenzüberschreitenden Erkenntnis von etwas Neuem.

Das Problem der TV-Diskussion – sie steht in diesem Fall nur als Symbol für die mißglückte interdisziplinäre Diskussion – ist unter anderem, daß alle in ihrem Bemühen, den oder die anderen zu überzeugen, sich immer fester in das Gebäude ihrer Wahrheit einmauern, da sie ja von außen attackiert werden. Selten ist einer bereit, Grenzen fallenzulassen. Er könnte unglaubwürdig erscheinen oder gar als Verräter der eigenen Wahrheit oder als Opportunist.

Besser ist da schon die Missionarstätigkeit, auch wenn sie augenscheinlich wirkungslos ist. Man kann die Schuld am Versagen in diesem Fall gut dem anderen in die Schuhe schieben, da er ja „nicht zugehört hat" oder, noch schlimmer, nicht verstehen wollte und auf seinem Standpunkt beharrt hat.

Daß alle anderen mit dem gleichen Recht ebenfalls so denken, liegt auf der Hand und potenziert die Auswirkungen.

Sophia: Du hast vorher schon angedeutet, daß die interdisziplinäre Zusammenarbeit trotzdem manchmal funktioniert. Wo gibt es dann das Problem?

Phileon: Auch wenn es manchmal funktioniert – letztendlich bleibt die Frage nach dem Menschen offen und konnte bisher auch von der Wissenschaft nicht ausreichend beantwortet werden. Das Grundproblem ist daher

Die ganzheitliche Betrachtung des Menschen

Vor allem innerhalb der Naturwissenschaften können die Kommunikationshindernisse von Zeit zu Zeit durchbrochen werden, interdisziplinäre Zusammenarbeit ist dann möglich und geschieht auch in der Praxis. Sobald jedoch der Mensch als komplexes Gebilde hinzukommt, ist er sozusagen der Störfaktor, die große Unbekannte in den Modellen der exakten Wissenschaften, er ist in vielen Dingen schlecht oder gar nicht berechenbar und seine Handlungen und Gedanken sind meist nicht voraussagbar.

Es wird natürlich ständig der Versuch unternommen, den Menschen als Ganzes erklären zu können. Die einzelnen Wissenschaften gehen hierbei unterschiedlich vor, gemeinsam ist ihnen jedoch der Anspruch auf Wahrheit, auf Richtigkeit, Beweisbarkeit und Vollständigkeit, oder anders ausgedrückt: man ist nach wie vor auf der Suche nach der allgültigen Wahrheit über das „Wesen" des Menschen, d.h. es geht nicht mehr darum, einzelne Bereiche zu erforschen und darzustellen, sondern man will mehr, man will ähnlich weit vorstoßen wie die verschiedenen Religionen, die das „Wesen" des Menschen „Seele" nennen und behaupten zu wissen, welche Bewandtnis es damit hat.

> Interdisziplinäre Zusammenarbeit funktioniert so lange ganz gut, bis der Mensch als komplexes, ganzheitlich zu betrachtendes Forschungsobjekt ins Spiel kommt. Er ist in vielen Dingen nicht berechenbar und somit ein Störfaktor. Die Einzelwissenschaften versuchen daher jeweils ein eigenständiges Modell, eine eigene „Wahrheit" oder „Wirklichkeit" zu entwerfen.

Mit der Kenntnis des Wesens des Menschen würde die Wissenschaft in Bereiche vordringen, die bisher noch teilweise der Theologie überlassen sind: das *Wohin* des Menschen bzw. der Welt ist noch offener als das *Woher* oder das *Wozu*. Auch für die Frage, was denn mit uns nach dem Tod passiert, ist noch kein geeigneter Diskussionsmodus innerhalb der Wissenschaften gefunden worden.

Die verschiedenen Wissenschaften greifen bei dem Versuch der Erklärung des Wesens des Menschen auf andere Wissenschaften zurück: die Medizin auf die Biologie und diese wiederum auf die Chemie. Die Chemie greift eigentlich auf gar nichts mehr zurück, hat aber auch nicht wirklich das Wesen des Menschen zum Thema und kann auf die Fragen nur antworten: der Mensch ist Chemie – so wie alles andere auch.

Am stärksten betroffen sind jene Wissenschaften, die sich direkt mit dem Menschen beschäftigen – dort gibt es auch die Probleme mit der interdisziplinären Zusammenarbeit.

Sophia: Welche sind das?

Phileon: Vor allem die Soziologie, die Psychologie, die Humanmedizin, aber auch die Pädagogik und die verschiedenen Wirtschaftswissenschaften. Diese Liste kann aber noch beliebig ergänzt werden. Hier geht es um die Erforschung und Bedeutung des Menschen und die Wissenschafter streiten sich seit vielen Jahrhunderten, ob der Mensch mit den Mitteln der (Einzel-)wissenschaften erklärbar, „erforschbar" ist.

Dabei traten und treten massive Schwierigkeiten auf. Die Frage, die sich unter anderem heute stellt, könnte man „Ist der Mensch ein interdisziplinäres Wesen?" formulieren.

Sophia: Wie ist deine Meinung dazu?

Phileon: Ich würde sagen – ja. Ich beschränke dieses „ja" allerdings nur darauf, daß es möglich ist, mit interdisziplinärer Arbeit mehr Phänomene zu erkennen als mit rein disziplinärer Arbeit – vorausgesetzt, sie funktioniert. Man kann durch die Verwendung interdisziplinärer Arbeit an ein Problem von mehreren Seiten herandenken, man kann es von verschiedenen Seiten beleuchten. Wenn die Zusammenarbeit klappt, so kann jeder auch das erkennen, was im Licht der fremden Lampe erscheint und kann es mit den eigenen Erkenntnissen vergleichen. Die Frage nach der Gesamtsicht ist aktuell und tritt im Lichte der zunehmenden Spezialisierung noch deutlicher hervor: die Aufspaltung, die verstärkte Differenzierung der einzelnen Wissenschaftsbereiche hat zu einer Entfremdung voneinander geführt. Es fällt vielen ihrer Vertreter schwer, sich gegenseitig zu verstehen und einen fruchtbaren Austausch des Wissens stattfinden zu lassen – die Lampen der anderen leuchten sozusagen in einem anderen Spektrum bzw. viele sind nicht bereit, um den betrachteten Gegenstand herumzugehen und sich die Rückseite anzusehen.

Ganz massiv treten die Probleme dann auf, wenn dieser Gegenstand der Mensch selbst ist. Jede einzelne der „Humanwissenschaften" (so kann man diejenigen bezeichnen, die von sich beanspruchen, den „Menschen" verstehen zu können) hat innerhalb ihres eigenen Wirkens einen Zugang zu dem gefunden, was man als das „Wesen des Menschen" bezeichnen kann. Jede einzelne beansprucht aber zugleich, die „Wahrheit" in diesem Punkt zu besitzen und damit den Alleinanspruch auf die wissenschaftliche Erklärung von dem, was „der Mensch" ist.

Da es – unserem Logikverständnis bzw. unserem sozialen Verständnis zufolge – nur eine Wahrheit geben kann (sofern man nur eine Gruppenzugehörigkeit hat) und alles, was der vermeintlichen Wahrheit widerspricht, daher die Unwahrheit sein muß, scheinen die Probleme in der Zusammenarbeit der einzelnen Vertreter der verschiedenen Wissenschaften auf den ersten Blick unabwendbar.

Sophia: Weshalb ist der Mensch so schwer zu erforschen??

Phileon: Das Problem ist, daß der Mensch als Einheit handelt. Will man diese Handlungen und die dahinterstehenden Motivgrundlagen erforschen, muß man den Menschen als Einheit sehen – eine Aufteilung und Zuteilung an verschiedene Wissenschaften läßt immer nur einen Teilaspekt betrachten. Unsere Welt ist aber von der naturwissenschaftlichen Weltanschauung derart durchdrungen, daß nicht nur im Bereich der Politik die Zusammenarbeit und die Verständigung zwischen Politikern und Bürgern immer schwieriger wird, sondern auch im Bereich der Sozial- bzw. Humanwissenschaften.

163

> Das Problem an der Komplexität des Menschen, dem sich auch die Motivforschung stellen muß, ist das Handeln des Menschen als Einheit. Eine Aufsplittung in verschiedene Teile kann daher immer nur Teilaspekte beschreiben und selten etwas voraussagen.

Ein Äquivalent dazu finden wir heute im Bereich der Logik: wenn man etwa einen philosophischen Artikel auf seine formallogische Gültigkeit untersuchen will, ob etwa korrekte Schlußfolgerungen enthalten sind, ob die einzelnen Sätze „wahr" oder „falsch" sind, etc., so wird dieses Unterfangen früher oder später mißlingen: man wird unzulässige Schlüsse finden oder vor einem Dickicht von Verzweigungen und Selbstreferenzen kapitulieren müssen. Das bedeutet jedoch noch lange nicht, daß der überprüfte Artikel jetzt „falsch" im Sinne von unbrauchbar oder unlogisch wäre. Dies kann natürlich der Fall sein und es ist gut und notwendig, solche Artikel aufgrund logischer Gesetzmäßigkeiten aus dem ohnehin komplizierten Geflecht des Wissenschaftsgestrüpps aussondern zu können.

In vielen Fällen sieht die Sache jedoch anders aus: in der zwischenmenschlichen Kommunikation gibt es Regeln, die standardisiert und festgelegt sind. Sie sind formallogisch überprüfbar und konstant. In genau demselben Ausmaß gibt es aber Regeln oder auch „Vorkommnisse" im Individuum oder in der Sozietät, die einer ständigen Veränderung unterliegen, die Teile eines sich selbst steuernden Prozesses sind und somit in ihrem Wandel schwer oder gar nicht erfaßbar: es ist letztendlich ein ähnliches Problem wie es in dem Orwell'schen Szenario der fast lückenlosen Überwachung aller Staatsbürger auftritt. Um alle Menschen mit Videokameras und Mikrophonen überwachen zu können, braucht man eine fast ebenso große Anzahl an Überwachern, die natürlich selbst wieder überwacht werden müssen u.s.w.

Auch wenn man dies in Pyramiden-, also Hierarchieform organisieren kann, so wird dieses System nie funktionieren können. Menschliche Schwächen, Unzulänglichkeiten und Fehler lassen sich weder bei Orwell noch in der wissenschaftlichen Realität bzw. Logik gänzlich ausschalten.

Immer wird es Personen geben, die der Überwachung entgehen oder eben Personen, die dem formal richtigen logischen Gebilde ausweichen, sich aber trotzdem sinnvoll verständigen können und daher in Sätzen reden oder schreiben, die man als „wahr" erkennen muß.

Es ist daher nicht möglich, die ständig wechselnden „Logiken" der einzelnen am Kommunikationsprozeß beteiligten Wissenschafter zu kontrollieren bzw. zu formalisieren und in den Katalog der logischen Gesetze aufzunehmen. Unmöglich und auch gar nicht wünschenswert ist es, die Privatsphäre der Wissenschafter logisch zu erforschen und – da sie sich auf die wissenschaftlichen Gedanken auswirkt – zu erfassen und einzubauen.

Wir sehen schon, daß dies ein oft befahrener Holzweg ist: die Dynamik der (wissenschaftlichen) Kommunikation ist ihrem „Einfrierungsprozeß" immer einen Schritt voraus. Die Menschen reflektieren in ihrer logischen Argumentation die Gesetze der Logik nicht und ebensowenig können sie sie lückenlos beobachten. Die Lücken sind aber selten ein Problem, in der Alltagssprache und -praxis noch seltener. Man könnte auch sagen: im Gegensatz zur formalen Logik werden die Widersprüche und Aporien geradezu spielerisch überwunden, da der Mensch über ein wesentlich größeres Potential an „Kommunikationswerkzeugen" verfügt als die Logik: man denke an die Zuhilfenahme der Gefühlsebene oder der nonverbalen Kommunikation, die mit Widersprüchen ganz anders und oft sehr erfolgreich umzugehen vermag.

Im Gegensatz zur formalen Logik werden in der Alltagssprache und auch in der Wissenschaft die Widersprüche überwunden, da der Mensch über ein wesentlich größeres Potential an Kommunikationswerkzeugen verfügt als die Logik: z.B. die Gefühlsebene oder die nonverbale Kommunikation.

Sophia: Wie sieht es in der Motivforschung mit der interdisziplinären Zusammenarbeit aus? Wo gibt es da die Probleme?

Phileon: Wie ich schon vorher erwähnt habe, hat die „Meinungs- und Motivforschung" in den letzten Jahrzehnten an Bedeutung gewonnen: als politisches Instrument der Informationsbeschaffung einerseits und als Absicherung, als Zugeständnis an das scheinbare Gebot der Stunde. Beachtung verdient auch im zwischenmenschlichen Bereich der Kommunikation nur das, was sich wissenschaftlich analysieren, einordnen und nachvollziehen läßt.

Das Problem beginnt jedoch nicht erst beim Unvermögen der Wissenschafter miteinander zu kommunizieren, sondern in einem viel ursprünglicheren Teil der Wissenschaft: in ihrer Theorie, in der „Philosophie" der Wissenschaft.

Der quantitativ arbeitende Wissenschafter ist Beobachter, der qualitativ arbeitende auch, beide allerdings auf unterschiedliche Weise.

Der wichtigste Unterschied liegt darin, wie der Wissenschafter das Objekt seiner Betrachtung und Untersuchung definiert und welches Verhältnis er dazu aufbaut: ist es ein Felsbrocken, so wird die Reduktion auf ein Objekt, von dem man seine Informationen erhält, ohne auf das Objekt verändernd einzuwirken, kein wissenschaftstheoretisches Problem aufwerfen. Wenn es sich dabei aber um einen Menschen handelt, so gilt diese Annahme nicht: sowohl der andere Mensch wird durch die Untersuchungen des Wissenschafters an ihm beeinflußt, als auch der Wissenschafter selbst. Das eindringlichste Beispiel ist hier wohl der Humanbiologe, der sich in sein Studienobjekt – sagen wir einmal: eine hübsche Frau – verliebt und

von da an mit rosa Tinte seine wissenschaftlichen Erkenntnisse nieder-
schreibt. Es darf angenommen werden, daß auch die Qualität der Arbeit eine andere sein wird als wenn das zu beobachtende Objekt ein Baumstamm
oder ein Einzeller ist.

Man darf auch nicht vergessen, daß einzelwissenschaftliche Ergebnisse
ja in jedem Fall interpretationsbedürftig und damit in letzter Konsequenz
wiederum an die die Alltagssprache der Forscher gebunden sind. Auch in den
Naturwissenschaften bestehen die Interpretationen und Erklärungen aus Me-
taphern und Vergleichen, wenn scheinbar „nüchterne" und „objektive" Zahlen präsentiert werden. Mathematiker sprechen manchmal sogar von einer
„eleganten" Lösung.

Die Definition des zu beobachtenden Objektes spielt auch in der Motivforschung eine Rolle. Der quantitative Forscher hat, getreu seinen wissenschaftlichen Regeln, die Menschen nach Möglichkeit zu Objekten reduziert,
deren Einzelteile (auch die Psyche) man in erster Linie quantitativ erfassen
und quantitativ beschreiben kann. Das Ergebnis besteht daher meistens aus
Zahlen – sie stehen zumindest im Zentrum und haben rundherum noch Erklärungen, da auch in der quantitativen Forschung Zahlen ohne begleitende Erklärung leer bleiben. Sie stehen jedoch im Mittelpunkt der Betrachtung und
vor allem der „Wahrheit".

Sophia: Was ist hier mit „Wahrheit" gemeint?

Phileon: Die Erklärungen sind wichtig, aber die Zahlen sind das, worauf man
sich bezieht und was sozusagen „schwarz auf weiß" geschrieben steht. Ein
Beispiel für die Macht der Zahlen: Seit einiger Zeit sind Versicherungsverkäufer im Außendienst mit Laptops unterwegs, die zur Berechnung von Prä-
mien etc. verwendet werden. Dabei läßt sich ein interessantes Phänomen beobachten: die Menschen hören auf um einen Prämienrabatt zu feilschen,
wenn der Computer eine berechnete Prämie über den angeschlossenen Druk-
ker ausgibt.

Sophia: Warum? Was ist die Erklärung der Versicherungsverkäufer?

Phileon: Der Kunde sieht die Zahlen schwarz auf weiß am Papier und hält sie
somit für unveränderbar. In Folge gibt er sein Vorhaben, die Zahl, die normalerweise im Kopf des Verkäufers und in dem des Kunden herumschwirrt,
verändern zu wollen, auf. Das ist zwar eine gewisse Form von Mystik, funktioniert aber und nicht nur bei Versicherungsverkäufen. Zahlen bedeuten in
unserer Welt Wahrheit.

Sophia: Warum?

Phileon: Weil sie abstrakt und daher intersubjektiv, weil sie formal und
nachvollziehbar sind.

166

Der qualitative Forscher tritt hingegen als Mensch in Kontakt mit anderen Menschen. Man muß auch hier natürlich von „Objekten" reden, da Forscher und zu Erforschende miteinander unter dem Aspekt einer Methode kommunizieren, allerdings möglichst auf gleicher Ebene. Das Tiefeninterview kann hier als Beispiel für einen derartigen Ansatz herangezogen werden: es ist ein Gespräch, in dem sich der Forscher mit dem zu erforschenden Menschen einläßt und daher selbst auch eine Veränderung erfährt. Auch hier werden die Gesetze der Logik manchmal außer Kraft gesetzt, es entsteht etwa eine Beziehung zwischen dem Interviewer und der Interviewperson. Diese Beziehung muß dann von den Auswertern erkannt und ebenfalls berücksichtigt werden.

> Zahlen bedeuten in unserer noch immer von der aristotelischen Logik – die auch von den meisten Wissenschaften übernommen wurde – beherrschten Welt Wahrheit, weil sie abstrakt und daher intersubjektiv, weil sie formal und nachvollziehbar sind.

Sophia: Nun arbeiten in einem Team der qualitativen Motivforschung auch verschiedene Wissenschafter, die den unterschiedlichen Disziplinen angehören. Wie funktioniert das?

Phileon: Ein wichtiges Problem ist hier – aber auch in allen anderen Bereichen der Wissenschaft –

Das Problem Spezialisten gegen Generalisten

Besonders an den Universitäten (freilich nicht nur dort, auch in den entsprechenden Bereichen der Privatwirtschaft) gibt es oft Probleme bei der Zusammenarbeit von Wissenschaftern der verschiedensten Fachrichtungen und Wissenschaftsgebiete.

Auf der einen Seite der Kontroverse stehen die Spezialisten, die in ihrem Fachgebiet hochgebildet sind, auf der anderen Seite stehen die Generalisten, die „alles" können und wissen, aber nichts „richtig" – oft werden hier auch die Philosophen dazugezählt, meiner Meinung nach jedoch zu Unrecht, weil sie nur den Anforderungen der Naturwissenschaften nicht genügen, die ja ihrerseits besonders viele hochspezialisierte Wissenschafter hervorbringen.

An dieser Stelle möchte ich ein Zitat von Robert Musil aus dem „Mann ohne Eigenschaften" bringen: *„Es gibt in Wirklichkeit zwei Geistesverfassungen, die einander nicht nur bekämpfen, sondern die gewöhnlich, was schlimmer ist, nebeneinander bestehen, ohne ein Wort zu wechseln, außer daß sie sich gegenseitig versichern, sie seien beide wünschenswert, jede auf ihrem Platz. Die eine begnügt sich damit, genau zu sein, und hält sich an die Tatsa-*

167

chen; die andere begnügt sich nicht damit, sondern schaut immer auf das Ganze und leitet ihre Erkenntnisse von sogenannten großen und ewigen Wahrheiten her. Die eine gewinnt dabei an Erfolg und die andere an Umfang und Würde. Es ist klar, daß ein Pessimist auch sagen könnte, die Ergebnisse der einen seien nichts wert, und die der anderen nicht wahr. Denn was fängt man am jüngsten Tag, wenn die menschlichen Werke gewogen werden, mit drei Abhandlungen über die Ameisensäure an, und wenn es ihrer dreißig wären?! Andererseits, was weiß man vom jüngsten Tag, wenn man nicht einmal weiß, was alles bis dahin aus der Ameisensäure werden kann!" (zitiert aus: Erich Heintel, Gesammelte Abhandlungen, Band 3, S. 185)

Vielerorts werden seit einiger Zeit Stimmen laut (die von Neil Postman zum Beispiel), daß beide Seiten gleichsam ausgedient hätten. Die Spezialisten übersehen wichtige Fragen, da sie außer in ihrem Fach keine oder zu wenig Qualifikation besitzen und ihre Entwicklungen und Theorien in ihrer geistigen Heimat zwar oft erfolgreiche Vertreter sind, in der Praxis aber häufig als untauglich eingestuft werden müssen.

Die Praxis braucht, wie das Wort schon sagt, praxisorientierte Lösungen und Methoden, sozusagen „praxisbezogene Theorien", unelegant ausgedrückt.

Auf der anderen Seite scheitern auch diejenigen, die dem Generalismus, dem Allgemeinwissen und -können anhängen. In allen wichtigen Bereichen gut, kompetent und am aktuellen Stand der Dinge zu sein, ist in unserer wissenschaftlichen Kultur nicht mehr möglich.

Die vorhandene Zeit reicht allein schon nicht aus, um sich das nötige Wissen und die Erfahrung auf allen Gebieten, die für die sinnvollen Umsetzung etwa eines Projekts unumgänglich wären, zu holen, die Generalisten hinken immer dem letzten Stand der Dinge hinterher, sie werden entweder auch zu Spezialisten oder nicht ernst genommen.

Sophia: Warum?

Phileon: Der Grund für die Probleme liegt dort begraben, wo die Schnittstelle der wissenschaftlichen (Labor)forschung mit der praktischen Anwendung liegt. Je mehr spezialisierte Fachkräfte an einer Forschung, einer Studie oder einem Projekt teilnehmen, desto schwieriger wird es, diese Wissenschafter zu koordinieren und den Überblick zu behalten. Seminar-, bzw. Projektleiter sind zunehmend überfordert, da sie die Koordination der vielen Teile der Arbeit nicht mehr schaffen und das Ergebnis daher oft eine Zusammenstückelung der verschiedensten Einzelergebnisse darstellt. Die so wichtige Gesamtaussage, die zur Entwicklung eines Konzepts als Basis für die praktische Umsetzung nötig ist, fehlt oder berücksichtigt nicht alle wichtigen Aspekte. Dies ist auch der Grund, weshalb die Wissenschaft und das Spezialistentum manchmal ins Schleudern gerät: die Praxistauglichkeit ist nicht mehr gewährleistet. In der Praxis – auch der Motivforschung übrigens, vor allem, wenn schlampig gearbeitet wird – ist es ein Nebeneinanderstellen verschiedenster Denkmodelle, denen aber der Zusammenhang fehlt.

Sophia: Warum wird dieser Zusammenhang nicht erzeugt?

Phileon: Oberflächlich betrachtet ist es oft Zeitmangel, manchmal Faulheit oder anderes. In Wahrheit ist die Erstellung von komplexen Zusammenhängen eine schwierige Sache, die nicht selten in Frustration mündet, weil sozusagen „nichts weitergeht" oder auch „nichts zusammenpaßt". Das Problem ist bekannt, aber nicht leicht zu lösen: während es in den einzelnen Fachdisziplinen genaue Regeln gibt, wie ein Oberbegriff zu gestalten, zu gliedern und zu verfassen ist und es auch die entsprechenden Regeln dafür gibt, ist der Gesamtzusammenhang in der qualitativen Motivforschung jedesmal anders zu suchen und zu finden.

Sophia: Warum?

Phileon: Das Team der Spezialisten, der beteiligten Wissenschafter setzt sich je nach Aufgabenstellung jedes Mal anders zusammen. Es gibt immer neue theoretische Modelle, neue Methoden, an das Datenmaterial heranzugehen und neue Ergebnisse, da sich ja auch das Datenmaterial je nach Thema und ausgesuchten Interviewpersonen verändert. Nicht zu vergessen sind neue Widersprüche, die zwar zur Basis der Arbeit der qualitativen Motivforschung gehören, aber gleichwohl nicht leicht zu bearbeiten sind. Der Gesamtzusammenhang hat also jeweils anders auszusehen, man braucht jedes Mal neue Denk- und Erklärungsmodelle.

> Der Gesamtzusammenhang ist in der qualitativen Motivforschung bei jeder neuen Fragestellung jeweils neu zu suchen. Daher sind sowohl die Methodik wie auch die notwendigen Denkmodelle zu verändern. Spezialisten müssen sich jedesmal neu von liebgewordenen Methoden und Erklärungsmodellen trennen.

Die Wissenschafter der einzelnen Disziplinen tun sich aus obigen Gründen schwer, solch ein Projekt zu leiten und zu koordinieren.

Sophia: Und wer kann diese Aufgabe übernehmen?

Phileon: Die Spezialisten haben sich besonders in den letzten Jahrzehnten in dem gleichen Ausmaß spezialisiert, wie die Welt größer geworden ist. Der Bedarf an Spezialisten ist gestiegen, die Spezialisten für die Nichtspezialisierung sind: die Philosophen und all jene, die gelernt haben, an ein Problem von den verschiedensten Seiten heranzutreten.

Doch auch den klügsten und weitsichtigsten Denkern und Philosophen sind Grenzen gesetzt, dann nämlich, wenn zur Lösung eines Problems auch die Fachkompetenz von Spezialisten herangezogen werden muß und die Zusammenarbeit der verschiedensten Fachleute unerläßlich ist.

> Die Koordination qualitativer Motivforschung können am besten die Spezialisten für Nichtspezialisierung übernehmen: die Philosophen.

In diesem Fall muß das spezialisierte Fachwissen mit dem Blick für die wesentlichen Zusammenhänge verknüpft werden, die Lösung soll einerseits umsetzbar sein, d.h. auch für Nicht-Spezialisten brauchbar und begreifbar, andererseits muß sie auch fachlich „On Top" sein, d.h. ausreichend ins Detail gehen.

Sophia: Wie ist das Problem zu lösen?

Phileon: Man muß dazu von der Zusammenarbeitsebene der einzelnen Wissenschafter ausgehen und diese versuchen zu optimieren. Die besten Lösungsansätze dazu kommen aus der Gruppendynamik, da die Zusammenarbeit immer eine Gruppenarbeit sein muß.

Sophia: Wieso sein muß?

Phileon: Weil jeder mit jedem kommunizieren können muß – und das ist nur in einer Gruppe mit einer Größe von maximal 15 Personen möglich. Die Idealgröße liegt übrigens bei 5-8 Teilnehmern.

Diese Gruppen brauchen neben einem Ordnungsprinzip und einem Setting auch andere gruppendynamische Konzepte. Es muß zum Beispiel eine Reflexionsebene existieren, die man bei Bedarf aktivieren kann. Dies setzt voraus, daß die Teilnehmer auch gruppendynamisch gebildet bzw. erfahren sind. Wenn das klappt, so ist es der beste Ansatz, wie interdisziplinäre Zusammenarbeit funktionieren kann. Generalisten und Spezialisten müssen gleichwertig, das heißt, auf einer Hierarchieebene zusammenarbeiten und zwischen den beiden Polen hin- und herpendeln können. Ideal ist es, wenn die jeweiligen Teilnehmer an einer wissenschaftliche Forschung sowohl ein bestimmtes Spezialwissen beherrschen, also die Arbeit in einer wissenschaftlichen Disziplin kennen, als auch Generalisten sind, die bereit sind, andere Blickwinkel ebenfalls zu betrachten.

> Die Gruppendynamik liefert die notwendige methodische und organisatorische Basis für eine Zusammenarbeit eines Teams von Spezialisten, weil diese befreit von hierarchischen Zwängen zwischen den Polen Generalismus – Spezialismus pendeln können.

Sophia: Was geschieht nun in der qualitativen Motivforschung, wo ja inter-disziplinär gearbeitet wird?

Phileon: Gerade hier treffen Wissenschafter der verschiedensten Fachberei-che aufeinander, die gemeinsam in einem Team sitzen und an dem selben Datenmaterial arbeiten. Es erfolgt sozusagen im ersten Schritt der Auswer-tung der Tiefeninterviews eine Trennung, eine Aufspaltung in die verschie-denen Disziplinen. In Folge entsteht in Klausursitzungen ein gemeinsames Forum, wo jeder seine disziplinäre Sicht einbringt: *„Im interdisziplinären Gespräch muß sich gleichsam wiederholen, was in der Wirklichkeit ständig und mit viel weniger Aufwand stattfindet: die verschiedenen Motivbereiche müssen miteinander ins Streiten kommen können, und sich untereinander ihre Wertigkeit ausmachen."* (Peter Heintel, S. 38)

Sophia: Wie sieht aus deiner Sicht

Ein Blick in eine mögliche Zukunft

aus?

Phileon: Es werden in Zukunft weder der Spezialist noch der Generalist in wichtigen Positionen von Wirtschaft und Forschung gefragt sein, statt dessen wird die interdisziplinäre Forschungs-, und Arbeitsweise das kreative Zentrum des Schaffens darstellen: mehrere Spezialisten der verschiedensten Fachrich-tungen arbeiten in einem Team zusammen (das gibt es ja bereits), durch ihre spezielle Ausbildung in interdisziplinärer Zusammenarbeit kann das Endpro-dukt ihrer Arbeit nach allen relevanten Seiten hin abgesichert werden.

Die wichtigste Voraussetzung dafür wäre aber die Einstellung, daß die eigene Fachrichtung nicht die alleinige methodische Spitze der Wissenschaft darstellt. Es gibt heute noch genug Chemiker, die meinen „alles Leben ist Chemie" und entsprechend viele Physiker, die der Ansicht sind, daß „alles im Leben physikalisch erklärbar ist" (und damit letztendlich auch der Mensch).

Mit dieser Einstellung ist eine interdisziplinäre Arbeit nur schwer mög-lich, da jeder davon überzeugt ist, die anderen eigentlich nicht zu brauchen, daß die Teamarbeit höchsten eine Zeitersparnis (oder auch Zeitverschwen-dung) bedeutet und man theoretisch auch alleine zu dem richtigen Ergebnis kommen könnte.

Sophia: Gilt das nur für die erwähnten Chemiker und Physiker?

Phileon: Nein. Auch bei den Psychologen und den Soziologen ist dieses Phä-nomen des öfteren zu beobachten. Aber auch die Philosophen entkommen hier nicht der Kritik.

Von der Einstellung, daß das Produkt einer interdisziplinären Zusam-menarbeit ein qualitativ höherwertiges sein könnte, das erst durch die Vernetzung der verschiedenen Wissenschaften überhaupt möglich wird, sind viele Wissenschafter noch weit entfernt.

Sophia: Was ist das Neue an diesen Ansätzen?

Phileon: Die neuen Ansätze sind, wenn man sie genauer betrachtet, gar nicht so neu: es geht darum, sich einen geistigen Hintergrund, eine wissenschaftliche und persönliche Basis zu schaffen, auf der das interdisziplinäre Arbeiten möglich ist. Das Abschreckungsbeispiel für eine mißlungene Entwicklung sind diverse TV-Diskussionen: einige Spezialisten sitzen mit einigen Generalisten (aus jeweils verschiedenen Fachrichtungen) zusammen und versuchen krampfhaft und erfolglos, der restlichen Runde ihre Meinung bzw. ihren Wissensstand aufzudrängen.

Die Unfähigkeit zur Zusammenarbeit, zum Auffinden eines methodischen und weltanschaulichen Konsens, ohne den ein brauchbares Ergebnis immer wieder in unerreichbare Ferne rückt, existiert nicht nur in Fernsehshows, sondern auch in wichtigen Bereichen des gesellschaftlichen Arbeitsfeldes: an den Universitäten, bei den verschiedensten Behörden und in der Wirtschaft, man könnte fast sagen: in allen Bereichen des sozialen Lebens, wo die Lösungsansätze der Spezialisten und der Generalisten scheitern.

Peter Heintel hat dies folgendermaßen formuliert: *„Das Problem soll die Wissenschaften um sich versammeln, nicht traditionelle Vorentschiedenheiten oder Zufallsbeschlüsse akademischer Senate."* (Peter Heintel, S. 6). Er meint damit, daß interdisziplinäre Zusammenarbeit nur dann funktioniert, wenn die Notwendigkeit dazu besteht. In vielen Bereichen ist diese Notwendigkeit bereits da, das Mittel der interdisziplinären Zusammenarbeit jedoch noch nicht entsprechend weiterentwickelt. Peter Heintel resümierend: *„Der anempfohlene Abschied wird so leicht nicht fallen, weil wir diesen Dominanzen Zivilisation, Reichtum und ökonomisch zumindest besseres Leben für mehr Menschen verdanken. Wir würden sie auch nicht aufgeben müssen, wenn wir nicht durch die anstehenden Globalprobleme dazu gezwungen würden."* (Peter Heintel, S. 7)

Sophia: Wie würdest du die wissenschaftstheoretische Konsequenz formulieren, die in der interdisziplinären Frage auftaucht, soweit sie die qualitative Motivforschung betrifft?

Phileon: Vom wissenschaftstheoretischen Standpunkt aus heißt das Ergebnis dieser Diskussion, formuliert von Hartmut von Hentig: *„Es ist vollends klar, daß interdisziplinäre Forschung nicht Einheit stiftet, sondern allenfalls die Nicht-Einheit aushaltbar macht."* (Hartmut von Hentig; S. 43)

Interdisziplinäre Arbeit und Forschung stiftet nicht Einheit, sondern macht allenfalls die Nicht-Einheit aushaltbar.

Hentig spielt hier auf die Widersprüche an, die im wissenschaftlichen Diskurs auftauchen und dem System immanent sind. Widerspruchsfreie Wissenschaft, sofern sie den Menschen als widersprüchliches Wesen betrifft, gibt es nicht. Interdisziplinäre Zusammenarbeit kann diese Widersprüche nicht beseitigen, wohl aber helfen, sie zu bearbeiten und allen Seiten zugänglich zu machen. Auch in der qualitativen Motivforschung gilt obiger Satz von Hentig auf zweifache Weise. Einerseits ist es gerade die Bearbeitung der Widersprüche, die in der qualitativen Motivforschung das methodisch – erkenntnistheoretische Zentrum darstellen und meistens den Weg zum richtigen Erklärungsmodell weisen, andererseits sind sie eben nicht wegzudenken, daher nicht in Einheit auflösbar. Dieses Bearbeiten der Widersprüche greift ständig das disziplinäre Selbstverständnis der Wissenschafter an (am wenigsten noch das der Philosophen, aber die haben andere Möglichkeiten, sich selbst zu disziplinieren) und erfordert somit vor allem eine Bereitschaft zur interdisziplinären Zusammenarbeit, wie auch Ursula Hübenthal in ihrer Zusammenfassung des Themas schreibt: *„Vereinigen läßt sich beides nur auf einer Ebene, die man ganz allgemein als Verstehen-Wollen kennzeichnen könnte, was keiner bestimmten Disziplin zugeordnet werden kann."* (Ursula Hübenthal, S. 163) Es geht nicht um das Entwickeln einer neuen Technik, sondern um das Wissenschaftsverständnis generell, und damit natürlich auch um die Methoden der Anwendung: *„Interdisziplinarität ist eben – so die vorherrschende Meinung der sich mit ihr auseinandersetzenden Autoren (s. Einleitung) – kein bestimmtes Konzept, sondern vielmehr eine Haltung gegenüber dem Betreiben von Wissenschaft."* (Hübenthal; S. 163) Der Weg zur erfolgreichen interdisziplinären Zusammenarbeit führt daher immer über die Kommunikation. „Beim Reden kommen d'Leut z'sam" heißt ein altes Wiener Sprichwort, das auch im Bereich der Wissenschaft seine Gültigkeit hat.

> Interdisziplinarität ist keine wissenschaftliche Forschungsmethode oder eine neue Technik, sondern vielmehr eine Haltung gegenüber dem Betreiben von Wissenschaft.

Sophia: Welche Rolle kommt jetzt der Philosophie zu?

Phileon: Auch hier möchte ich noch einmal Hübenthal zitieren, die es meiner Ansicht nach auf den Punkt gebracht hat, auch was die qualitative Motivforschung betrifft. Sie meint über die Rolle der Philosophie: *„Ihr ursprünglicher universeller Verstehensanspruch entspricht der genannten Grundhaltung. Da in ihren Aufgabenbereich auch die Analyse der verschiedenen wissenschaftlichen Ansätze und der von ihnen verwendeten Begriffe fällt (Philosophie als metatheoretische Reflexionswissenschaft, s.o.), ist sie nicht nur für die kon-*

*kreten interdisziplinären Projekte eine wichtige Begleiterin, sondern Grund-
wissenschaft für jede interdisziplinäre Theorie.*" (Hübenthal; S. 163)

Sophia: Ich möchte jetzt von der Theorie in

Die Praxis der qualitativen Motivforschung

überleiten. Wie sieht so eine Forschungsstudie aus, wie geht man an die Forschungsfrage heran? Könntest du mir eine Chronik eines Forschungsprozesses zeigen?

Phileon: Natürlich, du mußt aber bedenken, daß jede Forschung ein wissenschaftlich und praktisch eigenständiges Vorhaben ist, das nur in gewisser
Weise mit anderen Projekten vergleichbar ist. Auch Froschauer/Lueger sind
der Ansicht, daß es in der qualitativen Sozialforschung kein Standardschema
geben kann, nach dem man methodisch vorzugehen hat (vgl. Froschauer/
Lueger; S. 11).

Trotzdem gibt es gewisse Regeln, an die man sich halten muß und bestimmte Abläufe, die immer wiederkehren. Ich werde sie dir aufzählen:

1. Die Vorbereitung

Folgende Fragen müssen vor der Datenerhebung vom Forscher beantwortet
werden:

1. Wo liegen die Probleme – was soll herausgefunden werden?
2. Welche Daten benötige ich mindestens, um die Fragen beantworten zu
   können?
3. Wo bekomme ich diese Daten her?

Als erste Stufe ist ein ausführliches Gespräch mit dem Auftraggeber notwendig. Dabei sollten folgende Fragen geklärt werden:

1. Was will er tatsächlich wissen?
2. Welche Bereiche können ausgeklammert werden?
3. Was muß auf jeden Fall erforscht werden?
4. Welche Hilfestellung kann sonst noch vom Auftraggeber kommen?
   (eventuell schon vorhandene Konzepte oder bereits früher durchgeführte
   Studien) Sogenannte „sensitizing concepts" haben die Aufgabe, den Forscher auf bestimmte Zusammenhänge aufmerksam zu machen.

Als zweite Stufe sollte bereits in der Anfangsphase ein „Logbuch" geführt
werden. Dieses ist regelmäßig zu ergänzen und soll alle wichtigen Arbeits-
schritte der Studie in der richtigen Reihenfolge und samt ihrem Zusammen-

hang mit der verwendeten Methode enthalten. Dieses Logbuch dient der wissenschaftlichen Nachvollziehbarkeit, es ist eine sogenannte „Verfahrensdokumentation", in der das Umfeld der methodischen Vorgangsweise ebenfalls erfaßt, reflektiert und dokumentiert ist. Es ist zu führen über Kategoriebildung, Theoriebildung und den Forschungsprozeß.

Sophia: Wie funktioniert etwa die Kontaktaufnahme mit den Interviewpartnern bzw. die Interviewanbahnung?

Phileon: Man muß sich im Vorfeld bereits bestimmte Fragen stellen, wie etwa:

1. Welche Zugangsmöglichkeiten hat man zum sozialen Feld?
2. Wann beginnt man bereits, Information zu sammeln?
3. Wer soll die Interviews durchführen?
4. Wer sind die Gesprächspartner?
5. Welche Informationen gebe ich beim Erstkontakt?

Genauere Details zur Kontaktaufnahme, Interviewanbahnung etc. sind dem Buch von Froschauer/Lueger zu entnehmen (vgl. Froschauer/Lueger; S. 37ff.). Sie gelten eigentlich für alle qualitativen Forschungen.

2. Die Datenerhebung und Auswertung

Nach der Durchführung der Interviews werden diese verschriftet und dann gelesen. Dies ist der erste Teil der Auswertung. Sie ist die Entwicklung der analytischen, begrifflichen und kategorialen Bestandteile aus den Daten selbst. (vgl. Filstead 1979, S. 35).

Sie soll unter anderem die (Re-)Sozialisierung des Forschers und damit die Bedingung für das Verstehen der Abläufe im Feld sein.

Folgende Fragen müssen während und nach der Datenerhebung vom Forscher beantwortet werden:

1. Genügen die Aussagen, die ich erhalten habe, zur Beantwortung der entscheidenden Fragen und zur Theoriebildung?
2. Welche neuen Probleme sind aufgetreten?
3. Verändern diese neuen Probleme die Forschungsfrage?

Sophia: Eine Frage habe ich zur Erhebung. Welche Leute werden bei einer Untersuchung mit qualitativen Interviews befragt?

Phileon: Hier existiert ein Aristokratismus der Forschung: es ist allgemein ein Problem der wissenschaftlichen Sozialforschung, daß es zur Datenerhebung leichter ist, Menschen aus höheren Bildungsschichten zu einem Interview zu bewegen. Dies trifft auch auf die qualitative Motivforschung zu, man kann die so entstandene Spirale aber auflösen.

Sophia: Welche?

Phileon: Jene Spirale, die normalerweise in der wissenschaftlichen Sozialforschung entsteht und folgendermaßen abläuft: Es ist leichter, an besser gebildete Menschen heranzukommen, unter anderem auch deshalb, weil die Forscher selbst meistens dieser Schichte entstammen und dort leichteren Zugang haben. Außerdem ist ihnen die besser gebildete Klientel in den meisten Fällen auch lieber, da die sozialen und sprachlichen Schranken niedriger oder gar nicht vorhanden sind.

Dies führt zu einer Ausklammerung ganz bestimmter Gruppen: diejenigen, die sich verbal nicht gut artikulieren können, diejenigen, die in einer anderen soziale Welt leben: in der Drogenszene, in der Obdachlosenszene oder auch nur diejenigen Menschen, die ein sehr eingeschränktes soziales Spektrum haben. Als mögliches Beispiel kann man den „kleinen Fabrikarbeiter" nehmen, der aufgrund eines stark eingeschränkten sozialen Feldes für „Außenstehende" nur schwer zugänglich ist.

Dieses Problem ist allerdings nur ein scheinbares. Es ist nämlich sehr wohl möglich, zu all diesen Gruppen Zugang zu finden, dies erfordert jedoch ein gesteigertes Engagement und viel Arbeit und Zeit. Es ist allerdings zu bezweifeln, daß man in diesen Gruppen wesentlich andere Aussagen als woanders bekommen wird.

> Der Zugang zu besser gebildeten, sozial höherstehenden Leuten ist in der Interviewpraxis leichter. Mit größerem Aufwand lassen sich jedoch fast alle Bevölkerungsgruppen und -schichten erreichen. Es stellt sich jedoch die Frage, ob diese andere Grundbedürfnisse haben.

Sophia: Warum?

Phileon: Weil diese Menschen auch keine anderen Grundbedürfnisse haben. Sie alle haben Träume, Triebe, Hoffnungen und Ängste, die man erforschen kann.

Pauschale Antworten auf obige Fragen gibt es nicht – man wird bei jeder Studie neue finden müssen. Es gibt Themen, bei denen schichtspezifische Unterschiede eine Rolle spielen und andere, wo man mit dieser Problematik nicht konfrontiert ist. Wichtig ist, die Problematik zu kennen und jedes Mal neu zu diskutieren.

3. Die Interpretation

In der Auswertung der Daten geht es um Exploration. Das ist eine „*flexible Vorgangsweise, in der der Wissenschaftler von einer zu einer anderen Untersuchungsmethode wechselt, im Verlauf seiner Studie neue Beobachtungspo-*

sitionen einnimmt, in der er sich in neue Richtungen bewegt, an die er früher nicht dachte, und in der er seine Meinung darüber, was wichtige Daten sind, ändert, wenn er mehr Informationen und ein besseres Verständnis erworben hat." (Blumer 1973, S. 122)

In der qualitativen Motivforschung treffen einige methodische Muster, die Blumer in der Vorgangsweise der Exploration beschreibt, auch zu. Sie sind nichts anderes als aus der philosophischen Hermeneutik ausgeborgte Methoden: um ein Untersuchungsobjekt zu erkennen, muß ich an es von verschiedenen Seiten herantreten. Die Analogie zur Untersuchung eines Meteoriten kann hier herangezogen werden. Es ist ein Beispiel von Mayring für seine drei Grundformen des Interpretierens, mit denen man ein zunächst unbekanntes Material auf seine verschiedenen Dimensionen analysieren kann:

„*Man stelle sich vor, auf einer Wanderung plötzlich vor einem gigantischen Felsbrocken (vielleicht ein Meteorit) zu stehen. Ich möchte wissen, was ich da vor mir habe. Wie kann ich dabei vorgehen?*

Zunächst würde ich zurücktreten, auf eine nahe Anhöhe steigen, von wo ich einen Überblick über den Felsbrocken bekomme. Aus der Entfernung sehe ich zwar nicht mehr die Details, aber ich habe das „Ding" als Ganzes in groben Umrissen im Blickfeld, praktisch in einer verkleinerten Form (Zusammenfassung).

Dann würde ich wieder herantreten und mir bestimmte besonders interessant erscheinende Stücke genauer ansehen. Ich würde mir einzelne Teile herausbrechen und untersuchen (Exploration).

Schließlich würde ich versuchen, den Felsbrocken aufzubrechen, um einen Eindruck von seiner inneren Struktur zu bekommen. Ich würde versuchen, einzelne Bestandteile zu erkennen, den Brocken zu vermessen, seine Größe, seine Härte, sein Gewicht durch verschiedene Meßoperationen festzustellen (Strukturierung)." (Mayring 1988, S. 53)

Diese verschiedenen Seiten, die unterschiedlichen Betrachtungsweisen, können in vielen Fällen nicht von einem Forscher allein geleistet werden. Das ist einer der Gründe, warum in der qualitativen Motivforschung ein interdisziplinäres Auswertungsteam zum Einsatz kommt. Der eigentliche Sinn der interdisziplinären Arbeit ist jedoch die gegenseitige Akzeptanz der jeweiligen Sichtweise des Forschungsgegenstandes. Dies verlangt den auf ihr Fachgebiet sozialisierten Forschern einiges ab, ermöglicht aber erst die „mehrdimensionale" Erkenntnis des Problems.

Auch hier ist kein standardisiertes Verfahren möglich. Die Textinterpretation muß sich der Forschungsproblematik unterordnen.

Blumer (vgl. Blumer; 1979, S. 58) hat eine Form der Auswertung qualitativen Materials „Inspektion" genannt. Es geht dabei darum, an einen Forschungsgegenstand heranzutreten (unbeeinflußt und ohne Vorbildung und Vorinformation ist dies allerdings nicht möglich) und ihn von allen Seiten zu betrachten. Dabei tritt man auch zurück, betrachtet ihn abwechselnd von der Ferne und der Nähe, von allen Seiten und tritt immer wieder auch in eine Phase der Reflexion ein – wie bei unserem Meteoritenbeispiel.

Sophia: Und ist Blumers Methode standardisierbar?

Phileon: Diese Methode ist natürlich schwer bis gar nicht standardisierbar. Sie kann aber neue Einsichten in eine Problematik bieten, die einem bei einer standardisierten Betrachtung verborgen blieben. Sie ist somit kreativ und frei, neue Richtungen einzuschlagen.

Sophia: Was ist, wenn man aufgrund vieler Interviews doch Zahlen herausarbeiten kann?

Phileon: Quasi-Statistiken sind zu vermeiden! Es ist nicht seriös, Zahlen in einer qualitativen Motivforschung anzugeben, es sei denn, man weist extra darauf hin, daß sie nicht einem repräsentativen Sample entstammen – doch wozu sollen sie dann gut sein?

Sophia: Wird dies gemacht?

Phileon: Ja, auch qualitative Forscher unterliegen manchmal dem Reiz der Zahlenmystik. Die Begründung, daß man nur Tendenzen aufzeigen möchte, ist zwar ehrlich gemeint, in der Praxis jedoch sinnlos – auch in der seriösen quantitativen Forschung zeigt man nur Tendenzen auf, mehr ist gar nicht möglich. Es hat sich als vorteilhaft und wissenschaftlich notwendig erwiesen, Zahlen in qualitativen Forschungen gänzlich wegzulassen. Es gibt hierfür noch einen weiteren Grund: Sobald man ein paar Zahlen quasi aus der Zauberkiste holt, sind die qualitativen Aspekte schnell vergessen, jeder fragt nur mehr, wieviel Prozent jetzt dem Bereich X und wieviel dem Bereich Y zuzuordnen sind.

Die Auswertung der Interviews erfolgt einmal im Ganzen, um die innere Logik des Gesprächs zu erfassen und dann zerpflückt in Kategorien.

Sophia: Was sind „Kategorien"?

Phileon: Wie ich schon erwähnt habe, ist eine Kategorie eine Analyseeinheit, die getrennt von anderen Analyseeinheiten erstellt wird, um die Aussagen zu einer bestimmten Problematik gebündelt bearbeiten zu können.

Sophia: Bitte ein Beispiel!

Phileon: Nehmen wir das Thema „Knabbergebäck", zu dem schon mehrere Studien durchgeführt wurden. Einzelne Kategorien waren z.B. Konsistenz, Geschmack, Verpackung, Kaufverhalten etc.

Bei genauerer Betrachtung findet man solche Unterscheidungen auch in der quantitativen Forschung. Der Unterschied besteht jedoch darin, daß sie dort andere Bedeutung haben und mit anderen „Daten" gefüllt werden, nämlich mit Zahlen statt mit Aussagen. Die Kategorien sind nur Richtlinien, sie hängen miteinander zusammen und ergänzen sich in vielen Fällen. Obwohl sie der Unterscheidung dienen, müssen sie oft zusammen interpretiert werden, stehen manchmal miteinander im Widerspruch oder decken sich weitgehend – was aber oftmals erst im Laufe der Auswertung erkannt und diskutiert wird.

> Eine Kategorie ist eine Analyseeinheit, die getrennt von anderen Analyseeinheiten erstellt wird, um Aussagen zu einer bestimmten Problematik gebündelt bearbeiten zu können. Manche Kategorien ergeben sich bereits aus der Fragestellung, andere kommen während der Datenerhebung oder in der Auswertung dazu.

Sophia: Wozu sind sie gut?

Phileon: Sie erlauben dem Wissenschafter eine Fokussierung auf einen Problemkreis. Die Kategorien werden im Laufe der Auswertung gefunden, indem man mehrere Interviews als Gesamtaussagen betrachtet und daraus die interessantesten Themenbereiche extrapoliert. Zusammen mit bestimmten Fragen des Auftraggebers bilden sie den ersten Ansatz für eine Kategorienliste, die dann mit den einzelnen dazupassenden Aussagen aus den Interviews gefüllt wird. Die Kategorien müssen immer als dynamisch, veränderbar betrachtet werden. Ihr Zusammenhang ist oft unklar, ihr Inhalt auch und die Bedeutung vieler Aussagen wird oft erst in der Phase der Vernetzung deutlich.

Mittels der Interpretation des Interviews wird versucht, die latenten Sinnstrukturen zu erfassen, die in dem Material enthalten sind. Das Ziel der Auswertung ist die Erfassung und Rekonstruktion der zugrundeliegenden Interaktionsmuster.

Die Auswertung der qualitativen Interviews folgt übrigens in vielen Bereichen der von Lamnek beschriebenen Inhaltsanalyse, verläuft allerdings nicht so schematisiert (vgl. Lamnek; Band 2; S. 173). Sie ist die Interpretation symbolisch-kommunikativ vermittelter Interaktion in einem wissenschaftlichen Diskurs.

> Die Kategorien müssen immer als dynamisch und veränderbar betrachtet werden. Ihr Zusammenhang ist oft unklar, ihr Inhalt auch und die Bedeutung vieler Aussagen wird oft erst in der Phase der Vernetzung deutlich.

Sophia: Noch ein paar Fragen zur Auswertung der Interviews. Wie sieht die Gesprächstranskription aus?

Phileon: Die Interviews werden auf Tonband aufgenommen und wortwörtlich transkribiert. Etwaige Dialektfärbungen werden aber verändert (außer es
spielt für das Thema eine Rolle), emotional wichtige Stellen werden inklusi-
ve der nonverbalen Äußerungen wie Räuspern, Seufzen oder Lachen transkribiert. Da nicht jedes Stocken oder Räuspern im Interview wirklich verschriftet und ausgewertet werden kann, soll der Interviewer bereits im Interview darauf achten und – wenn möglich – darauf eingehen. Eine ausführliche
Beschreibung möglicher Gesprächstranskriptionsformen findet sich bei Mergenthaler. (1986)

Sophia: Wo gibt es vergleichbare Auswertungsverfahren?

Phileon: In der Soziologie gibt es etwa die Sequenzanalyse (nach Oevermann, 1979): Hier werden anhand von kurzen Textstellen in einer Gruppendiskussion vielfältigste Bedeutungen gesucht und analysiert. Das funktioniert
aber bei Tiefeninterviews nicht, da nur ca. 10 Prozent des Materials überhaupt brauchbar sind. Wichtige Stellen müssen schon vorher herausgesucht
werden. Das Interpretationsverfahren beginnt also bereits zu einem früheren
Zeitpunkt und nach anderen Kriterien. Einzelne Aspekte aus der Sequenzanalyse werden aber in der Auswertung der qualitativen Interviews sehr wohl
übernommen: der Auswerter sieht sich einzelne Sequenzen sehr genau an und
übernimmt sie wörtlich in seine Auswertung, die dann in der Gruppe diskutiert wird. Trotzdem ist hier eine Vergleichbarkeit nicht wirklich gegeben.

Froschauer/Lueger beschreiben die Methode der Grobanalyse. Sie ...
*„dient der Erforschung einer selektiven Abfolge von Aussagekomplexen, die
in einem ersten Schritt komprimiert, dann expliziert und zuletzt strukturiert,
d.h. in Thesen und Erklärungen über bestimmte Regelmäßigkeiten zusam-
mengefaßt werden....Die Grobanalyse filtert die wesentlichen Strukturmerk-
male heraus, auf deren Basis das Zustandekommen der Aussagen sowie deren Relationen zur Umwelt der befragten Person erklärbar ist."* (Froschau-
er/Lueger; S. 71)

Die Grobanalyse wird in abgeänderter Form auch in den hier beschriebenen Methoden der qualitativen Motivforschung verwendet. Sie bedeutet
nichts anderes als die Auswertung der Interviews nach interessanten Aspek-
ten, d.h. nach Aussagen, die einen mehr oder weniger geschlossenen Gedankengang enthalten, der im Extremfall (wenn es eine narrative Passage ist) bis
zu einer Seite lang sein kann. In der Grobanalyse ist allerdings die Übernahme von ganzen wörtlichen Zitaten in den Endbericht nicht üblich. Gerade die
Verwendung solcher Zitate stellt aber ein wesentliches Merkmal besonders
der mehrdimensionalen Ursachenforschung dar.

> Aussagen, die einen geschlossenen Gedankengang enthalten, werden in der qualitativen Motivforschung als Ganzes oft in Form von Zitaten in die Interpretation übernommen. Diese können bis zu einer Seite lang sein.

Die Grobanalyse geht in folgenden Schritten vor: Paraphrase (= kurze Zusammenfassung), Intention (Frage: was will die Interviewperson vermitteln), Strukturaspekte (welche Strukturmomente der Umwelt sind erkennbar).

Auf der Reflexionsebene bieten Froschauer/Lueger in ihrem Buch das Mittel der Konversationsanalyse an, die zur Ermittlung von Einflüssen der Interviewsituation auf die Aussagen im Interview dienen soll. Dies bedeutet nichts anderes, als daß die Situation des Interviews sowie die Beziehung zwischen Interviewer und Interviewperson reflektiert und in das Ergebnis miteinbezogen werden soll. Es sind hierbei auch die Fragen des Interviewers zu analysieren.

In diesem Fall gibt es Parallelen zur qualitativen Motivforschung. Die Fragen der Interviewer werden natürlich auch transkribiert und fließen somit in die Auswertung ein.

Genauere Hinweise sowie Leitfäden zur Interviewerstellung und -auswertung siehe Froschauer/Lueger, S. 82ff.

Sophia: Worauf muß ein qualitativer Motivforscher nun achten, wenn er Interviews auswertet?

Phileon: Zunächst einmal auf die sorgfältige Auswertung des gesamten Interviews. Auch kleinste Textstellen enthalten wichtige Informationen, keine Aussage ist zufällig! Dies ist auch der Grund, weshalb erstens bei der Interpretation genau auf die Ausdrucksform und Wortwahl geachtet wird und außerdem im Endbericht wörtliche Zitate angeführt werden.

Man weiß ja zunächst noch nicht, wo die interessanten Stellen des Interviews sind. Oft erhalten bestimmte Ausdrücke oder Passagen erst zu einem späteren Zeitpunkt eine neue Bedeutung, die Aufschluß über bisher verborgene Strukturen bringt. Aus diesem Grund wird in der Phase der Kategorisierung der Interviews zwar bereits das Material reduziert, aber noch nicht auf Zitatenlänge zusammengekürzt. Längere Textstellen bis zu 2 Seiten Länge können noch oft vorkommen. Die Reduktion auf Zitatenlänge von 1-3 Sätzen erfolgt erst zum Schluß, wenn das Konzept zur Überarbeitung vorliegt.

Sophia: Wir haben zum Punkt der Theoriebildung im Laufe dieses Gesprächs schon einiges herausgearbeitet. Was gibt es noch zu sagen zur

4. Theoriebildung in der qualitativen Motivforschung

Phileon: Sie erfolgt von sogenannten „grounded theories" aus empirischem Datenmaterial und nicht logisch-deduktiv aus einer a-priori-Annahme (vgl. Lamnek, Band 1; S. 119f.). Die Theoriebildung ist somit induktiv!!

Der Auftraggeber bespricht mit dem Forscher, was er erforscht haben will. Manche Sachen sind möglich, andere methodisch nicht durchführbar. Zu beachten ist außerdem, daß die Methode während der Forschung noch verändert werden kann – man kann statt Einzel- z.B. Gruppeninterviews machen, neue Literatur taucht auf, die man zu Beginn möglicherweise als nicht notwendig erachtet hat etc.

Die Theoriebildung erfolgt in der qualitativen Motivforschung entweder deduktiv, wenn vorhandene Theorien mit dem Datenmaterial verglichen werden, oder induktiv: Der Forscher läßt sich in diesem Fall vom Datenmaterial inspirieren und kreiert oder sucht sich die dazu passenden Erklärungsmodelle. Diese werden in Folge in der Gruppenarbeit mit anderen verglichen und kritisiert.

Es gibt verschiedene Filter der Interpretation, die hier eine Rolle spielen. Ich werde sie kurz aufzählen:

Erste Einschränkung, *erster Filter* ist der Wunsch des Auftraggebers. Hier kann man kritisieren, daß dieser nur seine persönlichen Interessen zur Forschung freigibt. Mit anderen Worten: es ist nicht gesagt, daß der Auftraggeber überhaupt weiß, was er wissen will. Möglicherweise geht es um einen völlig anderen Bereich, der in der Sichtweise des Auftraggebers nur eine untergeordnete Rolle spielt. Der Forscher muß hier ebenfalls sein eigenes Wissen einbringen und erkennen, ob die Fragen des Auftraggebers mit seinem Problem, das er lösen will, in Zusammenhang stehen. Es hat sich in der Praxis als sinnvoll erwiesen, wenn der Forscher mit dem Auftraggeber ein ausführliches Interview macht und die Widersprüche des Auftraggebers betreffend seine Motive sowie die Forschungsleitfrage herausarbeitet. Der Forscher muß ihn auf Unstimmigkeiten und Unklarheiten hinweisen und notfalls den Auftrag umformulieren, damit eine sinnvolle Erkenntnis möglich wird. Es geht also um die *Koordination des Auftrags zwischen Auftraggeber und Forscher.*

Sophia: Was heißt in diesem Fall „sinnvolle Erkenntnis"?

Phileon: Der Auftraggeber will Erfolg haben, er will seine Firma vergrößern, den Umsatz steigern, eine Richtungskorrektur der Politik vornehmen oder ähnliches. Zu diesem Zweck läßt er die Motivlandschaften der für ihn wichtigen Menschen erforschen. Sinnvoll ist die Erkenntnis dann, wenn er sein Ziel erreichen kann. Das wiederum ist nur möglich, wenn die Forscher diejenigen Themen erforschen, die neben bekannten auch dem Auftraggeber noch unbekannte Motivdimensionen enthalten, die zur Lösung des Problems wichtig sind. Sinnvolle Erkenntnis heißt also, daß der Auftraggeber Erklärungsmodelle bekommt, die ihm helfen, die Motivlage der Menschen besser zu verstehen. Der erste Schritt dorthin ist die genaue Klärung des Auftrages.

Der *zweite Filter* liegt in der *Koordination der Vorbereitungen.*

Der Forscher muß die richtigen Mitarbeiter auswählen und den richtigen Interviewleitfaden erstellen. Der Vorteil in der qualitativen Forschung liegt hier darin, daß während des Projektverlaufs noch Änderungen möglich sind. Man kann mit dem vorhandenen Material im nachhinein noch zusätzliche Fachkräfte konfrontieren bzw. meistens wird in 2 Staffeln interviewt und die Erkenntnisse der ersten Staffel können in die Interviews der zweiten Staffel einfließen, etwa für den Fall, daß bestimmte Bereiche gezielt nachinterviewt werden müssen.

Hier liegt im Verborgenen die Gefahr, daß der Forscher trotz aller Offenheit ein Thema vergißt. Dieser Gefahr begegnet man methodisch durch die Verwendung des offenen Interviews. Dadurch ist es möglich, die Auswahl der Motivbereiche, die für das Thema eine Rolle spielen, zu einem bestimmten Teil den Interviewten zu überlassen und nicht den Forschern.

Der *dritte Filter* liegt in der *Kompetenz der Interviewer.* Diese können zwar, wenn sie alle Regeln der Kunst beherrschen, ein gutes Interview machen, gewisse Schwächen wird es jedoch immer geben, weil ein offenes Interview ein lebendiger Dialog ist, nicht normierbar und in diesem Sinn auch nicht objektivierbar. Das ist übrigens der eigentliche Grund, weshalb man eine gewisse Anzahl von Interviews macht. Der perfekte Interviewer müßte nur eine einzige Person entsprechend lang interviewen und würde theoretisch das notwendige Material erhalten. In der Praxis ist das natürlich undurchführbar.

Zu den Merkmalen eines guten Tiefeninterviews komme ich später noch.

Der *vierte* und zentrale *Filter* ist in der *Auswertung* zu finden. Die Erstellung von Kategorien geschieht aus den Antworten und ist somit empirisch abgeleitet. Welche Bereiche der Interviews jedoch als wichtig empfunden werden, bleibt dem Auswerterteam überlassen. Hier setzt die Kritik an: nach welchen Kriterien werden die Kategorien ausgesucht? Dies geschieht durch das Vorwissen und die Phantasie der Auswerter. Die Kriterien, nach denen es geschieht, sind nicht objektivierbar, es sind letztlich diejenigen, die vom Auftraggeber und vom Forscher als wichtig erachtet werden. Somit sind es Kriterien, die für die Beantwortung der eingangs gefundenen Fragen entscheidend sind, es sind letztlich diejenigen, die vom Auftraggeber und vom Forscher als für das Ergebnis wichtig erachtet werden. Der Kreis schließt sich.

In der qualitativen Motivforschung gibt es folgende Filter der Interpretation:
1. Wissen und Wunsch des Auftraggebers;
2. Koordination der Vorbereitungen und der Datenerhebung;
3. Kompetenz der Interviewer;
4. Die Kriterien der Kategoriebildung;

Hier ist ein wesentlicher Unterschied zur quantitativen Forschung zu orten, wo es statistisch festgelegte Kriterien gibt, denen das Datenmaterial unterworfen wird. In der qualitativen Forschung wird das Datenmaterial hingegen der Fragestellung unterworfen und somit bei jeder Studie anderen Auswahlkriterien. Die Nachprüfbarkeit (Objektivierung durch Wiederholungsmöglichkeit mit gleichen Kriterien) wird zugunsten der Brauchbarkeit geopfert.

In der quantitativen Forschung ist der Voraussetzungszirkel formal, d.h. ich bekomme nur das als Antwort und Ergebnis, was ich vor Beginn der Untersuchung schon wußte und kannte. In der qualitativen Forschung ist der Zirkel hermeneutisch, und unterliegt den Gesetzen, die wir schon besprochen haben.

Als nächster Schritt erfolgt die Verwertung der Kategorien zu Hypothesen. Auch hier läßt sich eine ähnliche Problematik wie bei der Kategorisierung finden, es ist noch der gleiche Filter. Die Forscher werten das Material aus, indem sie es durch ihre jeweilige disziplinäre Brille betrachten.

Sophia: Wie sieht das aus, wenn nur ein Forscher allein auswertet – bei einer kleinen Voruntersuchung z.B. mit geringem Budget?

Phileon: Das ist auch möglich, nur muß diese Tatsache dokumentiert sein. Wenn klar ist, nach welchen methodischen Überlegungen vorgegangen wurde, ist diese Form der Forschung methodisch in Ordnung. Es sind dann eben die Zusammenhänge, die eine Person anhand des vorhandenen Datenmaterials gefunden hat. Auch in einem Team von 8 Leuten – was schon sehr viel ist – könnte man mit der Kritik kommen, daß das Ergebnis wesentlich genauer wäre, wenn 16 Leute daran gearbeitet hätten – die Frage der Objektivität läßt sich in der Wissenschaft nicht über einen gemeinsamen Kamm scheren.

Es geht aber nicht oder nur sehr eingeschränkt um diese Form der Genauigkeit, viel wichtiger ist die Abgrenzung der Thematik. Prinzipiell ist es immer möglich, eine Forschungsarbeit zu reduzieren oder zu erweitern. Ich habe vorher schon Lamnek erwähnt, der ja die Erkenntnis einer qualitativen Studie immer nur als Auszug des momentanen Standes der Forschung sieht. Es ist daher notwendig, im Vorfeld bereits die Dimensionen abzuklären, die die Arbeit haben soll – Anzahl der Interviews, der Mitarbeiter im Auswerterteam etc. In so einem Fall ist es dann auch möglich, Ausmaß und Genauigkeit des Ergebnisses festzulegen und auf die Fragestellung abzustimmen. Je genauer gearbeitet werden soll, je genauer die Grenzen festgelegt werden müssen, umso mehr Daten muß man sammeln, umso teurer und zeitaufwendiger wird die Arbeit. Es muß in einem Forschungsbericht klar sein, daß die Erkenntnis aus einer beschränkten Anzahl von Daten und Theorien stammt.

Sophia: Welche Dimensionen nimmt so eine Forschung an?

Phileon: Zwischen 50 und 300 Tiefeninterviews, der Auswerterstab zwischen 4 und 8 Personen. Die Dauer von der Angebotslegung bis zur Ablieferung beträgt 4-12 Monate.

Sophia: Gut, zwei Bereiche sind noch offen, die ich ansprechen möchte. In der empirischen Forschung und vor allem in der Sozialforschung taucht immer wieder die Forderung nach Operationalisierung und nach Validierung auf. Welche Rolle spielen diese beiden methodischen Forderungen in der qualitativen Motivforschung?

Phileon: Zur

Operationalisierung

gibt es folgendes zu sagen: Die wissenschaftliche Gültigkeit der Studien der qualitativen Motivforschung ist auf den Bereich eingeschränkt, in dem sie erstellt werden.

Die Operationalisierung der Forschungsergebnisse funktioniert in der qualitativen Motivforschung anders als in der quantitativen. Hier liegt auch eines der zentralen Probleme beider Forschungsrichtungen. Die quantitative Forschung liefert als Ergebnis Zahlen, Prozente, verpackt in Diagramme, Graphiken und Tabellen. Die qualitative Forschung liefert Aussagen, manchmal auch Graphiken, keine Prozentzahlen und fast keine Tabellen.

In der quantitativen Forschung wird gerne behauptet, daß sie für die Operationalisierung selbst sorgen kann. Der Auftraggeber braucht das Ergebnis nur mehr in die Marketingabteilung zu faxen und die wissen dort schon, was sie zu tun haben – etwas vereinfacht ausgedrückt.

In der qualitativen Forschung ist es komplizierter. Die aktive Auseinandersetzung der Auftraggeber mit dem Ergebnis ist unumgänglich, denn es geht darum, die oft sehr komplexen Strukturen der Aussagen nachzuvollziehen und dann mit den eigenen Erfahrungen, die man im Unternehmen gemacht hat, zu vergleichen. Daraus kann ein Lernprozeß entstehen, der eine neue, flexible Umgangsweise mit festgefahrenen Problemen ermöglicht. Dies ist ebenfalls eine Form der Operationalisierung, sie ist für den Auftraggeber allerdings relativ zeitaufwendig und macht sich daher auch nicht sofort in den Umsätzen bemerkbar.

> In der qualitativen Motivforschung muß das Ergebnis gemeinsam mit dem Auftraggeber diskutiert werden. Komplexe Strukturen und widersprüchliche Aussagen müssen nachvollzogen werden. Die Operationalisierung erfolgt durch einen Lernprozeß des vom Ergebnis betroffenen Systems, der eine neue, flexible Umgangsweise mit festgefahrenen Problemen ermöglicht.

Es kommt in der qualitativen Motivforschung darauf an, den Auftraggebern einen Spiegel vorzuhalten und sie dazu zu bewegen, über ihre Situation, ihre Unternehmensstruktur, ihre Organisation oder ihr Produkt nachzudenken. Daraus können zusätzliche, neue Perspektiven entstehen. Im Prinzip sind beide Ergebnisse Interventionen, nur in der qualitativen Forschung ist dies deklariert und deutend.

Die

Validierung

ist ebenfalls ein Thema: Die Gültigkeit der Ergebnisse kann in der qualitativen Motivforschung nicht nach den herkömmlichen Mustern definiert werden. Es gibt hier kein übergreifendes Validitätskonzept, sondern die Gültigkeit wird an der Brauchbarkeit gemessen. Bogumil/Immerfall haben dies folgendermaßen definiert:

„Fidelität statt Validität: die Güte der Daten wird in Bezug auf das zu lösende Problem beurteilt, statt in Bezug auf ein handlungsleitend und alltagssprachlich ungeklärtes Modell innerer, logischer Konsistenz." (Bogumil/ Immerfall 1985, S. 71)

Man kann zwischen externer und interner Gültigkeit unterscheiden. Im ersten Fall geht es um die Realität der Daten. Hier kann die qualitative Forschung gegenüber der quantitativen durchaus punkten: Die qualitativen Interviews haben wesentlich mehr Realitätsbezug als die quantitativen, da sie aus einer realen Lebenssituation heraus entstehen und die subjektive (und somit einzig handlungsrelevante) Realität der Befragten nachvollziehen. Sie stehen in einem direkten zeitlichen und sozialen Zusammenhang und zeigen u.a. eine größere Bandbreite, weil sie einen geringeren Abstraktionsgrad haben.

Auch die interne Gültigkeit – darunter ist die intersubjektive Überprüfbarkeit zu verstehen – ist in der qualitativen Motivforschung dadurch gegeben, daß die Gedankenmodelle erklärt werden und somit nachvollziehbar sind. Dies ist auch in der quantitativen Forschung der Fall, jedoch in einem geringeren Ausmaß als in der qualitativen.

Ein weiteres Argument für die Gültigkeit und Nachvollziehbarkeit der Aussagen ergibt sich durch die Verwendung von Originalaussagen der Inter-

186

viewpersonen in Form von Zitaten. Diese werden im originalen Wortlaut ohne Verfälschungen übernommen und ermöglichen dem Leser der Studie somit noch einen zusätzlichen Zugang zur Komplexität des Materials und zur Ebene der erforschten Realität.

Die Validität liegt nicht in der ständigen Veränderung und Anpassung der Forschungsmethoden sondern in der sorgfältigen Untersuchung der empirischen, sozialen Welt (vgl. Blumer 1979, S. 49).

Die objektive Hermeneutik kann ebenfalls als Validitätsmerkmal hinzugezogen werden: Verschiedene kompetente Forscher halten ihre (unterschiedlichen) Standpunkte so lange wie möglich. Dadurch werden verschiedene mögliche Lesarten nebeneinander entwickelt und ausbalanciert.

Die Validierung d.h. die Brauchbarkeit erfolgt sowohl in der quantitativen wie auch in der qualitativen Motivforschung durch den Test in der Praxis. Wenn der Auftraggeber der Forschung mit den Ergebnissen arbeiten kann, wenn er mittels der Erklärungen das Ausgangsproblem beseitigen kann, so ist die Validierung positiv.

Die Validierung erfolgt einerseits durch die Stimmigkeit des Forschungsberichtes, anderseits durch die Überprüfung in der Praxis: Wenn der Auftraggeber das ursprüngliche Problem erkennen und bearbeiten bzw. beseitigen kann, so ist ausreichende Validität gegeben.

Sophia: Wie ist die Zuverlässigkeit der Arbeit des qualitativen Motivforschers?

Phileon: Bogumil/Immerfall (1985, S. 71) haben spezielle Gütekriterien entwickelt:

„Stimmigkeit statt Reliabilität: die Vereinbarkeit von Zielen und Methoden der Forschungsarbeit statt Aufstülpung methodologischer Modelle;

Offenheit statt Variablenkontrolle: Angemessenheit gegenüber der Komplexität der sozialen Forschungssituation statt Verbieten möglicher alternativer Handlungsverläufe;

Diskurs statt Intersubjektivität: Forscher und Feldsubjekte interpretieren ihre Daten gemeinsam und hinterfragen Geltung, Hintergrund und Konsequenzen ihrer Ergebnisse statt Vertrauen in die Fiktion der scientific community zu haben."

Sophia: Wie funktioniert das in der qualitativen Motivforschung?

Phileon: Dort werden die Interviews nicht gemeinsam mit den Interviewpersonen ausgewertet, weil man ihre Interpretationen ihrer eigenen Aussagen bereits im Interview einholt, sie sind quasi Teil des Interviews.

Die Stimmigkeit, die Vereinbarkeit von Zielen und Methoden erfolgt durch die spezielle, offene Methodik in der qualitativen Motivforschung.

Sophia: Das wird ihr ja gerade vorgeworfen, daß sie sich zu sehr dem jeweiligen Thema anpaßt und auf die Normierbarkeit der Forschungsmethode vergißt.

Phileon: Dieser Vorwurf ist nicht relevant, denn es geht darum, die für das Ergebnis wichtigen Faktoren herauszufinden. Wenn dies gelingt, dann ist die Zuverlässigkeit der Forschungsmethode gegeben. Auch das Thema Diskurs statt Intersubjektivität gehört hierher. Die Interviewpersonen werden in das Ergebnis auf eine Art und Weise „miteinbezogen" oder besser: berücksichtigt, die woanders gar nicht möglich wäre, nämlich als Subjekte mit eigenen Ideen, eigenem Willen und möglicherweise sogar mit Ansichten, die nur sie alleine vertreten, die aber trotzdem Einblick in die gesellschaftlichen Strukturen bieten, weil sie eben eine mögliche Ausdrucksform einer gesellschaftlich allgemeingültigen Motivdimension darstellen.

Sophia: Gut, es geht um die Zuverlässigkeit der Arbeit. Wie sieht es mit der Gültigkeit aus?

Phileon: Da möchte ich noch ein kleines Zitat bringen:

> *„Es scheint..., daß die Übernahme des naturwissenschaftlichen Modells in die Sozialwissenschaften zu einer übertriebenen Konzentration auf methodologische Probleme geführt hat, die sich um Fragen der Zuverlässigkeit drehen und gleichzeitig zu einer wachsenden Vernachlässigung des Problems der Gültigkeit... Wir konzentrieren uns auf Konsistenz ohne uns groß darum zu kümmern, was das ist, worin wir konsistent sind oder ob wir eigentlich konsistent auf dem richtigen oder falschen Wege sind."* (Deutscher 1966, S. 241, zitiert nach Filstead 1979, S. 32)

Diese Übernahme naturwissenschaftlicher Modelle ermöglicht immer nur einen Teil des komplexen Gebildes Mensch zu erfassen. Dagegen treten durch die wörtliche Übernahme von Zitaten die Interviewpersonen in gewisse Weise persönlich an den Auftraggeber heran um ihm mit ihren eigenen Worten von ihren Motiven zu berichten.

Sophia: Und wie reagiert der Auftraggeber?

Phileon: Im Normalfall positiv. Wir haben z.B: einmal einen Auftrag einer Spielhallenkette bearbeitet, deren Besitzer die Spielmotive möglichst vollständig kennen wollte, um bei politischer Agitation gegen seine Branche zu wissen, womit er es eigentlich zu tun hat. Wir haben damals im Endbericht direkt die Spieler zu Wort kommen lassen. Es waren keine Stimmen zu hören, da wir ja nicht die Tonbänder einbauen, sondern verschriften und dann in den Interpretationstext einfügen. Trotzdem ist dies ein methodisch nicht zu vernachlässigender Faktor, da die Mischung aus Interpretation und lebendigem Text den Anreiz erhöht, sich mit dem Thema auseinanderzusetzen. Der Auftraggeber hat damals beschlossen, Spielsüchtige unter seinen Spielern zu unterstützen. Er hatte die Gültigkeit der Aussagen erkannt und beschlossen, darauf zu reagieren. Die Gültigkeit eines Forschungsergebnisses hängt immer auch mit der Rezeption desselben zusammen. Ergebnisse können hundertmal wahr sein, wenn sie nicht die Kraft besitzen, in den zuständigen Köpfen etwas zu bewirken, dann ist das Wort „Gültigkeit" sinnentleert.

> Die Gültigkeit eines Forschungsergebnisses hängt immer eng mit der Rezeption desselben zusammen. Ergebnisse können hundertmal wahr sein, wenn sie nicht die Kraft besitzen in den zuständigen Köpfen etwas zu bewirken, dann hat das Wort „Gültigkeit" keine Bedeutung.

Sophia: Es geht da um den Auftraggeber, um einzelne Interviewpersonen und den Forscher. Überall gibt es subjektive Ansichten. Wo bleibt die

Objektivität der Forschung

Phileon: Objektive Erkenntnis im naturwissenschaftlichen Sinn ist in der empirischen Sozialforschung nicht erreichbar und auch nicht notwendig, weil Nachvollziehbarkeit zwar vom theoretischen Hintergrund einforderbar wäre, in der Praxis aber nicht notwendig ist, da man keine Motivdimension zweimal erforschen will. Man kann aber versuchen, mit entsprechenden Methoden die Genauigkeit, Tiefe, Präzision und damit die Gültigkeit zu erhöhen. In der Durchführung etwa durch eine gute Schulung der Interviewer, in der Auswertung durch die Verwendung interdisziplinärer Teams. Sofern dies korrekt geschieht, kann man von Objektivität sprechen – oder auch von Intersubjektivität, nach neuerer Diktion.

Eine „Objektivität" bezüglich der Auswertung kann es ebenfalls nicht geben. Kein wissenschaftliches Arbeitsteam gleicht dem anderen, keine neue Problematik ist so wie die vorhergehende und auch die Interviewer sowie die befragten Interviewpersonen wechseln ständig.

Dagegen muß etwas angestrebt werden, was man mit „innerer und äußerer Stimmigkeit" bezeichnen kann, wie ich vorher schon angesprochen habe.

Die Kriterien dafür sind:

Plausibilität

Glaubwürdigkeit

Anwendbarkeit

Fruchtbarkeit

Vermittelbarkeit

Sophia: Wie sieht das in der qualitativen Motivforschung aus? Werden diese Kriterien erfüllt?

Phileon: Plausibilität muß gegeben sein, die Zusammenhänge müssen nachvollziehbar sein und dürfen nicht so aussehen, als ob sie an den Haaren herbeigezogen worden wären. *Glaubwürdigkeit* herrscht dann, wenn die Forschungsmethode ebenfalls in dokumentierter Form vorliegt. *Anwendbarkeit* ist, wie schon vorher erwähnt, durch den (in)direkten Kontakt zum „Datenmateriallieferanten" gegeben. *Fruchtbarkeit* entsteht durch die Auseinandersetzung des Auftraggebers mit dem Thema. Wenn die Studie ausführlich genug ist, hat der Auftraggeber sozusagen „Saatgut" für die nächsten Jahre. Das ist ein wichtiger Aspekt der qualitativen Motivforschung: das Ergebnis ist nicht nach der nächsten Werbekampagne schon wieder überholt, viele Unternehmen holen sich noch bis zu 20 Jahre nach Fertigstellung der Studie immer wieder Anregungen aus dem Ergebnis, vor allem dann, wenn sie zur Weichenstellung zurückkehren und wieder einmal nachsehen müssen, in welche Richtung der Zug denn überhaupt fahren soll, um auf den Schienen des Profits und der Weiterentwicklung zu bleiben.

Die *Vermittelbarkeit* stützt sich unter anderem auf den Aspekt der Lesbarkeit. In der qualitativen Motivforschung hat es sich durchgesetzt, daß die Endberichte lesbar abgefaßt werden, das heißt ohne allzu häufige Verwendung von fachspezifischen Ausdrücken und ohne kryptische Formeln und Diagramme. Diese Vorgangsweise hat sich aus der interdisziplinären Zusammenarbeit entwickelt, da die einzelnen Wissenschafter bei den gruppendynamischen Teamsitzungen ihre fachspezifischen Modelle übersetzen mußten, weil sie sonst niemand verstanden hätte. Jeder hat seinen Beitrag daher verständlich gestaltet und diese Form wurde dann auf die gesamte Arbeit ausgedehnt. Die wichtigsten Punkte einer qualitativen Motivforschung werden außerdem in einer Präsentation leicht verständlich dargestellt und im Anschluß daran gleich diskutiert, da man da meistens alle wichtigen Leute bei der Hand hat und das Ergebnis noch „ofenwarm" ist.

> Die Kriterien für die Objektivität in der qualitativen Motivforschung lauten: Plausibilität, Glaubwürdigkeit, Anwendbarkeit, Fruchtbarkeit, Vermittelbarkeit.

Sophia: Ein weiteres Reizwort, das vor allem von den Kritikern der qualitativen Methoden gerne verwendet wird, ist die „Repräsentativität". Was gibt es dazu zu sagen?

Phileon: Auch viele potentielle Kunden fragen gleich am Anfang nach der Repräsentativität und ebenso die meisten Menschen, die man beiläufig mit der Thematik konfrontiert. Das kommt daher, daß viele naturwissenschaftlich dominierte Zeitgenossen Repräsentativität mit Gültigkeit verwechseln. Sie glauben, sobald ein repräsentatives Sample eingehalten wird, wird das Ergebnis zur Wahrheit. Es geht in der qualitativen Motivforschung aber nicht um die zahlenmäßige Verteilung, sondern um wesentliche und typische Zusammenhänge. Die Allgemeingültigkeit besteht in der Plausibilisierung der eigenen begrenzten Befunde im Kontext des insgesamt verfügbaren theoretischen und empirischen Wissensbestandes. Statt „repräsentativ" gilt in der qualitativen Motivforschung „typisch", das heißt, es wird ein Kollektivphänomen untersucht. Die Repräsentativität entsteht durch typische Fälle und nicht durch viele zufällige Fälle.

> In der qualitativen Motivforschung geht es nicht um eine zahlenmäßige Verteilung, sondern um wesentliche und typische Zusammenhänge. Statt eines repräsentativen Samples verwendet man daher einen theoretischen, d.h. Auftraggeber und Forscher müssen sich gemeinsam fragen: Wen aller muß ich wie befragen, damit ich ein möglichst breites und vollständiges Spektrum an Motiven erhalte?

Sophia: Welchen Stellenwert hat die Statistik?

Phileon: Es interessiert weniger, wie ein Problem statistisch verteilt ist, sondern welche Probleme es gibt und wie sie beschaffen sind. Abweichende Fälle treiben die Theoriebildung voran. Das Sample muß daher je nach neuester Dateninformation und je nach Theoriefortschritt in der Auswertung immer wieder erweitert werden. Daher die Forderung nach einem „theoretical sampling" anstelle eines „statistical sampling".
Aber das Problem der statistischen Forschung liegt ganz woanders: von einem statistischen Sample aus zu generalisieren funktioniert auch nur auf dem Papier reibungslos.
Die Repräsentativität wird in der quantitativen Forschung zwar angepriesen, aber selten erreicht! In der Praxis wirken sich die fehlenden Daten in ungeklärter Art und Weise auf das Endergebnis aus – verfälschend oder auch nicht, meint übrigens Lamnek, und kritisiert, daß die darauf vorgenommenen Generalisierungen eigentlich nicht seriös sind (vgl. Lamnek, Band 2; S. 93).

Sophia: Ja, aber wie sieht es in der qualitativen Motivforschung aus, wie werden die Interviewpersonen in der Praxis ausgewählt?

Phileon: Eben nach einem theoretischen Sample. Das heißt, man definiert die erwünschten Zielgruppen vor Beginn der Erhebung und splittet dann nach Bedarf auf. Bei einer Untersuchung über das Geschlechterverhältnis wird man Männer und Frauen interviewen, zu einem möglichst gleich großen Anteil. In der qualitativen Motivforschung muß man diesen Sample aber nicht genau einhalten, das heißt, wenn man jetzt 60% Frauen und nur 40% Männer interviewt, macht das für die Studie keinen Unterschied. Es ist jedoch angemessen, die genaue Aufschlüsselung der Art der Interviewpersonen im Bericht anzugeben.

Sophia: Worin liegt der Fortschritt in der Sicht- und Arbeitsweise der qualitativen Motivforschung?

Phileon: Es ist möglich, Tendenzen der Zukunft quasi „vorauszusagen" – wenn auch mit Einschränkungen. Zum besseren Verständnis möchte ich auf einen interessanten Zusammenhang verweisen, den bereits Mao Tse Tung in seinen philosophischen Schriften erwähnt hat, wenngleich er ihn auf die Politik bezogen hat. Ich möchte ihn auf die Produktmotive beziehen.

Sophia: Mao war Philosoph?

Phileon: Ja, er hat auch philosophische Texte verfaßt, in erster Linie natürlich angelehnt an Marx, Engels und Lenin, in weiterer Folge jedoch zurückreichend bis Hegel und seine Dialektik. Für uns schließt sich der Kreis, denn wir haben ja schon am Beginn unseres Interviews auf die Wichtigkeit dialektischer Methoden verwiesen. Hier finden wir sie wieder.

Sophia: Was hat Mao's Dialektik mit der Motivforschung von Produkten zu tun?

Phileon: In der quantitativen Forschung nimmt man bestimmte bekannte Motive als gegeben an und befragt die Menschen über diese Motive. In der qualitativen Forschung geht man davon aus, daß Produkte widersprüchlich besetzt sind, d.h. selbst Widersprüche in sich bergen, zumindest was ihre Bedeutung für die Motivlandschaft der Konsumenten betrifft.

Mao meint, daß es einen prinzipiellen Widerspruch in jedem Ding gibt, das für den Menschen eine Bedeutung hat. Für Produkte gilt das auch: jeder Mensch baut ein emotionales Verhältnis zu jedem Produkt auf, manchmal in ausdifferenzierter, manchmal in eher einfacherer Weise. Diese Emotionen können vielfältig sein und sind in den meisten Fällen auch noch widersprüchlich. Gemäß den jedem Produkt „anhängenden" Gefühlen: Wunsch, Ablehnung, Verlangen, Abscheu etc., verhält sich der Mensch, d.h. er stellt sein Verhalten auf die Produkte ein, er „verfährt" mit ihnen. Die Widersprüche wohnen für den Menschen quasi „in den Produkten" und bestimmen seinen Umgang mit ihnen. Mao erklärt den Zusammenhang: „*Das besondere Wesen jeder Bewegungsform der Materie wird durch die besonderen Widersprüche bestimmt, die dieser Form innewohnen. So verhält es sich nicht bloß in der Natur, sondern gleichermaßen auch in den Erscheinungen der Gesellschaft und des Denkens. Jede Form der Gesellschaft und jede Form des Den-*

kens hat ihre besonderen Widersprüche und ihr besonderes Wesen." (Mao Tse Tung, Vier philosophische Monographien, S. 41)

Mao bringt hier auch bereits den gesellschaftlichen Aspekt zur Sprache, der uns in der qualitativen Motivforschung ja ebenfalls interessiert: wir nennen dies heute den „Trend" und er unterliegt einer ganzen Batterie an Forschungen samt ihren sehr unterschiedlichen Methoden.

Mao unterscheidet weiters für jedes Ding und jede Entwicklung einen Hauptwiderspruch von mehreren (unterschiedlich vielen) Nebenwidersprüchen. Für die Produktforschung sind die Hauptwidersprüche natürlich wichtig – hier finden wir übrigens die Grundlagen für ein Unterscheidungsmerkmal der verschiedenen methodischen Ansätze der qualitativen Motivforschung – auf zwei wichtige werden wir später ohnehin noch eingehen. In der „mehrdimensionalen Ursachenforschung" als der wichtigsten Methode ist es auch möglich, die Nebenwidersprüche und ihre Zusammenhänge sowie oft auch ihre Reihung zu erforschen. Damit hat der Auftraggeber eine zusätzliche Absicherung, denn die Rangordnung der Widersprüche kann sich mit der Entwicklung der Gesellschaft, also im Laufe einiger Jahre oder Jahrzehnte, auch verschieben. Mao meint dazu: *„Wer auf die Etappen des Entwicklungsprozesses eines Dinges nicht achtet, ist nicht imstande, die dem Ding innewohnenden Widersprüche in angemessener Weise zu behandeln.*" (Mao, S. 49)

Sophia: Wie vollständig kann man die einzelnen Widersprüche erforschen?

Phileon: Nie ganz. Aber man darf sich vom Ziel nicht abbringen lassen indem man vor der Komplexität kapituliert. Das ist einer der Gründe, warum in vielen Fällen quantitative Methoden vorgezogen werden. Das hat oft ganz praktische Gründe, denn die weniger komplexen Methoden sind schneller und billiger, bringen anderseits aber auch nicht immer das gewünschte oder notwendige Ergebnis. Dazu möchte ich ein weiteres Zitat bringen: *„Um einen Gegenstand wirklich zu kennen, muß man alle seine Seiten, alle Zusammenhänge und „Vermittelungen" erfassen und erforschen. Wir werden das niemals vollständig erreichen, die Forderung der Allseitigkeit wird uns aber vor Fehlern und vor Erstarrung bewahren.*" (Lenin: „Noch einmal über die Gewerkschaften, die gegenwärtige Lage und die Fehler Trotzkis und Bucharins")

Genauso wichtig wie die Erforschung von Haupt- und Nebenwidersprüchen ist aber die Unterscheidung der einzelnen Seiten der Widersprüche: jeder von ihnen hat zwei Seiten, von denen eine immer die dominierende, d.h. die gerade sich im Blickfeld der gesellschaftlichen Strömung befindliche ist. Die andere ist auch immer vorhanden, spielt aber oft im „Zeitgeist" eine untergeordnete Rolle.

> Bei den Widersprüchen, die den Produkten innewohnen, gibt es immer eine dominante Seite. Sie zeigt sich oft im „momentanen Trend", kann

aber mit der Zeit schwächer werden und einer anderen Seite Platz machen. Wohl dem, der dann bereits alle relevanten Seiten eines Widerspruchs kennt!

Sophia: Bitte ein Beispiel!

Phileon: Das Auto versprach in den 70er Jahren vor allem Mobilität. Die andere Seite der Mobilität ist die Immobilität. Wer heutzutage den Radio aufdreht und im Verkehrsfunk die Staunachrichten hört, der weiß, was damit gemeint ist. Mit anderen Worten: das Auto ist ein widersprüchlich besetztes Produkt, dem neben seinem Potential, dem Menschen Mobilität zu geben, auch das Potential innewohnt, das Gegenteil zu bewirken. Anfang des Jahrhunderts war ein anderer Nebenstrang an Widersprüchen gerade von großer Wichtigkeit, der auch heute wieder aktuell ist – allerdings durch die Präsenz seines Gegenteils, also der anderen Seite des Widerspruchs: Die Umweltbelastung durch Pferdemist hat vor allem in der Stadt das Pferd ein wenig in Verruf gebracht. Das Automobil galt damals als umweltfreundliches Produkt, da es keine stinkenden Haufen an jedem Eck hinterließ. Heute sieht man die Sache anders und das Pferd gilt eher wiederum als umweltfreundliches Fortbewegungsmittel. In den schon angesprochenen 70ern oder noch davor in den 60ern war die Umweltthematik hingegen noch nicht sehr aktuell. Trotzdem konnten in qualitativen Untersuchungen bereits die einzelnen Aspekte der Umweltproblematik gefunden werden. Sie wurden jedoch von anderen überlagert und waren eben ein Nebenwiderspruch.

Sophia: Worin besteht nun der Unterschied zwischen der qualitativen und der quantitativen Forschung, was diese Erforschung der Widersprüche betrifft?

Phileon: Die Methoden der qualitativen Forschung erlauben es, auch die momentan gerade nicht aktuellen Seiten der Widersprüche zu erkennen und in die Erkenntnis einzubauen. Die quantitative Forschung muß quantifizieren, d.h. sie muß Mehrheiten finden, diese hochrechnen und damit eine Prognose versuchen. Sie kann dies aber jeweils nur mit einer Seite des Widerspruchs tun, und zwar mit der, die gerade „on top" ist (Mao nennt das die „hauptsächliche Seite des Widerspruchs, vlg. S. 58). Andere Aspekte, die vielleicht in wenigen Jahren aktuell sein werden, bleiben ihr meistens verborgen. Deshalb kann die qualitative Motivforschung sozusagen auch „in die Zukunft blicken", da sie die in einem Produkt enthaltenen Widersprüche, die eine zukünftige Entwicklung beeinflussen, erkennen kann.

Sophia: Wie funktioniert diese Entwicklung?

Phileon: Dazu noch einmal Mao: „*Jedes Ding birgt in sich den Widerspruch zwischen zwei Seiten – dem Neuen und dem Alten –, der eine Reihe von Kämpfen mit vielen Windungen und Wendungen hervorbringt. Im Verlauf*

194

dieser Kämpfe wächst das Neue vom Kleinen zum Großen und gewinnt schließlich die beherrschende Position, während das Alte vom Großen zum Kleinen schrumpft und seinem Untergang entgegengeht. Sobald das Neue die Oberhand über das Alte erhält, wandelt sich das alte Ding qualitativ in das neue Ding um. Daraus folgt, daß der Charakter eines Dings im wesentlichen durch die hauptsächliche Seite des Widerspruchs bestimmt wird, die die dominierende Stellung einnimmt." (Mao, S. 62)

Dieser Charakter ist es, um den es in der Motivforschung geht. Die Menschen kaufen ein Produkt wegen eben dem, was Mao in dem Zitat als „Charakter" beschreibt. Und dieser ist veränderbar. Vor ein paar Jahren noch hat man Autos über die PS-Zahl verkauft, heute kaufen die Leute ein Auto weil es weniger verbraucht oder mehr Airbags hat als das Produkt der Konkurrenz.

Die qualitative Motivforschung kann – ganz im Gegensatz zur quantitativen – mehrere Seiten eines Widerspruchs erfassen und somit in gewisser Weise „in die Zukunft blicken" und dem Auftraggeber so bei wichtigen strategischen Weichenstellungen behilflich sein.

Sophia: Ich möchte an dieser Stelle noch weiter in die Praxis gehen. Die qualitative Motivforschung ist als erprobte Methode ja bereits am Markt. In welchen Bereichen ist sie erfolgreich? Wo sind

Die Anwendungsmöglichkeiten der qualitativen Motivforschung

Phileon: Da die qualitative Motivforschung andere Wege als die quantitative Forschung geht, wird sie meistens auch in anderen Bereichen eingesetzt. Sie dient zur Erfassung der zwischenmenschlichen Kommunikationsphänomene auf mehreren Ebenen:

1. ... zur Erforschung der Beziehungsebenen zwischen Produzent und Konsument, also Produktforschung für Industrie, aber auch Dienstleistungsbereich.
   Zentral sind hier die emotionalen Bindungen an das Produkt – diese Form der Forschung kann man „*Produktanalyse*" nennen;
2. ... zur Erforschung der Beziehung Individuum – Organisation bzw. Institution.
   Hier wird die Sozialstruktur eines Unternehmens analysiert. So können Schwachstellen erkannt und beseitigt werden.
   Es handelt sich also um eine „*Strukturanalyse*";

3. ... zur Erforschung der Beziehung zwischen dem einzelnen Bürger und einer demokratischen Interessenvertretung, also zwischen Politikern und ihrer Basis.
Dies ist die „gesellschaftspolitische Studie", die *„Sozialanalyse"*;

Hier werden die vielschichtigen, komplexen Beziehungen der Bürger zu politisch wichtigen Themen erforscht. Ein Beispiel aus der jüngsten Vergangenheit ist die EU-Frage: welche Bedeutung hat sie für die Österreicher und warum?

Sophia: Für wen ist das interessant?

Phileon: Die qualitative Motivforschung hat eine bestimmte Position in der Wirtschaft, in der

Organisationsentwicklung

Sie ist ein reflektierendes Element in der Systemlandschaft, ein Analyseinstrument, und zwar in erster Linie ein Analyse- bzw. auch Diagnosegerät, das Antwort auf bestimmte Fragen geben kann: wie die Produktbindung der Konsumenten auf deren emotionaler Ebene aussieht oder welche Konfliktfelder in einem Unternehmen den Geschäftserfolg behindern.

Durch die Schaffung eines Problemverständnisses können neue oder verschüttete Kommunikationswege transparent gemacht werden. Die Sichtweisen eines Problems können mehrschichtiger werden, da der Auftraggeber neue Perspektiven gewinnen kann.

Die qualitative Motivforschung schafft Marktkenntnis bzw. Strukturkenntnis, die über die oberflächliche weil eindimensionale Betrachtungsweise der statistischen Forschung hinausgeht.

Aufgrund der Ergebnisse einer Studie der qualitativen Motivforschung kann eine Grundlagenerarbeitung für ein langfristiges Organisationskonzept, eine „Unternehmens- und Produktphilosophie" erarbeitet werden.

> Die qualitative Motivforschung ist ein Analyse-, Diagnose- und Prognosewerkzeug in der Organisationsentwicklung, das Antworten auf bestimmte Fragen geben kann: wie die Produktbindung der Konsumenten auf deren emotionaler Ebene aussieht oder welche Konfliktfelder in einem Unternehmen die Kommunikation und in Folge den Erfolg behindern.
> Da der Auftraggeber durch solche Forschungen neue Perspektiven gewinnen kann, ist die Erarbeitung eines neuen Organisationskonzepts leichter als mit anderen Methoden.

Sophia: Wie funktioniert das?

Phileon: Man kann auf die oben besprochene Art von Erkenntnissen zurückgreifen. Die Strategie ist, daß man durch das Umschlagen oder die Möglichkeit

196

des Umschlagens der dialektischen Seiten voraussagen kann, daß es eine Trendwende gibt – man kennt ja schließlich nicht nur eine Seite des Produktes.

Ich möchte noch einmal Mao zitieren: *„Die Metaphysiker versuchen einfach, außerhalb der Dinge die Ursachen ihrer Entwicklung zu finden, und bestreiten die These der materialistischen Dialektik, wonach die Entwicklung der Dinge durch die ihnen innewohnenden Widersprüche hervorgerufen wird. Daher sind sie nicht in der Lage, die qualitative Vielfalt der Dinge und das Umschlagen einer Qualität in eine andere zu erklären.“* (Mao Tse Tung, Vier philosophische Monographien, S. 30)

Mao meint hier, wenn wir von der politischen Seite ein wenig abstrahieren, daß eben dieses Umschlagen einer Qualität in eine andere eine Eigenschaft der Dinge ist. Mao meint: *„Allen Dingen wohnt diese Widersprüchlichkeit inne, und sie ist es, die die Bewegung und Entwicklung dieser Dinge verursacht.“* (ebenda) Ich gehe einen Schritt weiter und sage: der Mensch legt die Widersprüchlichkeit in die Dinge, so daß sie sich in einer Weise entwickeln, die wiederum für den Menschen Bedeutung hat.

Produkte sind für den Menschen auf der Motivebene immer dialektisch und fallen somit unter obiges Entwicklungsgesetz. Dieses wiederum kann man nur mit den qualitativen Methoden erkennen, weil nur sie Zugang zur Dialektik bieten.

Sophia: Nun, diese Forschungsmethoden sind noch nicht sehr weit verbreitet, was hat das für Gründe?

Phileon: Da gibt es gleich mehrere:

1. Es gibt sie zwar schon lange – in einer mit heute vergleichbaren Form aber erst seit den 60er Jahren. Das vor allem deshalb, weil sie vorher aufgrund der noch nicht so weit fortgeschrittenen Organisationsentwicklung einfach noch nicht zwingend vonnöten waren.
2. Je nach methodischem Ansatz sind sie kosten- und arbeitsintensiver als z.B. quantitative Umfragen. Die mehrdimensionale Ursachenforschung, die die genaueste Form der qualitativen Motivforschung ist, läßt sich nicht zum Preis von quantitativen Fragebogenumfragen anbieten: zu hoch sind die Kosten für die Interviews und die notwendigen Fachkräfte. Die qualitative Ursachenforschung, die vor allem für Folgestudien der mehrdimensionalen Ursachenforschung eingesetzt wird (aber nicht nur) hat einen geringeren Aufwand, ist aber ein völlig anderes Produkt.

Sophia: Was heißt „kostenintensiv“?

Phileon: Im Vergleich zur quantitativen Forschung gesehen, nicht jedoch relativ zum Erfolg: wenn das Unternehmen falsche strategische Weichen stellt, ist das wesentlich teurer als eine einmalige Ausgabe für die Forschung.

3. Die quantitative Forschung sieht die qualitative als ihre Konkurrenz an. Dies stimmt aber nur insofern, als sie ebenfalls Geld kostet und diejenigen Bereiche abdeckt, die bisher mangels Alternativen durch die quantitative Forschung betreut wurden, aber eher durch einschränkende Methoden mit entsprechend geringem Erfolg.

Die qualitative Motivforschung nimmt neben den klassischen Wissenschaften wie der Psychologie und der Soziologie auch noch andere, im Marktforschungsbereich weniger klassische Disziplinen zur Unterstützung: die Philosophie, die Kulturgeschichte, die Etymologie, die Gruppendynamik, die Anthropologie, die Sozialgeschichte und noch einige mehr. Das ist unter anderem auch damit gemeint, wenn ich hier von „interdisziplinärer Arbeit" spreche.

Diese nicht der Naturwissenschaft angehörenden Disziplinen wurden bisher nicht im Bereich der Markt- und Produktforschung eingesetzt. *Daß* dem so ist, ist allerdings ein etwas magerer Grund für ihre von der quantitativen Forschung gelegentlich ausgehende Abwertung.

4. In unserer durch die Naturwissenschaften beherrschten Welt ist es nicht immer gefragt, diejenigen Bereiche aufzudecken, in denen die Naturwissenschaft mit ihren Methoden nicht weiterkommt. Da wird man unsicher bis ängstlich bestaunt oder abgelehnt.

In der qualitativen Motivforschung gilt jedoch, daß der Mensch kein eindimensionales Wesen ist und daher auch nicht mit eindimensionalen Methoden und Wissenschaften erfaßbar. Was nützen mir allseits beliebte und „anerkannte" Methoden, wenn sie bei meiner Fragestellung keine brauchbaren Ergebnisse liefern?

Qualitative Motivforschung macht manchen Menschen Angst, weil sie Bereiche aufdeckt, die oft mühsam zugedeckt wurden. Peter Heintel: *„Sich den Grundwidersprüchen der Menschen anzunähern, ist mit viel Angst und Vermeidungsverhalten verbunden. Lieber will ich viele Antworten (Produkte) konsumieren, als darauf kommen, was mich wirklich veranlaßt, ein Produkt zu kaufen. Motivforschung stellt aber nun diejenigen Grundbedürfnisse und Widersprüche heraus, für die ein Produkt Antwort ist. Die Arbeit am individuell und kollektiv Unbewußten bzw. Verdrängten ist nicht nur mühevoll, sondern birgt in ihren Resultaten auch Sprengstoff; denn vergessen wir nicht: die Grundprobleme bleiben gleich, (Produkt-)Antworten gibt es aber viele; so könnte es sein, daß „geheiligte" Produkte plötzlich relativiert werden (nicht bloß aus Konkurrenzgründen werden qualitative Motivforschungen sehr oft streng unter Verschluß gehalten)."* (Peter Heintel, S. 32f.)

In geheiligte Bereiche vorzudringen war schon immer gefährlich – Sokrates hat es das Leben gekostet. Auch wenn diese Gefahren für Leib

und Leben für Motivforscher nicht bestehen, ist die Säkularisierung bestimmter Themen von Zeit zu Zeit ein unerwünschter Vorstoß.

5. Die Ergebnisse der qualitativen Forschung sind nicht so leicht zu erfassen und umzusetzen wie die der quantitativen Forschung.

Das liegt einerseits an ihrer Komplexität, andererseits daran, daß die
meisten Organisationen noch nicht gewohnt sind, mit neuen Denkmodellen zu arbeiten.

Eine qualitative Studie ist sehr „dicht", das heißt, es steckt sehr viel Information darin und sie läßt sich daher auch nicht auf 2 Seiten mit ein
paar schönen Graphiken reduzieren. Man muß sich genau damit auseinandersetzen, selber denken und die weiteren Schritte entwickeln. Es gibt
keine Statistiken, an denen man sich festhalten kann und keine Ergebnisse, die man direkt der Werbeagentur zufaxt, also aus dem Entschei-
dungsbereich auf einfache Weise entfernen und auslagern kann.

Die Gründe für die eher zaghafte Verbreitung qualitativer Methoden sind
folgende:

1. Eine ausgefeilte Methodik gibt es noch nicht sehr lange;
2. Sie ist kosten- und arbeitsintensiver als quantitative Methoden;
3. Sie wird von der quantitativen Forschung als Konkurrenz gesehen
   und entsprechend bekämpft;
4. Sie führt für die Auftraggeber manchmal zu Erkenntnissen, die man
   lieber nicht aufdecken will;
5. Die Ergebnisse erfordern Zeit und Anstrengung in der Umsetzung;

Sophia: Du hast bisher schon mehrmals von „Organisationsentwicklung" gesprochen. Was hat die qualitative Motivforschung damit zu tun?

Phileon: In unserer Welt sind Fortschritt bzw. Weiterentwicklung in der
Wirtschaft nicht wegzudenken. Im allgemeinen wird aber selten über die Art
und Weise des Fortschritts nachgedacht und es entsteht eine Art automati-
scher Prozeß, der ebendiesen Fortschritt steuert. In der Marktwirtschaft heißt
die Form des Fortschritts „Wachstum" und ist fast schon eine Ideologie, d.h.
das Wachstum selbst wird selten hinterfragt und steht einer Diskussion damit
nicht zur Verfügung.

Dieses „Wachstum", das in der Welt der Marktwirtschaft als „Wirt-
schaftszuwachsrate" quantifiziert wird, gilt als der Garant für das (wirtschaftliche) Überleben von Organisationen, die direkt oder indirekt in diese
Welt eingebunden sind. Die eigentlichen Träger des Wachstumsdenkens sind
jedoch Industrie und Gewerbe.

Sophia: Was passiert, wenn Grenzen dieses Wachstums sichtbar werden,
wenn also gleichsam „die Krise anklopft"?

Phileon: Dann ist der Zeitpunkt gekommen, wo große Strukturveränderungen eintreten: Organisationen gehen zugrunde, neue entstehen, bestehende kämpfen mit dem Zwang zur Veränderung. Man kann es sich leicht manchen und sagen: „Das ist ganz normal, es können nicht alle überleben und in einer Wirtschaftskrise gibt es eben einen Gesundschrumpfungsprozeß". Das hilft allerdings denjenigen Betrieben wenig, die „weggeschrumpft" wurden. Und auch nicht deren Beschäftigten.

Sophia: Was gibt es nun für Möglichkeiten, dieser Entwicklung Paroli zu bieten? Wie sehen die Bedingungen aus, unter denen Organisationen Wirtschaftskrisen überleben können und über mehr als einen mittelfristigen Zeitraum ihren Beschäftigten Arbeit und damit die Möglichkeit des wirtschaftlichen Überlebens bieten können?

Phileon: Wir sind erneut bei einem alten Thema angelangt und können jetzt sehen, wie sich der Kreis schließt. Es geht hier wieder einmal um den alten Konflikt Quantität – Qualität, diesmal aber bezogen auf die Praxis der qualitativen Motivforschung, außerdem noch um die oben erwähnte Wachstumsfrage und um die Veränderbarkeit von vorgegebenen Wirtschaftsfaktoren.

Zum ersten Punkt: Der Konflikt zwischen Qualität und Quantität wird in der Wirtschaft nahezu immer für die Quantität entschieden: wer mit weniger Kosten mehr vom gleichen Produkt herstellen kann, der sichert sich damit Marktanteile und Gewinn, d.h. wirtschaftliches Überleben.

Die Frage der Qualität hingegen wird in Randbereiche gedrängt und zumeist mit der Entwicklung von mehr Extrafeatures oder längerer Haltbarkeit beantwortet.

Man geht dabei aber weit an der eigentlichen Frage vorbei, denn: Qualität kann auch anders definiert werden: Die genaue Paßform eines Produkts an die Anforderungen und Bedürfnisse der Kundschaft etwa oder die Einpassung des Produkts in diejenigen Bereiche, die man als „langfristig stabil" definieren kann.

Sophia: Was ist damit gemeint?

Phileon: Die Antworten, die seitens der Wirtschaft auf die Qualitätsfrage gegeben werden, sehen zwar unterschiedlich aus, zielen aber alle wiederum auf die Steigerung der Quantität ab: Ein Hersteller von Fernsehern etwa entwickelt neue technische Raffinessen, die er als „moderner, hochwertiger, neuer, besser, schöner, größer, stärker, stabiler, leichter oder billiger" anpreist. All das sind Superlative, die dadurch eine höhere oder neue Qualität besitzen sollen, daß sie eben um ein bißchen *mehr* sind als das Vorgängermodell.

Diese Form des Fortschritts kann man bei so ziemlich allen Konsumprodukten feststellen: bei Autos, Elektronik, Möbeln, Kleidung, Sportartikeln und sogar bei Nahrungsmitteln: sie sind dann besser, wenn sie gesünder, kalorienärmer, „leichter" oder ähnliches sind. Ebenfalls Superlative, die alles eine Spur extremer können als das bisher Erzeugte.

Durch die so gewonnenen Marktanteile können wieder Gewinne gemacht werden, die dann in die Entwicklung neuer Superlative gesteckt werden...

Man kann jetzt die Frage stellen: Was passiert aber, wenn der eine entscheidende Faktor nicht mehr mitspielt, ohne den das ganze „Werkl" nicht läuft: der Konsument, der Kunde oder anders ausgedrückt: der Mensch.

Sophia: Was soll das bedeuten: der Mensch spielt nicht mehr mit?

Phileon: Das bedeutet, er gehorcht nur zum Teil den vermittelten Gesetzen der Ökonomie und kann daher mit deren Erklärungsmodellen nicht zur Gänze erfaßt werden.

Wer das nicht immer wieder reflektiert hat natürlich Wettbewerbsnachteile.

Sophia: Wo liegt der Fehler bzw. was kann man hier tun?

Phileon: Wir gehen davon aus, daß der Mensch ein Wesen ist, daß neben seiner Vernunft, seiner Fähigkeit, rationale Entscheidungen treffen zu können, auch noch aus Fleisch und Blut besteht und darüber hinaus noch etwas besitzt, was ihn von einer vernünftig konsumierenden Maschine unterscheidet: Emotionalität.

Diese Emotionalität oder auch „Gefühlswelt" spielt in seinem Leben und damit auch in seinem Konsumverhalten eine große Rolle. Wissenschaftlich erforscht wird der Mensch hier etwa von der Psychologie, die aber oft nur mit Methoden der Naturwissenschaft arbeitet und daher nur rationale Ergebnisse über den rationalen Teil des Menschen liefern kann: über den Teil, der naturwissenschaftlich erfaßbar, standardisierbar und beschreibbar ist.

Peter Heintel meint hier, daß in Zukunft andere als nur „materielle Antworten" auf Bedürfnisse gefunden werden müssen, da die momentan praktizierte Lösung, auf ein Bedürfnis mit einem Produkt zu reagieren (oder mit einem Produkt ein Bedürfnis zu schaffen) irgendwann – relativ bald – ausgereizt sein wird: *„Der Produktfetischismus der Neuzeit ist die Selbstdogmatisierung der Institution Industrie. Fast gläubig und unentwegt starrt man auf die Produkte und kann sich überhaupt nicht mehr denken, daß es vielleicht noch andere Antwortformen geben kann. Die Grenzen an Ressourcen und im Markt sprechen aber eine deutliche Sprache: es wird unsere nächste Aufgabe werden müssen – durchaus auch eine der „Bewirtschaftung" unseres Überlebens – wiederum über die Materialisierung und Verallgemeinerung des Produktes als Antwort hinauszugehen und „immaterielle Produkte" zu entwickeln. Es hat sich nämlich über Knappheit und „Gesättigtheit" des Marktes hinaus gezeigt, daß die Produkte zwar sehr wohl eine Antwort auf die Grundwidersprüche sind, diese aber wie alle anderen nicht endgültig befriedigen und aufheben können."* (Peter Heintel, S. 33f.)

Die qualitative Motivforschung hilft, diese neuen, noch zu findenden Ideen, die über die reine Weiterentwicklung von Produkten hinausgehen müssen, zu orten bzw. überhaupt erst einmal zu begreifen, daß es sie geben kann.

> In der Organisationsentwicklung wird man künftig nicht nur auf eine Steigerung der Superlative ausgerichtet sein können, sondern neue Antworten auf menschliche Bedürfnisse finden müssen. Zu deren Erforschung sind qualitative Methoden notwendig.

Wir sind jetzt schon beim ersten Anwendungsgebiet der qualitativen Motivforschung, der

Produktanalyse

Sophia: Inwiefern gehört sie zur Organisationsentwicklung?

Phileon: Die Bereiche der Wirtschaft, die sich mit dem Menschen befassen, sind die Werbung und die quantitative Markt- und Meinungsforschung.

Sie können Teile der menschlichen Bedürfnisse erfassen, beschreiben und zur weiteren Verarbeitung aufbereiten: mit diesem Material werden Marketingkonzepte erarbeitet und Werbungen gestaltet.

Sophia: Was passiert, wenn die Produkte eine komplexere Form annehmen, d.h. wenn sie beim Kunden Wünsche befriedigen sollen, die der eindimensionalen Forschung, die mit einer naturwissenschaftlichen Einzeldisziplin arbeitet, nicht mehr zugänglich sind?

Phileon: Zum Glück halten sich viele Marketingstrategen ohnehin nicht an die Ergebnisse der Forschung. In so einem Fall lassen sich interessante Ergebnisse beobachten: manchmal verkauft sich ein Produkt gut, dann plötzlich schlecht, manchmal über lange Zeit, manchmal nur sehr kurz, und man weiß eigentlich nicht warum.

Dies bringt zwar auch Gewinne, macht aber eine längerfristige Planung innerhalb der Organisation des Herstellers schwieriger: wenn ich als Produzent nicht weiß, ob mein Produkt morgen noch verkäuflich ist, d.h. wenn ich denjenigen Teil des Marktes, den die Abnehmer, die Konsumenten darstellen, nicht gut genug kenne, dann kann ich meine Produktpalette nicht auf mehrere Jahre hinaus planen. Ich werde dann immer von kurzfristigen Marktanalysen abhängig sein, hinter deren Ergebnissen meine Produktentwickler immer einen Schritt zurück sind. Ich kann nur reagieren bzw. mit immer neu entworfenen Produkten hasardieren.

Diejenigen Firmen, bei denen das Hasardspiel gelungen ist, können sich am Markt halten bzw. hohen Gewinn erzielen, die anderen müssen sich etwas einfallen lassen oder einem Verlust gelassen ins Auge blicken.

Sophia: Warum sollte ein Auftraggeber eine für ihn neue Methode verwenden?

Phileon: Wir leben im System des Spätkapitalismus. Man kann davon halten, was man will, man kann ihn weder auf der Stelle abschaffen noch so weiterlaufen lassen, wie es momentan der Fall ist. Die Grenzen des Wachstums sind inzwischen jedem einigermaßen gebildeten Manager bekannt und verlangen nach einer Reaktion. Es sind aber nicht nur die Grenzen des Wachstums, es geht auch um zunehmende Komplexität und Schnelligkeit des Marktes, um die schnell voranschreitende Organisationsentwicklung, die vielen Führungsetagen bereits den Boden unter den Füßen wegzieht. Man sucht indessen schon nach neuen Wegen, die aber auch praktikabel sein müssen. Einem Unternehmen zu sagen oder von ihm zu fordern, daß es zusperren muß, ist leicht gesagt und ebenso kurzsichtig. Auch in diesem Fall gilt, daß man eine Kuh, die man melkt, nicht schlachten darf. Man darf sie aber anders füttern.

Sophia: Wie ist das gemeint?

Phileon: Ich möchte noch einmal Heintel zitieren, der in seinem Aufsatz unter einigen Punkten, die in einer Liste von ökonomischen und wissenschaftlichen Prognosen aufgezählt sind, folgendes sagt: Verabschieden müssen wir uns „...*von der Dominanz des sogenannten kapitalistischen Wirtschaftssystems und seinen ökonomischen Gesetzen, das durch seine zweifellos bestehende Mächtigkeit bestimmte Wissenschaften und Methoden fördert, andere sich bestenfalls als unwirksamen Luxus „leistet". Nur diesem Wirtschaftssystem ist es zu danken, daß sich angewandte Naturwissenschaft und Technik so explosiv entfalten konnten; auf sein Konto ist die gleiche Explosion gesellschaftlichen Reichtums zu buchen. Gewisse Grenzen sind erreicht; auch die Ökonomie braucht m.E. zur Bewältigung ihrer Krise eine andere Wirtschaftsform als die, der sie sich nur zu gern unterworfen hatte, weil sie bisher „paßte".* (Peter Heintel, S. 6)
Heintel kritisiert hier das System sozusagen „von außen", es gibt aber bereits auch Kritik von innen, die vor allem dann zum Vorschein kommt, wenn Schwächen des bisherigen Systems zutage treten, wenn also etwa herkömmliche Forschungsmethoden nicht mehr funktionieren, d.h. keine Gewinne mehr bringen, auf die es ja schließlich im Überlebenskampf der Organisationen ankommt.

Sophia: Gibt es eine Möglichkeit, diesen Schwierigkeiten zu entgehen?

Phileon: Nein. Man kann sie nur mit geeigneten Methoden entsprechend verringern, oder anders ausgedrückt: man kann, wenn man die Bedürfnisse der Konsumenten entsprechend gut kennt, sein Produkt darauf abstimmen und so sehr viel länger am Markt bleiben. Das bietet einerseits den Vorteil eines großen Erfolgs, andererseits kann man – und damit wären wir wieder beim Konflikt Quantität/Qualität – die Produkte nach anderen Richtlinien entwikkeln und herstellen als die (hoffentlich) schnellebige Konkurrenz.

Dazu ist jedoch Langzeitplanung nötig, die wiederum nur dann Sinn macht, wenn der Kreislauf Produktentwicklung – Herstellung – Verkauf – Einnahme – Produktentwicklung etc. nicht von den Schwankungen im Verkauf abhängig ist. Oder zumindest nicht so stark, wie es momentan am Markt gelegentlich der Fall ist. Die Entwicklung des Spätkapitalismus ist noch nicht wirklich abschätzbar, das Ziel jedoch muß es sein, die Organisationen zu verändern, nicht sie zu zerstören.

Sophia: Bleiben wir noch bei der Frage der Qualität, das ist ja ein viel verwendetes Wort. Was hat es damit in der Praxis auf sich?

Phileon: Jeder Hersteller eines Produktes liefert gerne „Qualität", wenige tun es in der Art, wie ich sie vorher beschrieben habe.

Die eigentliche Qualität, die wir mittels obiger Definitionen festzumachen versuchen, ist viel schwerer zu erzielen, führt aber in eine Richtung, die der Organisation Sicherheit und konstante Gewinne bescheren kann.

Der „Trick" dabei ist die enge Verbundenheit zum Kunden, zum Konsumenten. Diese läßt sich aber nicht (oder nur selten bzw. bei sehr kleinen Unternehmen) direkt herstellen, denn das würde bedeuten: dauernden engen Kontakt zum Kunden, d.h. das direkte Gespräch mit ihm.

> Den qualitativen Aspekt stärker zu berücksichtigen heißt auch näher an den Bedürfnisstrukturen der Konsumenten zu sein und heißt daher auch, mit ihnen tiefergehenden Kontakt zu haben als über quantitative Umfragen.

Das wiederum würde vom Unternehmen verlangen, daß es eine Art „Kommunikationsabteilung" errichtet, dort entsprechende Fachkräfte beschäftigt, die außerdem einen direkten Draht in alle zum Unternehmen gehörenden Abteilungen hat. Diese Kommunikationsabteilung müßte aber, bevor sie funktioniert bzw. bevor sie überhaupt einsetzbar ist, einen Entwicklungs- und Reifeprozeß durchmachen, den sich kein Unternehmen leisten könnte, weder kleine noch große Unternehmen könnten dafür das Budget und das Knowhow selbst aufbringen. Eine solche Abteilung würde lange brauchen, bevor sie überhaupt Ergebnisse liefern könnte und wäre in der Zeit, wo keine Forschungen zu machen sind, ohne Arbeit. Wenn man noch weitere Faktoren heranzieht wie eine mit der Zeit auftretende Betriebsblindheit sowie die Tatsache, daß externe Forscher Erfahrungen mit unterschiedlichen Branchen vorweisen und in jede neue Arbeit einbringen können, so wird klar, warum es mit externer Unterstützung besser geht.

Die Dienstleistungsunternehmen, die das bieten können, entspringen nicht der herkömmlichen Betriebsberatung, die Mitarbeiter brauchen eine andere Ausbildung, die wieder mehr in Richtung Universalist geht, um die Fähigkeit zu erlangen, mit neuen, der speziellen Problematik angepaßten Methoden arbeiten zu können.

Sie können dann auf andere Fragen Antwort geben, als es die herkömmliche Markt- und Meinungsforschung kann: auf Fragen mit höherer Komplexität – zu diesem Zwecke arbeiten sie interdisziplinär – und auf Fragen, deren methodischer Background es erlaubt, die klassischen Methoden der Marktforschung und der Werbung gezielter und damit effizienter einzusetzen: man weiß nämlich dann, welche Fragen man dort stellen muß, welches Sample man braucht und welche Bereiche auszuklammern sind.

Die Studien, die dafür angeboten werden, arbeiten nach der Methode der „mehrdimensionalen Ursachenforschung„ oder der „qualitativen Ursachenforschung".

Die Studien der qualitativen Forschung bieten einen mehrdimensionalen Blick auf die Motivstruktur der Konsumenten und schaffen Transparenz. Der Erfolg davon ist, daß man durch mehr Klarheit die Motivation steigern kann, die eigene Organisationsentwicklung voranzutreiben, da man die Richtung bereits kennt. Dazu ist es allerdings notwendig, sich mit der Studie auseinanderzusetzen: mit den nicht immer logischen und oft widersprüchlichen Wünschen der Menschen, mit ihren Gefühlen, ihren Hoffnungen und Ängsten.

Die sich daraus ergebenden Konsequenzen bedingen eine neue Form der Organisationsentwicklung. Nicht ganz einfach zu durchschreiten, aber oft der einzige Weg, ein Unternehmen auf Jahre hinaus zu stabilisieren.

Sophia: Was bringt die Erforschung der Kaufmotive?

Phileon: Erwiesenermaßen sind Kaufentscheidungen zu einem sehr hohen Anteil unbewußt gesteuert. Diese normalerweise weder dem Käufer, noch dem Unternehmer bekannten Motive können nur mit speziellen Methoden erhoben werden.

Aber genau die Kenntnisse der unbewußten Faktoren garantiert einerseits einen Marktvorsprung durch gezielte Modifikation oder Umgestaltung von Produkten, andererseits läßt sorgfältige Produktsteuerung und -entwicklung das Unternehmen weg vom Preiskampf kommen und dadurch höhere Gewinne erzielen.

Sophia: Wer sind die Auftraggeber und was wollen sie genau wissen?

Phileon: Jeder, der ein Produkt bewerben, präsentieren und verkaufen will, muß sich mit der Beziehung Produkt-Konsument auseinandersetzen. Ernest Dichter spricht in diesem Fall von der „tieferen Bedeutung" eines Produktes und gebraucht hier ein Reizwort, über das wir uns noch unterhalten müssen:

„Jeder...muß zunächst versuchen, die tiefere Bedeutung zu kennen, die die von ihm angebotenen Güter oder Dienstleistungen für das Publikum haben." (Ernest Dichter, Vorwort, S. 7)

Dichter legt hiermit in gewisser Weise den Grundstein für die qualitative Motivforschung und beschreibt auch gleich ihr wichtigstes Einsatzgebiet:

„Die moderne Kommunikationsforschung muß in die tieferen Schichten des menschlichen Bewußtseins vordringen, um festzustellen, welche individuelle Bedeutung alle die uns im täglichen Leben umgebenden Gegenstände haben. Erst dann ist eine wirklich schöpferische und erfolgreiche Werbung möglich." (S. 7f.)

Das Wort, das in diesem Satz stutzig macht, ist „individuell". Hier findet sich ein Abgrenzungsschwerpunkt zur quantitativen Forschung: „individuell" steht zu „quantitativ" im methodischen Widerspruch. Es ist nicht möglich, die Motive jedes Einzelnen statistisch zu erfassen und auszuwerten, außer ich gebe sie bereits vor. Dazu muß ich sie aber zuerst kennen. Dies wiederum ist nur der qualitativen Forschung möglich. Die logische Konsequenz daraus ist eine methodische Differenzierung: Erst wenn die Motive hinreichend bekannt sind, macht es Sinn, sie quantitativ auf ihre statistische Verteilung hin zu untersuchen. Die quantitative Motivforschung ist somit ein methodisch eigenständiger Gegenstand, der sich mit der qualitativen Forschung nicht überschneidet. Ein Streit zwischen diesen beiden Forschungsbereichen hat, wie wir schon diskutiert haben, andere Gründe.

Sophia: Wir reden hier von „Produkten". Dichter redet von „Bedeutung". Welche Bedeutung haben Produkte für die Menschen, philosophisch gesprochen?

Phileon: In unserer Lebenswelt haben materielle Produkte, die auch einen hohen sozialen Stellenwert haben, eine sehr hohe Bedeutung – man kann das am Eigentumsbegriff erkennen. Verbrechen am Eigentum eines anderen werden in unserer Gesetzgebung manchmal härter bestraft als Verbrechen an Leib und Leben. Heintel schreibt: *„Eine Konkretisierung besteht im „Eigentum" an Produkten; hier „materialisiert" sich Individualität, Geschlecht etc., hier erweitert es sich um eine (seine) sichtbare Umgebung; damit wird sie auch für andere sichtbarer."* (Peter Heintel, S. 35)

Für Heintel stecken zwei fundamentale Bedürfnisse der Menschen dahinter: das nach konkreter Individualisierung und das nach Widerspruchsverdrängung in den Grundbedürfnissen.

Diese Verdrängung gehorcht bestimmten Gesetzen. Der Verdränger braucht immer neue Möglichkeiten der Verdrängung, z.B. in Form von mehrdesselben – ein Alkoholsüchtiger braucht immer mehr seines Stoffes, um die von ihm erwünschte Form der Verdrängung zu erreichen – oder aber immer neue Produkte: *„Es ist zum anderen nicht bloß Charakter der Neuzeit, Pro-*

bleme durch „Flucht in die Quantität„ (mehr Raum, mehr Menschen lösen Probleme besser) lösen zu wollen. Die Neuzeit hat nur die technischen Mittel erfunden, eine spezielle Form dieser Quantität zu entwickeln, eben das „unendliche Produkt". Dies täuscht eben vor, daß die Grundwidersprüche „material" durch Produktantworten lösbar sind. Schafft es das eine Produkt nicht, flugs kommt das nächste auf den Markt u.s.w. Man tut so, als hätte diese Reihe keine Grenze. Die Verdrängung ist aber zugleich bester „Motor" für den Konsum. Von unbestimmter Traurigkeit und Leere befallen wird man zum bereitwilligen Einkäufer. (Wann i traurig bin, muaß i fressen, sagt Qualtinger dazu)." (Peter Heintel, S. 35)

Das bedeutet, daß die Erforschung von Produkten vor allem auch auf die für die Einzelwissenschaften oft unzugänglichen Bereiche wie Mythologie, Psychoanalyse, Etymologie, Anthropologie, historische Entwicklung, religiöse Traditionen, kulturellen Prägungen und Vorurteile, sich wandelnde Zeitströmungen, stammesgeschichtliches Erbe etc. zurückgreifen muß, wenn die Bedeutungsvielfalt der Produkte erkannt werden soll.

Sophia: Bitte ein Beispiel für die Erforschung der Motivlage zu einem Produkt!

Phileon: Eine deutsche Bank ließ uns im Zuge einer Studie zum Thema „Privatkundenbereich" die Bedeutungen erheben, die „Bank" für die Menschen hat. Das von uns entwickelte Modell zeigte, daß es drei grundlegende Bedeutungen gibt, die die „Bank" für Unternehmen und Kunden hat:

1. Bank ist ein auf Gewinn ausgerichtetes Unternehmen – der Angestellte ist in dieser Funktion der „Bankkaufmann".
2. Bank ist ein Dienstleistungsunternehmen. Der Angestellte ist in dieser Funktion „Berater".
3. Bank ist eine öffentliche Institution, die gesellschaftliche Werte verwaltet. Der Angestellte ist hier „Bankbeamter".

Nur durch die Unterscheidung der Funktionen von Bank in drei verschiedene, zu einander übrigens in Widerspruch stehende Bereiche, konnten die strukturbedingten Konflikte des Produktes „Geld" erklärt werden.

Sophia: Welche Konflikte?

Phileon: Der Kunde geht in die Bank und trifft dort immer auf alle 3 Funktionen gleichzeitig. Der Angestellte ist immer zugleich Kaufmann, Berater und Beamter. Beide, der Angestellte und der Kunde, müssen mit dem Widerspruch leben lernen. Nehmen wir einen Wertpapierhändler als Beispiel. Er bekommt Anfang des Monats ein Paket aus Aktien, die er den Kunden verkaufen soll. Darunter befinden sich bessere und schlechtere. Als Kaufmann muß er seinen Kunden – zumindest auch – die schlechten verkaufen. Als Berater darf er das nicht tun, denn da ist ja der Kunde König.

Sophia: Was passiert, wenn er den Kunden nur die guten verkauft?

Phileon: Dann bekommt er von seinem Chef im nächsten Monat mehr schlechte zugewiesen.

Sophia: Und wenn er nur die schlechten verkauft?

Phileon: Dann rennen ihm die Kunden davon. Er steht in einem Konflikt, den wir „aporetisch" nennen, d.h. er ist nicht auflösbar. Man kann weder den Bereich auflösen, in dem die Bank auf Gewinn ausgerichtetes Unternehmen ist, noch den Bereich, in dem sie Dienstleister ist.

Nur wer diesen Widerspruch – und noch viele andere mehr, wie wir herausgefunden haben – begreift und bereit ist, sich damit auseinanderzusetzen, d.h. diesen Widerspruch in die Unternehmenskultur miteinzubeziehen, wird langfristig Erfolg haben.

> Nur wer bereit ist, die Widersprüche, die in der Bedürfnisstruktur der Konsumenten und somit auch in den Produkten selbst sowie in den Beziehungen Produkt – Konsument, Produkt – Produzent und Produzent – Konsument stecken, zu erkennen und darauf zu reagieren, wird im Markt der Zukunft nachhaltig erfolgreich sein können.

Um diese Vielfalt der Bedeutungen feststellen bzw. analysieren zu können, braucht man die richtigen Denkmodelle und somit die richtige Forschungsmethode, also eine mit Frage und Gegenfrage.

Ein sehr wenig beachteter Tatbestand ist, daß positive Faktoren der Produkte oder Produktvarianten zu einem großen Prozentsatz den Anbietern bzw. Herstellern bekannt sind. Widerstände gegen das Produkt sind meist in einem wesentlich geringerem Ausmaß bekannt.

Sophia: Warum?

Phileon: Dieses Wissensdefizit hängt damit zusammen, daß die meisten Beteiligten mit Recht auf ihr Produkt stolz sind und die Kritik daran weniger gerne hören („...auf diesem Ohr hört man schlecht..."). Durch die Erforschung der Produktbedeutung wird die Anzahl der bekannten Faktoren erhöht. Da die Interviewer und Interpreten eine andere Beziehung zum Produkt haben als die Auftraggeber, werden positive und negative Faktoren in gleicher Weise untersucht.

Diese Steigerung der Anzahl von relevanten Faktoren ermöglicht es, eine Art „Ultraschallbild" des Produktes zu erzeugen. Man sieht, welche Faktoren für welche Käufer, Konsumenten, Benützer wie und warum wichtig sind. Man sieht auch, welche Widerstände es gegen das Produkt oder die Art des Vertriebes oder die Verpackung oder die Werbung gibt.

Die Strategiegestaltung des Managements kann nun im Sinne der bekannten negativen und positiven Faktoren wesentlich effektiver vorangetrieben werden.

Es hat sich erwiesen, daß die Arbeit an den negativen Faktoren, die Beseitigung oder Reduktion der Widerstände wesentlich rascher einen Erfolg bringt, als die Installation neuer positiver Faktoren. Gerade im Bereich der negativen Faktoren liegt aber gelegentlich der blinde Fleck des Managements.

> Produzenten lassen im Normalfall nur die positiven Faktoren ihrer Produkte untersuchen, da diese besser in das eigene, grundsätzlich positive Produktverständnis passen. Gerade die Arbeit an den immer auch vorhandenen negativen Faktoren, die Beseitigung von Widerständen, bringt jedoch den größten Erfolg.

Sophia: Kommen wir zum nächsten Bereich, in dem die qualitative Motivforschung tätig ist: die

Strukturanalyse

Phileon: Bei dieser Form der qualitativen Motivforschung geht es darum, die Sozialstruktur eines Unternehmens so genau zu erforschen, daß die Fragen des Auftraggebers beantwortet werden können. Hierbei kann es mehrere Differenzierungen geben:

- Der Vorstand einer großen Firma möchte die Sozialstruktur seines Unternehmens besser verstehen.
- Der Aufsichtsrat ist mit der Arbeit des Vorstandes des Unternehmens nicht einverstanden, etwa weil die Firma rote Zahlen schreibt oder der Umsatz plötzlich einbricht. Er möchte wissen, wieweit das mit der Sozialstruktur des Unternehmens zu tun hat.
- Dem Vorstand sind Konfliktherde bekannt, er kann diese Konflikte aber nicht selbst analysieren und wünscht sich zu diesem Zweck ein Gutachten.

Dies wäre ein klassischer Fall, wo die qualitative Motivforschung Möglichkeiten bietet, auf die gestellten Fragen eine Antwort zu finden. Viele Vorstände hören gerne das Wort „Unternehmenskultur" und wollen diese fördern und weiterentwickeln – durchaus in dem Bewußtsein, etwas für die Organisationsentwicklung tun zu müssen bzw. zu wollen. „Unternehmenskultur" ist aber nichts anderes als die Art und Weise, wie die Menschen im Unternehmen miteinander umgehen! Es geht um Kommunikation, sonst nichts. Die dabei auftretenden Probleme sind oft allen Beteiligten unbekannt – der Vorstand ist etwa der Meinung, daß einige von ihm ins Leben gerufene Projekte gut funktionieren, die Mitarbeiter haben aus der Gerüchteküche das Gegenteil gehört. Die Mitarbeiter fordern Verbesserungen, die vom Vorstand schon seit langem abgesegnet sind – doch das ist noch nicht durchgesickert.

Man kann an dieser Stelle viele Beispiele aufzählen, es geht letztendlich immer um die Kommunikationsstrukturen in Theorie und Praxis.

Sophia: Was kann die Strukturanalyse zur Verbesserung beitragen?

Phileon: Wir führen Interviews mit den Mitarbeitern durch und analysieren den Ist-Zustand.

Sophia: Was bekommt man da zu hören?

Phileon: Alles! Die meisten Mitarbeiter sind froh, daß ihnen jemand zuhört. Sie haben in den Interviews die Möglichkeit, ihre Ängste, Hoffnungen und Wünsche zu deponieren. Ich habe noch keine Interviewverweigerung erlebt.

Sophia: Wo gibt es Unterschiede zur Produktforschung?

Phileon: In der Strukturanalyse erfolgt eine Rückkoppelung des Ergebnisses mit den Betroffenen. Die Studie wird – zumindest in Teilen – den Betroffenen, die meistens auch die Interviewpartner darstellen, präsentiert. Sie bekommen so die Möglichkeit, die Sichtweisen ihrer Kollegen bzw. anderer Abteilungen oder auch Hierarchiestufen kennenzulernen. So können Probleme wesentlich effizienter bearbeitet werden, da die Menschen schon wissen, wo die Probleme eigentlich liegen.

In der Strukturanalyse werden mittels Tiefeninterviews Krisenherde, aber auch Stärken und Schwächen einer Sozialstruktur eines Unternehmens erforscht und diesem zurückgespiegelt. Verkrustungen und Schwachstellen können so bearbeitet werden, da die darin enthaltenen oder gar als Ursache erkannten Widersprüche einer Diskussion zugänglich gemacht werden.

Sophia: Du hast noch nicht vom dritten Bereich gesprochen!

Phileon: Der dritte Bereich, in dem qualitative Motivforschung bisher erfolgreich zur Anwendung kommt, ist der gesellschaftspolitische Bereich. Dort erfolgt die Erstellung einer sogenannten

Sozialanalyse

In diesem Fall geht es darum, ein gesellschaftspolitisches Phänomen zu erforschen und zu diesem Zweck eine Studie anzufertigen.

Sophia: Dies müßte doch eigentlich einer der wichtigsten Bereiche sein?

Phileon: Ist es aber nicht. Es können dabei folgende Probleme auftreten:

1. Die Auftraggeber – etwa eine politische Partei – wissen in vielen Fällen schon im vornherein, was bei einer Forschung als Ergebnis herauskommen soll.
2. Die Mitglieder des Auswertungsteams sind verschiedenen politischen Lagern zugehörig, haben zu dem Thema eine eigene Meinung und wollen etwa eine bestimmte Partei nicht unterstützen, so daß sie nicht mehr zusammenarbeiten können. In diesem Fall tritt das Problem auf, daß es oft mühsam, zeitraubend oder gar unmöglich ist, neue Mitarbeiter für das Team zu finden, ganz abgesehen davon, daß diejenigen Spezialisten, die etwas von qualitativer Motivforschung verstehen, ohnehin nicht leicht zu finden sind.
3. Ein Lernprozeß der Öffentlichkeit ist schwerer zu steuern als der einer Organisation.

Sophia: Was bringt die Sozialanalyse?

Phileon: Man kann damit noch unbekannte Gefühlsdimensionen erforschen. Das ist gerade im politischen Bereich, wo Abstimmungen und Wahlen nur durch emotionale Faktoren bestimmt werden, ein wichtiger Erkenntnishorizont. Es ist für einen politischen Akteur wichtig, die Ängste, Hoffnungen, Träume und Wünsche seiner Wähler zu kennen. Die Sozialanalyse kann mit ihren Methoden eine direkte Verbindung zwischen Wähler und Politik schaffen. Bei der EU-Abstimmung 1993 wurde das bereits mit Erfolg durchgeführt.

> Durch eine Sozialanalyse können die widersprüchlichen Motive, die in der Bevölkerung – etwa ein politisches Thema betreffend – stecken, ans Tageslicht gebracht und erklärt werden. In Folge ist es möglich Widerstände zu beseitigen, von denen man vorher entweder nichts gewußt oder zumindest ihre Bedeutung falsch gewichtet hat.

Sophia: Könntest Du mir noch einmal eine

Zusammenfassung der Vorteile der qualitativen Motivforschung

geben?

Phileon: Gerne! Ich halte mich dabei an die Arbeit von Peter Heintel (vgl. Peter Heintel, S. 30f.), der die bisher aufgezählten Vorteile ein wenig anders beleuchtet und ergänzt. Er hat acht interessante Punkte gefunden:

1. In der quantitativen Motivforschung hat das Vorhaben, das Produkt, vor allem mit den Fachleuten zu tun – es war ihr Territorium. In der qualitativen Motivforschung gibt es jetzt einen Zusammenhang zwischen dem Forschungsgegenstand (Produkt, soziale Beziehung etc.) und den direkt betroffenen Menschen (Käufern, Mitarbeitern, Bürgern etc.) und er ist direkt erkennbar.
2. Diese Beziehung gewinnt Einfluß auf die Gestaltung von Produkt und Vorhaben – man kann somit z.B. Werbekampagnen vermeiden, die sinnlos sind, weil die Motivdimensionen, die das jeweilige Produkt betreffen, falsch erkannt wurden oder gar nicht bekannt sind.
3. Die Entscheidungsgrundlage wird erweitert – man produziert weniger ins Blinde.
4. In Folge finden tragfähigere Entscheidungen statt, weil man sich bewußter für oder gegen etwas entscheiden muß und kann. Dies ist ein häufig auftretendes Problem im Management von Unternehmen, die Produkte auf den Markt bringen müssen, die sie selbst noch nicht verstehen.
5. Die Entscheidungsalternativen werden vielfältiger und mehr. Entscheidend ist hier, daß es möglich wird, die bisherigen Entscheidungsalternativen um neue zu ergänzen, die man vielleicht aufgrund eines eingeengten Produktverständnisses nie gefunden hätte.

Sophia: Bitte ein Beispiel!

Phileon: Berühmt ist hier die 1. Krise der IBM. Sie bauten mit den Jahren immer schnellere Rechner, weil sie der Meinung waren, daß schnelle Rechner das Ziel allen Bemühens wären. Damit hatten sie auch eine Zeitlang Erfolg. Irgendwann stellte sich aber heraus, daß die Kunden nicht schnell rechnen, sondern Daten verarbeitet haben wollten. IBM hatte Mühe, den Vorsprung, den die anderen Hersteller inzwischen bei der Herstellung von Speichersystemen hatten, wieder aufzuholen.

6. Man erfährt etwas über sich selbst. Dies ist vor allem in der Strukturanalyse interessant, aber auch in der Produktanalyse. Eine Reflexion auf Unternehmensebene über das Unternehmen und seinen „Output", also sein Produkt – auch wenn das eine Dienstleistung ist, kann Fehlentwicklungen aufzeigen, entschlacken und neuen Tatendrang wecken.

Es ist bekannt, daß sich gerade große Unternehmen zwar mit sich selbst beschäftigen, aber selten auf einer Ebene, die eine Gesamtsicht erlaubt.

7. Man gelangt in Problem- und Forschungsbereiche, die bisher noch unbekannt waren. Neue Motivdimensionen bringen neue Ideen, fördern die Kreativität und die gesamte Weiterentwicklung sowohl der Produkte wie auch ihrer Erzeuger. Die Antworten auf die endliche Anzahl der Grundbedürfnisse und ihrer Widersprüche sind zahllos, je mehr man findet, umso gefestigter wird die Position. Zudem wird der Forschungsansatz automatisch interdisziplinär und fördert und entwickelt somit die „neuen" Anforderungen, die in unternehmerischer Zukunft immer mehr gefragt sein werden.

8. Eine gewisse Prognose über Erfolg und Mißerfolg einer geplanten Unternehmung wird leichter. Wenn man die Bedürfnisse der Betroffenen kennt und zudem die innere Struktur, so sind die Maßnahmen immer schon in gewisser Weise „rückgekoppelt", weil bekannt und diskutiert.

Sophia: Wir haben uns jetzt ausführlich über die Vorteile unterhalten, wo liegen eigentlich

Die Grenzen der qualitativen Motivforschung

Phileon: Die Grenzen der qualitativen Motivforschung liegen überall dort, wo genaue Zahlen wirklich gebraucht werden. In den meisten Fällen stehen Zahlen nur für sich, d.h. sie sind dort, wo es um komplexe Zusammenhänge wie etwa die emotionale Motivlandschaft der Menschen geht, nicht aussagekräftig und dienen daher eher der Produktion von Mißverständnissen als der Klärung wichtiger Fragen.

Was die qualitative Motivforschung allerdings nicht kann, ist die quantitative dort zu ersetzen, wo sie ihre Berechtigung hat: in der Erstellung von Statistiken. Überall dort, wo es um die Gewichtung von Motiven geht, ist die qualitative Motivforschung nicht anwendbar.

> Überall dort, wo bekannte Motive gewichtet werden müssen, ist die qualitative Motivforschung fehl am Platz.

Froschauer/Lueger meinen zur Verwendbarkeit von qualitativen Interviews, daß sie sich nicht für alle Fragestellungen der empirischen Sozialforschung eignen: *„So sind beispielsweise Fragen nach der Verteilung bestimmter Phänomene nicht sinnvoll mittels qualitativer Interviews zu analysieren."* (Froschauer/Lueger; S. 10)

Ein Problem der qualitativen Forschung liegt in ihrer Position innerhalb der Wissenschaften: die qualitative Motiv- bzw. Sozialforschung muß sich stets gegen die quantitative behaupten. Die Wissenschaft ist ohne formale Methoden auf eine neue Basis gestellt worden. Damit bekommen aber die „Kaffeesudleser" des Mittelalters überhand. Das Aufgeben der formalen Wissenschaft muß nicht immer ein Fortschritt sein, sondern kann gelegentlich auch ein Rückschritt sein. Es ist wichtig, hier beide Seiten zu sehen, die Entwicklung darf nie zu stark in eine Richtung gehen.

Sophia: Können von der qualitativen Motivforschung alle Daten erfasst werden?

Phileon: Nein. Es wird nie möglich sein, alle Daten zu erfassen – weder in der quantitativen noch in der qualitativen Forschung. Es stellt sich aber die Frage, was in diesem Bereich der Forschung die „notwendigen Daten" sind.

Wenn man darunter verstehen soll, daß alle Daten erfaßt werden sollen, die bei einem Individuum in Zusammenhang mit der jeweiligen Problematik vorhanden sind, so würde das ein endloses Interview voraussetzen. Und selbst das wäre keine Garantie.

Die Definition von „notwendig" muß daher anders formuliert werden: unter „notwendige Daten" sollen jene Daten verstanden werden, die zur verständlichen und brauchbaren Beschreibung eines Problems notwendig sind.

Dies wiederum bedeutet, daß der Auftraggeber einer Forschung eine zur Lösung seines Problems adäquate Antwort von den Forschern bekommt. Zugleich muß jedoch klar sein, daß die Forschung eine Momentaufnahme ist, die durch eine weitere Forschung bereits wieder widerlegt werden kann.

Die Auswahl der Interviewpersonen, die Durchführung der Interviews, die Auswertung der Interviews und natürlich die Theoriebildung unterliegen gewissen prozessualen Gesetzen und Unregelmäßigkeiten, die man zwar einschränken, aber nicht im Sinne einer naturwissenschaftlichen Exaktheit ausschalten kann.

Es kann allerdings gezeigt werden, daß dies bei der quantitativen Forschung ebenfalls nicht möglich ist.

Es ist nie von vorneherein klar, ob alle Daten auf die Notwendigkeit ihrer Erfassung kontrolliert werden können. Dieses Problem tritt sowohl in der quantitativen wie auch in der qualitativen Forschung auf. In der qualitativen Forschung liegt der Lösungsansatz für dieses Problem in der Technik der Tiefeninterviews. Bei richtiger Anwendung und unter der Voraussetzung, daß die Daten als Grundlage für die Brauchbarkeit der Aussagen gelten, gibt es das Problem nicht mehr: diejenigen Daten, die in den Interviews vorhanden sind, sind wichtig.

Dies gilt jedoch nur bis zum nächsten Schritt, der zugleich in das nächste Problem führt:

Die Willkür bei der Auswahl der Interviewstellen, die zur weiteren Verarbeitung ausgesucht werden: in jedem Fall entscheidet der Auswerter, welche Ausschnitte der Interviews wichtig sind und welche nicht. Da bei offenen Interviews der Leerlauf je nach Art des Interviews zwischen 20 und 90 Prozent liegt, bekommt dieses Problem einen hohen Stellenwert und beeinflußt den weiteren Verlauf der Arbeit.

Sophia: Du hast schon des öfteren

Die Methode der mehrdimensionalen Ursachenforschung

angesprochen. Was ist das bzw. wie paßt sie in die Methodik der qualitativen Motivforschung?

Phileon: In der „mehrdimensionalen Ursachenforschung" werden Mythen, Wunschvorstellungen, Phantasien, Ängste, Hoffnungen, Widersprüche etc. erfaßt und dargestellt. Aufgrund dieser Faktoren kann man auch die tief im Unbewußten der Menschen verborgenen Motive erforschen.

> Die Methode der „mehrdimensionalen Ursachenforschung" ist die ausführlichste, genaueste und auch kostenintensivste Form der qualitativen Motivforschung. Sie dringt am tiefsten in die Motivdimensionen der Menschen ein und eignet sich vor allem für die Erforschung von noch unbekanntem Terrain.

So wie in allen Anwendungsbereichen der qualitativen Motivforschung geht man davon aus, daß die Äußerungen der Interviewperson Rückschlüsse auf die Motiv- und Handlungswelt zulassen.

Es ist daher sinnvoll, ein Instrument der Kommunikation für die Erfassung der für dieses Thema interessanten Bereiche der menschlichen Interaktion anzuwenden. Als geeignetes Instrument bietet sich hier das Gespräch an, das in seiner operationalisierten aber nicht standardisierten Form „offenes Interview" heißt.

Sophia: Du hast schon öfter erwähnt, daß das qualitative Interview bzw.

Das Tiefeninterview

im Zentrum der Methode steht. Erzähle mir bitte noch mehr über das Interview!

Phileon: Gerne! Es gibt in der qualitativen Motivforschung mehrere Formen des Interviews, die in unterschiedlichen Konzepten zur Anwendung kommen.

In der „mehrdimensionalen Ursachenforschung" etwa wird das klassische „Tiefeninterview" verwendet, in der „qualitativen Ursachenforschung" meistens ein halbstrukturiertes Interview, manchmal auch ein Fragebogen – allerdings mit offenen Fragen.

Wann welche Form des Interviews zur Anwendung kommt, ergibt sich einerseits aus dem bereits bekannten Stand des Wissens, andererseits aus dem finanziellen und zeitlichen Spielraum.

Sophia: Wovon hängt ab, welche Fragetechnik verwendet wird?

Phileon: Vom zu erzielenden Ergebnis! Fragen sind sozusagen „mächtig", man kann mit unterschiedlichen Fragetechniken Menschen beeinflussen und manipulieren, z.B. kann man sie zum Nachdenken animieren oder eigene Ansichten bestätigen lassen. In der Kommunikationstheorie heißt das „wer fragt, der führt". Hier darf ich wiederum auf die uralte philosophische Tradition der Frage verweisen und auf den Dialog, den wir ja schon besprochen haben.

Sophia: Was gibt es für Fragetechniken?

Phileon: Grundsätzlich kann man zwei große Gruppen unterscheiden: die offenen und die geschlossenen Fragen. Bei ersteren kennt man die Antworten noch nicht, bei letzteren schon.

Sophia: Wenn man die Antworten schon kennt, weshalb fragt man dann überhaupt noch?

Phileon: In der quantitativen Forschung, wo man mit geschlossenen Fragen operiert, geht es darum, bereits bekannte Antworten auf ihre Gewichtung zu überprüfen. Es kommt aber immer noch auf die genaue Fragestellung an. Ich komme auf ein Beispiel von vorhin zurück: Die Fragestellung heißt „Soll Österreich der EU beitreten". Man nimmt 3 mögliche Antworten als Auswahltopf „Ja", „Nein", und „Ja, wenn...".

Je nachdem, welche der 3 Anworten man kombiniert, erhält man unterschiedliche Ergebnisse. Bei der Kombination Ja/Nein werden vermutlich manche Menschen „Nein" wählen, die bei der Kombination Ja, wenn/Nein eher „Ja, wenn" wählen würden, weil sie prinzipiell dafür wären, aber nur unter bestimmten Voraussetzungen.

Sophia: Und was macht das für einen Unterschied?

Phileon: Einen großen. Wenn ich den Menschen die Antwortmöglichkeit „Ja, wenn" lasse, nehme ich ihre individuellen Motive ernst. Wenn ich ihnen die Alternativen nicht lasse und sie auf eine geschlossene Auswahl reduziere, die nicht ihren Möglichkeiten entspricht, kann ich nur einen begrenzten Teil der Wirklichkeit erfassen und außerdem durch die Fragestellung das Ergebnis beeinflussen. Bei Wahlprognosen soll das schon vorgekommen sein.

Sophia: Wie ist das in der qualitativen Motivforschung?

Phileon: Dort ist es ebenfalls möglich, aber bedingt durch die Methode seltener der Fall. Wenn man nur mit offenen Fragen arbeitet, erhält man Aussagen, die statistisch nicht brauchbar sind. Das Ergebnis besteht daher nicht aus Zahlen, sondern aus Aussagen samt Interpretationen. Diese Form des Ergebnisses scheint auf den ersten Blick nicht so „klar" und nicht so „eindeutig" zu sein wie ein Balkendiagramm oder eine Tortengraphik mit Prozentzahlen. Zugleich gibt sie aber auch nicht den Anschein unumschränkter Wahrheit, da auch eine fertige qualitative Motivforschung noch der Bearbeitung durch den Auftraggeber bedarf. Anders ausgedrückt: Die Validierung des Ergebnisses liegt nicht automatisch durch den Endbericht vor, sondern erfolgt erst durch den Auftraggeber, der die Studie weiterverarbeitet und sie somit erst zu „seiner" Studie macht. Die Wahrheit steckt nicht nur in den Zahlen, sondern auch in den Sinnzusammenhängen, die der Rezipient einer Studie erkennt.

Sophia: Es geht um das Erkennen. Wieweit gibt es Erkenntnis bereits im Interview?

Phileon: Ich möchte dazu noch einmal auf die Qualität/Quantität-Problematik zurückkommen. Das, was in einer Motivforschung gesucht wird, ist Erkenntnis über das menschliche Maß. Dieses Maß ist laut Hegel die Einheit von Qualität und Quantität. Wie wir bei der Diskussion der Dialektik von Qualität und Quantität gesehen haben, bleibt die Quantität allein unbestimmt und die Qualität allein leer. In der Verbindung liegt das Maß. Das gilt auch für die Maße, die vom Menschen geschaffen werden, um mit seiner Umwelt zurechtzukommen. Die Maße, die für ihn gelten, sind seine eigenen, sie sind sozusagen „hausgemacht", zumindest was gesellschaftliche Belange betrifft, die hier unser Thema sind. Diese Maße unterliegen ständigen Veränderungen, die wiederum bekannt sein müssen, will man das menschliche Verhalten kennen.

Sophia: Und wie findet man das menschliche Maß?

Phileon: Indem man den menschlichen Geist und das menschliche Verhalten erforscht, wo das jeweilige Maß vorhanden ist. Hegel meint, daß die Differenzierung der menschlichen Maßprinzipien des Geistes lohnend ist, um das menschliche Maß zu finden.

Im Tiefeninterview geschieht nichts anderes als die Erforschung der Qualitäten und Quantitäten eines bestimmten Themas, um durch einen weiteren Schritt der Abstraktion zum jeweils gültigen Maß zu kommen.

Sophia: Wozu brauche ich die Qualitäten?

Phileon: Um herauszufinden, mit welchem Maß gemessen wird, muß ich die spezifischen Qualitäten kennen. Ich muß wissen, ob es um 10% Befürworter und 90% Skeptiker oder um 90% Befürworter und 10% Skeptiker handelt. Ich muß aber auch wissen, welche Gründe die Skeptiker haben.

Das Maß wiederum ist Resultat eines Lernprozesses und daher in jedem Individuum vorhanden, obwohl es für die Ganzheit gilt, für die jeweils zu erforschende Sozietät.

Sophia: Und wie erfolgt der Schritt der Abstraktion um zum Maß zu kommen?

Phileon: In der qualitativen Motivforschung kenne ich das Maß noch nicht und stelle einen anthropologischen Raster zur Verfügung, der mir hilft, zum jeweiligen Maß zu kommen. Diesen Raster erhalte ich, wenn ich die Tiefeninterviews auf ihre Inhalte zur Frage des Maßes durcharbeite. In der quantitativen Meinungsforschung muß ich das Maß schon vorher besitzen, um messen zu können.

Sophia: Und was wird gemessen?

Phileon: Quantitäten! Hier liegt ja das Problem. Um das Maß zu verstehen brauche ich dazu auch die Qualitäten. Diese kann ich jetzt erforschen, oder ich kenne sie schon. In der quantitativen Forschung wird das Maß als bekannt vorausgesetzt und die Qualitäten glaubt man ebenfalls schon zu kennen. Gemessen werden nur mehr die Quantitäten. Das ist von der Methode her ja auch in Ordnung, denn das beherrscht die quantitative Forschung.

Sophia: Und funktioniert das?

Phileon: In vielen Fällen ja, dann treffen die Ergebnisse auch zu. Die Frage ist nur: was macht man damit? Eine quantitative Relation hat nur in einem Kontext eine bestimmte qualitative Bedeutung. Bei der Umsetzung in die „Wirklichkeit", also in die komplexe Motivwelt der zu erforschenden Menschen, wenn man den Zahlen dann eine Bedeutung geben muß, stellt sich oft heraus, daß man das Maß nicht richtig erwischt hat. Wenn dem so ist, bleiben die Zahlen leer. Ich möchte hier ein Beispiel anführen, mit dem Neil Postman in seinem Buch „Das Technopol" recht anschaulich beschreibt, was alles passieren kann:

> *„Meinungsumfragen ignorieren in der Regel, was die Menschen über die Themen, zu denen sie befragt werden, eigentlich wissen. In einer Kultur, die nicht von dem zwanghaften Bedürfnis besessen ist, alles zu messen und Rangfolgen herzustellen, würde eine solche Blindstelle wahrscheinlich höchst sonderbar erscheinen. Aber überlegen wir doch einmal, was wir von Meinungsumfragen halten würden, wenn stets zwei Fragen gestellt würden, eine, die ermittelt, was die Menschen „meinen", und eine, die ermittelt, was sie*

über das jeweilige Thema „wissen". Unter Verwendung von ein paar fiktiven Zahlen könnte dabei etwa folgendes herauskommen: „Die jüngste Meinungsumfrage ergibt, daß 72 Prozent der Amerikaner der Meinung sind, wir sollten Nicaragua die Wirtschaftshilfe entziehen. Von denen, die diese Meinung vertraten, glaubten 28 Prozent, Nicaragua liege in Mittelasien, 18 Prozent glaubten, es sei eine Insel in der Nähe von Neuseeland, und 27,4 Prozent vertraten die Ansicht, die Afrikaner sollen selbst sehen, wie sie zurechtkommen, wobei sie offensichtlich Nicaragua mit Nigeria verwechselten. Darüber hinaus wußten 61,8 Prozent der Befragten nicht, daß Amerika überhaupt Wirtschaftshilfe für Nicaragua bereitstellt, und 23 Prozent wußten nicht, was „Wirtschaftshilfe" bedeutet." Wären Meinungsforscher bereit, uns solche Informationen mitzuliefern, so würden das Ansehen und der Einfluß der Meinungsforschung darunter gewiß erheblich leiden. Vielleicht würden angesichts von derart geballter Unwissenheit sogar Kongreßabgeordnete dem eigenen Verstand wieder mehr trauen." (Neil Postman, S. 146f.)

Sophia: Wie soll man nun an eine Aufgabenstellung herantreten, bei der die Motivlandschaft noch nicht erforscht ist, also laut Postman das Wissen über das Wissen der Menschen noch fehlt?

Phileon: Wenn ein Produkt bzw. eine Sozialstruktur noch weitgehend unerforscht ist, so muß man mit einer Forschung beginnen, bei der das klassische Tiefeninterview eingesetzt wird. Dies ist die langwierigste und schwierigste Form der Motivforschung, da man bei Null anfangen muß und ein Ergebnis noch überhaupt nicht voraussehbar ist. Hier ist das Aufgabengebiet der mehrdimensionalen Ursachenforschung, die am gründlichsten vorgehen kann, aber auch langwierig und daher relativ kostenintensiv ist. Besonderen Wert legt man bei dieser Methode neben den Tiefeninterviews auch auf die breitgestreute interdisziplinäre Zusammensetzung des Auswertungsstabes.

Der Einsatz des halbstrukturierten Interviews bietet sich vor allem dann an, wenn bereits eine mehrdimensionale Ursachenforschung vorausgegangen ist und die wichtigsten Problemfelder bereits bekannt sind. Diese können dann mit der qualitativen Ursachenforschung beackert werden. Es geht dabei um die vertiefende Erforschung bestimmter Fragenkomplexe. Zur Geschichte und Formenvielfalt des Tiefeninterviews siehe übrigens Lamnek (Lamnek, Band 2, S. 35ff.).

Die Methode der „mehrdimensionalen Ursachenforschung" verwendet man, wenn Produkte oder Sozialstrukturen noch weitgehend unerforscht sind, wobei methodisch in beiden Fällen das Tiefeninterview verwendet wird.
Will man hingegen nur einen Teilbereich genauer erforschen und kennt die grundlegenden Motive und Bedürfnisse schon, so bieten sich andere

methodische Ansätze an, die z.B. mittels halbstrukturierter Interviews oder qualitativer Fragebögen kostengünstiger und schneller ans Werk gehen.

Sophia: Wie funktioniert das Tiefeninterview?

Phileon: Ein Tiefeninterview ist – grob gesprochen – ein Gespräch, bei dem der eine zuhört und Fragen stellt, der andere hingegen über das erzählt, was ihm zu diesem Thema einfällt.

Der Inhalt und die jeweils individuell antwortende und emotional eigenständige Person – das „Individuum" – stehen mit der Methode des Fragens und der Art des Fragens in Wechselwirkung. Damit dieser Umstand gewährleistet werden kann, muß das Gespräch „offen" sein, d.h. es muß der Fragende erstens sehr genau zuhören und zweitens auf das, was ihm der Befragte sagt, richtig eingehen, sprich nachfragen können.

Dabei ist zu beachten, daß der Interviewer seine eigenen Ansichten und Meinungen nicht in das Gespräch einfließen läßt, da sie für die Auswertung unerheblich sind und den Interviewten außerdem beeinflussen, da sie ihn auf Gedanken bringen, auf die er sonst nie gekommen wäre, die also für ihn und seine Meinungen und Emotionen sowie für die daraus resultierenden Handlungsmaximen unbedeutend sind.

Der eigentlich methodisch – wissenschaftliche Hintergrund, die Tradition, in der das Tiefeninterview steht, ist die Position der Neugier seitens des Befragers und die der Offenheit seitens des Befragten.

In dieser Hinsicht steht der Interviewer nun doch wiederum in der Tradition von Sokrates und Platon. Beide erhoben das Gespräch, bei näherer Betrachtung die Sequenz Frage – Antwort – Rückfrage – Antwort – Erkenntnis, zur philosophisch brauchbaren Methode: es war für sie ein geeignetes Mittel, um einerseits zu eigener Erkenntnis zu gelangen und andererseits durch die Genese der im Befragten bzw. im Gesprächspartner neu entstehenden Gedanken und Gebilde ebendiesem Erkenntnisse über seine eigene innere Welt zu vermitteln. In sehr vereinfachter Form kann man heute schlicht „Aha-Erlebnis" dazu sagen – dies kann natürlich auch der Interviewer im Laufe eines Gesprächs haben. In Tiefeninterviews ist das allerdings nur ein Nebeneffekt, der durch ständiges Nachfragen auftritt.

Das Gespräch bietet – außer dem Umstand, daß es für beide erkenntnisbringend sein kann – auch die Möglichkeit vollständiger Ausschöpfung von geistigen Ressourcen: ich kann über einen Menschen, über seine Gedanken, Gefühle und Ansichten schwer mehr erfahren, als durch das persönliche Gespräch mit ihm.

Martin Buber konnte das „Ich im Du" auch nicht erkennen, ohne sich mit dem anderen in adäquater Weise auseinanderzusetzen – im Gespräch nämlich.

Die Vielschichtigkeit der menschlichen Gedanken und Emotionen tritt nur selten von alleine in ihrer wahren Gestalt zu Tage, sie will erforscht, aufgedeckt und verstanden sowie interpretiert werden. Dazu ist jedoch jemand nötig, der diese Rolle übernimmt, der die Kunst der „sanften Erforschung menschlicher Eigenschaften" beherrscht, sprich: das Gespräch, das von gegenseitiger Wertschätzung getragen ist: ich will den anderen nicht prüfen wie dies in der quantitativen Forschung oft passiert, sondern entdecken, und zwar so, wie er ist und nicht so, wie ich ihn mir vorstelle oder wie ich ihn gerne hätte.

Im Tiefeninterview praktiziere ich die Möglichkeit vollständiger Ausschöpfung geistiger Ressourcen. Es ist nicht möglich über einen Menschen mehr zu erfahren als durch das persönliche Gespräch mit ihm.

Das entspricht den methodischen Forderungen Lamneks und Blumers ebenso wie denen des symbolischen Interaktionismus, wo gefordert wird, daß die wissenschaftliche Suche sich der empirischen Welt anpassen muß und nicht umgekehrt. Die Methoden müssen daher der zu untersuchenden Welt untergeordnet sein, die untersuchte empirische Welt und nicht ein vorher vorhandenes Modell wissenschaftlichen Vorgehens soll die Antworten liefern bzw. die gefundenen Antworten bestätigen.

An dieser Stelle paßt auch der symbolische Interaktionismus hinein: die Menschen handeln aufgrund der Bedeutungen, die die Objekte für sie haben. Der Forscher muß die Objekte daher so sehen, wie sie die von ihm untersuchten Menschen sehen, wenn er deren Handlungen verstehen, deuten und eventuell auch voraussagen will, er muß die Symbole erkennen und deuten können.

Mit Tiefeninterviews werden Indikatoren gemessen, die einer Erhebung mit anderen Mitteln nicht zugänglich sind, wie etwa Motive, Einstellungen oder auch komplexe Strukturen.

Das Tiefeninterview führt weiter zu einer exakten Begriffsbildung, da die Begriffe hinterfragt und geklärt werden können. Außerdem werden sie von den Interviewpersonen definiert und nicht von den Forschern. In der Motivforschung ist es besonders wichtig, daß die Begriffe klar sind, denn sie sind die Grundlage für die zu erforschenden Motive. Ein wichtiger Punkt ist hierbei die Überwindung der Differenz von Wissenschafts- und Alltagssprache. Dies ist nur mit qualitativen Interviews möglich.

Es geht im qualitativen Interview um die Erforschung der individuellen Wirklichkeit der Handlungswelt der Interviewperson. Die gesellschaftliche Wirklichkeit wird nur im Gespräch erzeugt und dann aus dem Interview herausgelesen oder hineininterpretiert (vgl. Lamnek, Band 2; S. 62). Dieser Vorgang entspricht den prozeßhaften Vorgängen in der realen Handlungswelt der

Individuen, wo die Deutungsmuster und Wirklichkeitsstrukturen im Alltag ebenfalls ausgehandelt und in Folge internalisiert werden: „*Die zu einem bestimmten Zeitpunkt gegebenen Antworten der Befragten sind nicht einfach Produkte einer unabänderlichen Auffassung, Meinung oder Verhaltensweise, sondern sie sind prozeßhaft generierte Ausschnitte der Konstruktion und Reproduktion von sozialer Realität.*" (Lamnek, Band 2, S. 62)

Der Interviewer und das Auswertungsteam müssen sich ihrer Position stets bewußt sein und bestimmte zentrale Regeln befolgen: (vgl. auch Lamnek, Band 2, S. 64)

Offenheit

Flexibilität

Priorität der Relevanzsysteme der Betroffenen

Reflexivität von Gegenstand und Analyse

Annäherung an die Form des Alltagsgespräches

Kommunikativität

Prozeßhaftigkeit

Datenbasierende Theorie

Explikation

Das Interview in der mehrdimensionalen Ursachenforschung ist ein Tiefeninterview, das aber bestimmte Aspekte anderer Interviewformen beinhaltet. Es kann außerdem passieren, daß die Methode bei verschiedenen Forschungen leicht abgewandelt werden muß.

Die Form der hier beschriebenen „Tiefeninterviews" übernimmt jeweils Eigenschaften der verschiedenen Interviewformen. Aus dem narrativen Interview etwa die Erzählform: die Interviewperson wird aufgefordert, in ihrer eigenen Sprache Geschichten zu erzählen, wobei das Thema vorgegeben wird. Aus dem problemzentrierten Interview wird etwa die Idee der Erstellung eines Leitfadens übernommen, oder auch in der Auswertung die kontrollierte Interpretation: Die Forscher interpretieren das Material der Interviews individuell und bringen die Ergebnisse dann in die Gruppendiskussion ein (vgl. Lamnek, Band 2; S. 78).

Aus dem rezeptiven Interview wird die Technik des schlichten Zuhörens übernommen.

Dem Tiefeninterview Lamnek'scher Diktion wird die Methode entnommen, deren Inhalt unter anderem ist, daß die Deutung der Aussagen des Gesprächs nicht durch den Befragten erfolgen kann, da sie ihm unbewußt sind.

Sophia: Inwieweit hat das mit der Psychoanalyse zu tun?

Phileon: Nun, es darf bezweifelt werden, daß diese unbewußten Inhalte nur im Tiefeninterview analysiert werden. Das Tiefeninterview selbst unterscheidet sich in seiner Grundposition nicht vom normalen qualitativen, offenen Interview. Eine Fragetechnik, durch die der Interviewer die unbewußten Inhalte erfährt, führt nicht automatisch eine Therapiesituation herbei, das wäre auch nicht erwünscht. Der Interviewer, auch der Tiefeninterviewer, ist kein Psychotherapeut und sollte sich auch nicht als solcher fühlen oder so agieren. Wir haben das vorher ja schon besprochen. Lamnek sagt dazu: „Die Äußerungen der Befragten werden vor dem Hintergrund einer bestimmten theoretischen Vorstellung, etwa der Psychoanalyse, betrachtet." (Lamnek; Band 2, S. 81)

Dies funktioniert aber nur, wenn die Auswerter eine Ausbildung als Psychoanalytiker aufweisen können. Da dies selten der Fall ist, gilt folgende Feststellung von Lamnek nur in eingeschränkter Weise: *„Das methodologische Postulat der Offenheit wird beim Tiefeninterview tendenziell durchbrochen....Die Deutung der vom Interviewten gegebenen Bedeutungszuweisungen geschieht also eher im Sinne der Psychoanalyse als im Verständnis des Befragten."* (Lamnek, Band 2, S. 81). Die theoretische Vorstellung wie etwa die Psychoanalyse ist eine Möglichkeit der Betrachtung, keine Bedingung für die sinnvolle Auswertung eines Interviews. Die Befragung, also das Tiefeninterview, ist auch nur tendenziell in seiner Offenheit durchbrochen und nicht prinzipiell. Wenn es sinnvoll ist und die Aussagen der Interviewperson entsprechend klar sind, so kann man Interpretationsmethoden aus der Psychoanalyse heranziehen, muß dies aber immer in dem Bewußtsein tun, daß das Interview kein psychoanalytisches Gespräch ist. Im Tiefeninterview wird versucht, in die emotionale Tiefe der Interviewperson einzudringen um dort verankerte Prinzipien zu erkennen. Nicht alle emotionalen Bereiche des Menschen müssen aus der Sicht der Psychoanalyse gedeutet werden. Andere theoretische Modelle erweisen sich oft als zutreffender. Die Abwägung, welche Denkmodelle zur Auswertung herangezogen werden, bleibt jedoch dem Auswertungsteam überlassen. Hier ist noch ein weiterer wichtiger Unterschied zur Psychoanalyse zu erkennen: Psychoanalytiker betreuen ihre Patienten allein und deuten auch allein. In der qualitativen Motivforschung ist dies nicht der Fall, dort erfolgt kein Feed-back, keine Deutung während oder nach dem Interview. Auch umgekehrt funktioniert es nicht, die Nachteile der Psychoanalyse bzw. die kritischen Ansätze daran treffen auf das Tiefeninterview nicht zu, also etwa der Vorwurf der Suggestion des Patienten, weil es eben keine Therapie ist (vgl. Vetter, Die Philosophen und Freud, S. 176). Auch die Übertragung kommt nicht an, da sich der Interviewer nicht als Therapeut versteht und in der Fragetechnik eigene Vorstellungen nicht miteinbringt und vor allem keine eigenen Deutungen (vgl. Vetter, Die Philosophen und Freud; S. 178).

> Die Methoden der Psychoanalyse können, müssen aber nicht die Interpretationsgrundlage einer Tiefeninterviewauswertung darstellen.

Sophia: Wie verhält sich der Interviewer, um der Interviewperson seine Position klar zu machen?

Phileon: Er redet mit ihr. Vor dem Interview gibt es eine Warm-up-Phase, in der der Interviewer der Interviewperson seine methodische Position erklärt: neugierig, unwissend, nachfragend. Das ist ein sehr wichtiger Punkt, den ein guter Interviewer einzuhalten hat.

Sophia: Warum?

Phileon: Das Interview wird besser. Die Interviewperson kann sich auf die Situation leichter einstellen und wird im Normalfall eine größere Auskunftsfreude zeigen. Durch die Klärung der Position des Interviewers können seitens der Interviewperson Unsicherheiten, Ängste und Spannungen erkannt und gelöst werden. Diese Ängste und Spannungen sind oft vorhanden, da die wenigsten Menschen mit der Methode des Tiefeninterviews vertraut sind, und jeder einzelne daher mit anderen Vorurteilen an das Thema, an den Interviewer und an das Interview selbst herantritt. Diese Vorurteile hemmen den Zugang des Interviewers in die Tiefe der Motivlandschaft der Interviewpersonen und erschweren damit das Interview. Wenn der Interviewer jedoch vorher klärt, wer er ist, was er will und wie er vorzugehen pflegt, läßt sich eine Vertrauensbasis zwischen den Dialogpartnern leichter und vor allem schneller herstellen. Ein gutes Beispiel für so ein Vorurteil ist die Mikrophonangst mancher Interviewpersonen. Sie reden langsamer, leiser bzw. weniger als im freien Gespräch. Sie fühlen sich durch das Aufnahmegerät gestört und behindert. Sie reden auch in einem anderen Tonfall und bringen andere Inhalte.

Sophia: Wie erkennt das der Interviewer?

Phileon: Meistens nur dann, wenn er die nötige Erfahrung hat. Dann bemerkt er, daß die Interviewperson oft Richtung Tonbandgerät schaut und unnatürliche Satzkonstruktionen baut, weil sie zeigen will, daß sie „schön" sprechen kann. Wenn so etwas vorkommt, dann ist dies vom Interviewer anzusprechen und zu klären, damit das Interview brauchbar wird. Diese Ängste sind verständlich und spielen sich auf der Gefühlsebene ab. Gerade diese Ebene ist aber die zu erforschende und muß daher von Störfaktoren möglichst freigehalten werden.

Sophia: Welchen Stellenwert hat die Interviewperson im Tiefeninterview?

Phileon: Die Interviewperson wird als Individuum betrachtet, das in einer historischen und kulturellen Struktur eingebettet und deren Teil ist. In gewisser

Weise läßt sich aufgrund der genauen Betrachtung eines Individuums ein Teil der gesellschaftlichen Zusammenhänge rekonstruieren, zumindest was ein bestimmtes Thema betrifft. Diese Zusammenhänge gelten dann nicht mehr nur für das jeweils erforschte Individuum, sondern für eine ganze Gruppe von Menschen oder sogar einen Teil der Gesellschaft. Dies ist die Antwort der qualitativen Motivforschung auf die Frage nach Repräsentativität. In der quantitativen Forschung ist die Sichtweise der Forscher auf die Interviewpersonen bereits vom Prinzip her eine völlig andere, wie Müller verdeutlicht:

„Der Befragte wird in der Regel nicht als Gesellschaftsmitglied in einer historisch-spezifischen Situation betrachtet, sondern als Variablenkonstellation in bestimmter Ausprägung. " (Müller 1979, S. 47)

Dies bedeutet aber auch, daß es in der quantitativen Forschung nicht um die Zusammenhänge geht, sondern darum, eine bestimmte Variable zu isolieren. Dies ist auch eine legitime Vorgangsweise, die ihren Zweck erfüllt, allerdings erst dann, wenn eindeutig festgestellt werden kann, daß die zu isolierende Variable von anderen Variablen wirklich isoliert werden kann, ohne daß wichtige Bereiche ausgeklammert werden, die für das Interpretationsverständnis unumgänglich sind.

Im Tiefeninterview wird die Interviewperson als Individuum, das in eine historische und kulturelle Struktur eingebettet und Teil davon ist, betrachtet. Im quantitativen Interview ist sie eine Variablenkonstruktion in bestimmter Ausprägung.

Die Rolle der Interviewperson im Tiefeninterview ist eine völlig andere. Hier geht es um die Zusammenhänge, das Individuum wird aus methodischen Gründen isoliert erforscht, nicht jedoch isoliert betrachtet – sehr wohl aber als ein Individuum. Dieser scheinbare Widerspruch läßt sich zum Teil auflösen und führt mit folgender Frage ins Herz der Methode: wie kann man die Schnittstelle zwischen Individuum und Gesellschaft erforschen, darstellen und überbrücken? Wie kann ich nur aus der Betrachtung eines Teils das Ganze erkennen? Die Antwort auf diese Frage kann man finden, wenn man obiges Zitat von Müller interpretiert und vervollständigt: Der Mensch als Variablenkonstellation in bestimmter Ausprägung liefert bei richtiger und exakter Betrachtung erstens die nötigen Variablen und zweitens die jeweilige Konstellation dieser Variablen in drittens einer bestimmten Ausprägung. Das bedeutet, daß der Forscher bei einer gewissen Anzahl an durchgeführten Interviews die notwendige Anzahl an Variablen kennt, um das Orientierungsfeld beschreiben zu können.

Sophia: Das hast du vorher schon kurz erwähnt. Was genau ist

Das Orientierungsfeld

Phileon: So nenne ich die Darstellung einer Motivlandschaft. Das Orientierungsfeld ist ein wichtiger Teil der Methodik in der qualitativen Motivforschung.

Sophia: Und was ist das?

Phileon: Die Sammlung aller handlungsrelevanten Motive samt Querverbindung in andere Bereiche, die zum entsprechenden zu erforschenden Thema gehören. Jeder Mensch hat zu einem bestimmten Thema Gefühle und Gedanken, zu manchen Themen mehr, zu anderen weniger. Aber auch Themengebiete, die das Individuum nicht betreffen, werden von ihm in ein Weltbild eingeordnet, sobald er darüber Informationen erhält. Diese Gefühle und Gedanken betreffen das jeweilige Thema auf direkte oder indirekte Weise, ergänzt durch Erfahrungen und schon vorhandenes Wissen. All das zusammen ergibt eine „Motivlandschaft". In ihr ist die Beziehung des Konsumenten zum Produkt enthalten und erkennbar. Auf diese Beziehung greift ein Konsument zurück, wenn er seine Handlungen koordiniert. Diese Beziehung ist nicht linear, vielmehr sehr komplex und ständigen Änderungen unterworfen. Sie hat lokale Zentren, Querverbindungen in verschiedene andere Themenbereiche, Gewichtungen innerhalb des gesamten Orientierungsfeldes existieren ebenso wie spezifische Besonderheiten.

> Ein Orientierungsfeld ist die Darstellung einer kompletten Motivlandschaft ein bestimmtes Thema betreffend. In ihm ist die Sammlung aller handlungsrelevanten Motive samt Querverbindungen und relativer Stellung zueinander enthalten.

Man kann sich das Orientierungsfeld als Rechteck vorstellen, das die Summe aller möglichen Beziehungen darstellt. Innerhalb des Rechtecks gibt es jetzt einen Bereich, der die tatsächlich vorhandenen Motive enthält und dieser Bereich ist wiederum durchsetzt von „Clustern", die Gewichtungen darstellen. Man weiß, daß es eine Grenze geben muß, da in der menschlichen Psyche nicht alles mit allem zwingend und ständig zu tun hat. Man weiß aber nicht, wie diese Grenze aussieht, warum sie gerade so und nicht anders gestaltet ist und man kennt auch nicht die Gewichtungen innerhalb der Grenze. In vielen Fällen kennt man einige Motivdimensionen, aber nicht das Gesamtbild. Wenn nur eher unbedeutende Gewichtungen bzw. Zentren der Motivlandschaft bekannt sind und z.B. die wichtigste fehlt, so werden die Maßnahmen, die man zu Verkaufs- oder Marketingzwecken setzt, fehlschlagen.

Sophia: Wofür steht das Rechteck jetzt?

Phileon: Für das noch nicht Bekannte, aber Vorhandene. Vor einer Motivforschung muß man davon ausgehen, *daß* es Beziehungen gibt – man kennt sie nur noch nicht oder nur teilweise. Der Bereich *innerhalb* des Rechtecks ist die nach einer Motivforschung bekannte neue Grenze der Motivlandschaft, die darin enthaltenen Cluster sind Motivdimensionen bzw. deren Anhäufungen, also Motivschwerpunkte.

Das Orientierungsfeld kann für die Motivlandschaft einer einzelnen Person oder auch eines Gesamtsamples erstellt werden.

Sophia: Welche Bedeutung hat dieses Orientierungsfeld für den Forscher – wie geht er mit diesem Rechteck, diesem Feld um?

Phileon: Das Orientierungsfeld ist für den Forscher nur als theoretisches Erklärungsmodell gedacht – trotzdem kann man dies in die Praxisarbeit des Forschers übersetzen. Das Rechteck steht für die prinzipielle Offenheit für neue Motive – dem Forscher muß klar sein, daß er nie alle Motive erkennen wird. Meistens treten bei Forschungen Zusammenhänge ans Licht, die vorher noch unbekannt waren. Man dachte noch gar nicht daran, daß die Grenze überhaupt veränderbar sein könnte. Es geht dabei um Motivdimensionen bzw. deren Querverbindungen, die den Horizont der Phänomenologie erweitern. Die Grenze ist ja keine natürlich existierende, sondern eine von der Sozietät geschaffene und vom Betrachter als solche vorausgesetzte.

Sophia: Du hast gesagt, daß der Forscher nie alle Motive erkennen wird. Welchen Anspruch hat er dann?

Phileon: In einer Werbeaussendung für einen Vortrag von Motivforschern habe ich neulich die Ankündigung gelesen, daß die Vortragenden „alle Motive der Konsumenten" kennen würden. Das zu behaupten ist unseriös und in gewisser Weise auch unwissenschaftlich, denn von einer Allwissenheit des Forschers auszugehen beschränkt die Möglichkeit der Selbstkritik. Man kann immer nur einen Teil der Motive erkennen, das Ziel muß es jedoch sein, diesen Teil möglichst groß zu machen, deswegen wird ja Motivforschung betrieben.

Sophia: Wie erkennt man diesen Teil im Orientierungsfeld?

Phileon: Der Bereich innerhalb des Rechtecks ist durch die Forschung möglichst genau abzustecken. Auch hier kann uns das Theoriemodell wichtige Orientierungen für die Praxisarbeit geben, denn es geht darum, aus einer tw. bekannten und tw. noch unbekannten Vielzahl von möglichen Motiven die relevanten herauszusuchen. Dies muß Teil der Methodik sein und daher wird man versuchen, die Fragen in den Interviews so zu formulieren, daß die Grenze möglichst genau gezogen werden kann. Das heißt, man will möglichst viele relevante Motive möglichst genau darstellen und kann in Folge die nicht wichtigen Motivbereiche ausklammern. In der Praxis der Organisationsentwicklung bedeutet das, daß man sinnlose Produktideen nicht ausprobieren muß, da man aufgrund der bekannten Motive erkennen kann, daß sie keinen Erfolg haben werden. Dies kann unterschiedlichste Gründe haben, denn Motive sind komplex und ändern sich.

Sophia: Welche Vorteile hat der Auftraggeber einer solchen Forschung?

Phileon: Er kann sich dadurch eine Menge Geld sparen, denn die Entwicklung und Vermarktung von unrentablen weil unverkäuflichen weil an den Bedürfnissen der Menschen vorbeiproduzierten Produkten ist sehr teuer. Wenn Unternehmen nur einen Bruchteil der Entwicklungskosten neuer Produkte vorher in die qualitative Forschung stecken, können sie gewaltige Summen sparen und ihr Unternehmen am Markt voranbringen, denn schlechte Produkte bringen ja nicht nur keinen Gewinn sondern verschlechtern auch noch das Image des Unternehmens und stärken somit die Konkurrenz.

Durch die qualitative Erforschung der Motive der Konsumenten könnten sich Unternehmen viel Geld ersparen, denn die Entwicklung und Vermarktung von unrentablen weil unverkäuflichen weil an den Bedürfnissen der Menschen vorbeiproduzierten Produkten ist teuer und bringt zusätzlich noch Imageverlust.

Sophia: Gibt es noch weitere Vorteile?

Phileon: Der Auftraggeber erhält Gelegenheit sich selbst einmal auf unkonventionelle und für ihn neue Weise mit seinen Produkten und damit auch mit sich selbst auseinanderzusetzen. Dies passiert in der Praxis zu selten, da man ohne Forschung sehr viel Zeit mit Orientierungssuche verbringt ohne jedoch die entsprechenden wichtigen Anhaltspunkte zu haben.

Sophia: Welche sind das?

Phileon: Die Motive der Kunden, der Konsumenten. Alles andere ist zweitrangig, denn für einen Produzenten einer Ware, egal ob Duschgel oder Investmentfonds, muß es darum gehen die Produkte zu entwerfen, herzustellen und zu verkaufen. Wenn die Produkte falsch entworfen werden, ist die Herstellung sinnlos, weil man sie nicht verkaufen kann. Die Werbung kann Bedürfnisse nicht „im Nachhinein" wecken, sie kann sie nur beeinflussen.

Sophia: Ich möchte noch einmal zum Orientierungsfeld zurückkommen. Welchen Stellenwert hat der Betrachter, also der Forscher in dem Erkenntnisprozeß? Mit anderen Worten: was kann er beitragen?

Phileon: Die Grenze setzt natürlich der Forscher, der die Zusammenhänge als solche klassifiziert, erkennt, deutet. Sie entstehen sozusagen im Kopf des Forschers. Trotzdem läßt sich der Zusammenhang zur Wirklichkeit herstellen, da die Erkenntnisse ihre Gültigkeit beweisen müssen – sie werden bei der Umsetzung einer Studie, einer Forschungsarbeit, an der härtesten Raspel gerieben, die unsere Gesellschaft momentan vorzuweisen hat, an der Ökonomie.

Sophia: Und was sind das für Erkenntnisse?

Phileon: Erkenntnisse über die Grundlagen menschlichen Zusammenlebens. Im Zentrum dieser Erkenntnisse steht das Verhältnis Individuum – Gesellschaft. In der qualitativen Motivforschung zählt das Nur-Individuelle nicht, das Individuelle aber schon, ganz im Gegensatz zur quantitativen Motivforschung, wo es darum geht, das Individuelle möglichst zu vernachlässigen. Im Tiefeninterview frage ich einen Menschen nach seiner individuellen Meinung. Diese ist zwar die seine, er hat sie jedoch als Teil einer Sozietät erworben, sie wurde ihm entweder eingeimpft oder er hat sie sich aus verschiedenen Quellen selbst zusammengetragen oder es ist eine Mischung aus beidem. Der Interviewer fragt das Individuum daher nach seiner Person als Subjekt, zugleich aber auch als einen Teil, der in gewisser Weise das Ganze repräsentiert.

Sophia: Was heißt „in gewisser Weise"?

Phileon: Jeder Mensch hat seine eigenen Gedanken und Gefühle, Ideen, Meinungen und das alles vor seinem persönlichen, individuellen Erfahrungshorizont. Nicht alles kann auf die Allgemeinheit übertragen werden. Zusammenhänge, die man entdeckt, müssen nicht zwangsläufig für die Gesellschaft in gleicher Weise gültig sein. Aus diesem Grund braucht man zur weiteren Verarbeitung des Datenmaterials erstens die interdisziplinäre Auswertung, zweitens muß man sich immer vor Augen halten, daß zwar einerseits das Individuum erforscht wird, aber nur insofern, als es auch Teil einer Gesamtheit, einer Sozietät ist.

Sophia: Kommen wir noch einmal zum Orientierungsfeld zurück. Könntest du mir das ein wenig anschaulicher erklären?

Phileon: Dieses Orientierungsfeld kann man mit einem Stadtviertel vergleichen, nehmen wir als Beispiel das Quartier Latin in Paris. Als Nicht-Pariser, der noch nie dort war, kennt man nur den Namen des Viertels. Um es zu erforschen, kann man sich in der Buchhandlung den einen oder anderen Reiseführer und damit theoretisches Wissen verschaffen. Dies entspricht dem Studium von bereits durchgeführten Untersuchungen im Vorfeld einer qualitativen Motivforschung. Diese Untersuchungen sind vielfältig in Bezug auf die verwendete Methode und die Sichtweise der Forscher, ganz so wie die verschiedenen Reiseführer.

Um aber das Quartier Latin wirklich kennenzulernen, muß man hinfahren und es sich ansehen. Man muß durch die Straßen wandern und sich die einzelnen Häuser ansehen. Man muß mit den Menschen reden, die dort leben. Nach einer bestimmten Zeit wird man die Größe kennen, man wird sie sich sozusagen „erlaufen" haben und auch einen Eindruck davon weitervermitteln können. Man wird Straßenzüge kennen und beschreiben können und noch vieles mehr. Wenn man noch tiefer in das Viertel eindringen will, wird man sich von den dort lebenden Menschen Geschichten erzählen lassen, über sie selbst, über die Geschichte des Viertels und die Zukunftsaussichten. Man wird sich herumführen und neue, bisher unentdeckte Plätze zeigen lassen. Der eigene Eindruck wird sich so stetig verändern und eigene Vorurteile werden verschwinden, sofern man bereit ist, mit offenen Augen und Ohren durch das Viertel zu gehen. Man wird auch die Subjektivität des eigenen Eindruckes bemerken und relativieren können. Die eigene Position bestimmt somit nicht mehr das Gesamtbild sondern wird Teil davon.

Sophia: Wie kann man eine Besichtigung des Quartier Latin mit einem Tiefeninterview vergleichen?

Phileon: Traugott Lindner vergleicht die Arbeit eines Tiefeninterviewers gerne mit der eines Archäologen – und er bezieht sich dabei auch auf Freud: *„Ein Interview ist wie eine Forschungsreise in ein fremdes, unbekanntes Land. Es darf nicht angenommen werden, daß die zu entdeckende Landschaft und die kennenzulernende Bevölkerung allzuviel bekannte Elemente aufweisen. Dort können nie gesehene Berge, Täler und Flüsse vorkommen, andersartige Tiere und Pflanzen und Menschen mit anderen Vorstellungen, Gesetzen, Gefühlen als man sie bis jetzt kennengelernt hat.*

Sigmund Freud hat die Arbeit eines Psychoanalytikers einmal mit der Arbeit eines Archäologen verglichen (XVI/45ff.). Der muß eine zerstörte und verschüttete Wohnstätte ausgraben und auf Grund noch vorhandener Mauerreste Ergänzungen machen und seine Schlüsse daraus ziehen. Solche Ausgrabungen kann man mit einer Planierraupe vornehmen, die in den Schutt hineinfährt und zugleich vieles zerstört.

Man kann aber auch behutsam vorgehen, ähnlich wie die Archäologen mit Pinsel und feinen Instrumenten arbeiten, Feinarbeit leisten. Diese Analogie sollte man als Tiefeninterviewer stets vor Augen haben." (Traugott Lindner, Schulungsunterlagen für Interviewer, 1987)

Das zu erforschende Orientierungsfeld läßt sich auch mit einem Stadtviertel vergleichen. Man hat schon vor Beginn der Forschung gewisse Informationen und ein gewisses Bild von der Motivlandschaft der Zielgruppe. Teilweise hat man schon eigene Erfahrungen mit dem Thema gemacht und vorangehende Untersuchungen gelesen. Man hat eigene Vorurteile und Theorien zum Thema. In Folge werden die entscheidenden Punkte, die es zu erforschen gilt, festgelegt und ein Interviewleitfaden erstellt. Die Interviewer können sich aber auch außerhalb des Interviewleitfadens frei bewegen, da man ja, ähnlich wie in einem Stadtviertel, auf unbekannte Bereiche stoßen kann. Die Interviewer lassen sich durch die Interviewpersonen in deren Lebens- und Motivwelt herumführen und alles zeigen. Je mehr verschiedene Interviews gemacht werden, umso genauer kann nach der Erhebungsphase das Orientierungsfeld beschrieben werden, umso genauer sind die Ergebnisse.

Je mehr qualitative Interviews gemacht werden, desto genauer können die verschiedenen Motivdimensionen dargestellt und gegeneinander abgegrenzt werden.

Sophia: Und wie ist die Position des Forschers im Tiefeninterview?

Phileon: Der Forscher ist quasi Laie in der Alltags- und Erlebniswelt der Interviewperson, ebenso wie er Gast im Quartier Latin ist. Es erfolgt natürlich eine Beeinflussung des Interviewten durch den Interviewer. Dies ist aber kein Problem, sofern diese Beeinflussung mitberücksichtigt wird und sich der Interviewer seiner Rolle bewußt ist.

Die Beeinflussung hat aber auch einen positiven Aspekt: sie lockert die Gesprächsatmosphäre auf, sie nähert sich der Situation eines Alltagsgespräches an. Dies ist vor allem deswegen ein Vorteil, weil gerade im gut geführten offenen bzw. im Tiefeninterview die Aufteilung Frager – Befragter sehr starr ist und es auch bleiben muß. Im Idealfall redet der Interviewer fast gar nichts, schafft aber dadurch eine künstliche Laborsituation, die durch die geringe Beeinflussung wieder ein wenig aufgelockert wird. Eine andere Möglichkeit ist das vorangehende, locker geführte Gespräch, das man als Small Talk bezeichnen kann. Hierbei schafft der Interviewer eine Atmosphäre, die er für den darauffolgenden Teil, das „trockene" Interview, gut verwenden kann.

Während des Interviews gibt der Interviewer nur Antwort, wenn seine Frage mißverstanden wurde oder ein Problem im Interview auftritt, das nicht inhaltlicher Natur ist. Das Interview wird in so einem Fall unterbrochen und nach Beseitigung der Störung fortgesetzt.

Lamnek unterscheidet verschiedene Stile des Interviewens: hart, weich, neutral. Diese Unterscheidung kann aber nicht standardisiert werden, denn jeder Interviewer entwickelt einen eigenen Stil, der nicht unbedingt in dieses Schema einzuordnen ist. Eine wichtige Eigenschaft für einen guten Interviewer ist die Flexibilität. Je besser er sich auf eine Interviewperson einstellen kann, desto erfolgreicher wird das Interview verlaufen. In diesem Fall spielt der Stil eine untergeordnete Rolle, da er dem Verhältnis Interviewer – Interviewperson angepaßt wird. Ob er dann hart, weich oder neutral ist, läßt sich nicht mehr sagen, da der Stil nur in Relation zum jeweiligen Interview betrachtet werden kann. Ein Beispiel für ein offenes, nicht standardisiertes Interview findet sich übrigens auch bei Lamnek (vgl. Lamnek; Band 2, S. 41f.).

Sophia: Ich möchte noch bei der Auswertung und Interpretation der Interviews bleiben. Was sind die zentralen Elemente?

Phileon: Es geht um Typisierungen und Typologien, nicht um generalisierende Aussagen oder Repräsentativität (vgl. Lamnek; Band 2, S. 92). Das Ziel der qualitativen Motivforschung ist es, nicht die Häufigkeit, sondern ein möglichst zutreffendes Set der relevanten Handlungsmuster zu erforschen.

Sophia: Was ist, wenn wichtige Gruppen und damit vielleicht ein wichtiger oder sogar entscheidender Teil des Problembereichs nicht erfaßt werden?

Phileon: Dafür gibt es eben das theoretical sampling, bei dem vor Beginn der Forschung geklärt wird, welche Zielgruppen interviewt werden müssen. Also für eine Studie über Motordesign bei PKWs wird man nur Autofahrer interviewen. Man kann hier z.B. auch ein paar Leute interviewen, die sich mit dem Thema noch gar nicht auseinandergesetzt haben, aber hier sind erfahrungsgemäß keine wertvollen Erkenntnisse zu gewinnen.

Sophia: Bei Motordesign oder überhaupt?

Phileon: Bei Motordesign! Bei anderen Forschungen, wie etwa über widersprüchliche gesellschaftliche Themen wie Öffentlicher Verkehr etc., muß man ein völlig anderes theoretisches Sample zusammenstellen. Hier braucht man verschiedene Zielgruppen vor dem Mikrophon. Die genaue Zusammensetzung ist jedoch nicht wichtig. Das ist ja das Prinzip des theoretischen Samples, daß ich als Forscher jedes Mal neu definieren muß, welche Zielgruppen es zu dem betreffenden Thema überhaupt gibt und wen ich daraus interviewen möchte.

In der Interpretation erzeuge ich dann sozusagen das reale Orientierungsfeld und somit auch die Abgrenzung des sozialen Umfeldes, das Feld selbst ist nicht als abgeschlossen zu betrachten! Froschauer/Lueger haben das folgendermaßen definiert: „*Interpretation ist genaugenommen nicht das Finden einer Struktur im Text, sondern die Ergänzung des Textes im Sinne der Rekonstruktion einer dem Text vorgelagerten Struktur.*" (Froschauer/Lueger, S. 56)

Das heißt, ich muß die Struktur aus dem Tiefeninterview herauslesen. In der eigentlichen Phase der Hypothesenbildung analysiere ich den vorhandenen Text, suche nach Widersprüchen und Sinnzusammenhängen. „Extensive Sinnauslegung" heißt bei Froschauer/Lueger auch „kreative Phase", wird aber nicht als zentraler Teil der Methodik angesehen. In der mehrdimensionalen Ursachenforschung ist dies aber ein sehr wichtiger Bereich der Arbeit, der Froschauer/Lueger als Soziologen in diesem Fall nicht so sehr interessiert. Sie sehen den Sinn der Wertigkeit der Widersprüche und einer dialektischen Sichtweise (vgl. S. 51f.) nicht.

Sophia: Du weißt, Kritik halte ich immer für wichtig. Erzähle mir bitte etwas über

Die Nachteile der Methode des Tiefeninterviews

Phileon: Gerne.

1. Ein Vorteil des quantitativen Interviews: es geht wesentlich schneller. Das ist manchmal ein Nachteil für das offene Interview generell, daß es beiden Beteiligten mehr Zeit kostet. Wer nur 20 Minuten Zeit hat, kann kein brauchbares offenes Interview geben, bei einem standardisierten Fragebogen ist das meist kein Problem.
2. Ein Tiefeninterview erfordert qualifizierte Interviewer, deren Ausbildung aufwendig und langwierig ist, denn nur durch ausreichend Praxis bekommt ein Interviewer die notwendige Erfahrung. Das kann man nur sehr bedingt theoretisch lernen. Interviewen setzt vom Interviewer große Flexibilität voraus, da er sich oft mehrmals am Tag auf neue Gesprächspartner einstellen muß. Er muß außerdem eventuelle Antipathien, Sympathien und Vorurteile bereits vor dem Interview wegstecken können.
3. Der Tiefeninterviewer muß sich etwa 1,5 bis 2 Stunden voll auf sein Gegenüber konzentrieren. Er muß jeden Gedankengang nachvollziehen und jeden Widerspruch vermerken. Das kostet enorm viel Kraft. Daher ist das zahlenmäßige Limit für Tiefeninterviews pro Tag bei maximal 4 Stück anzusiedeln.

Sophia: Was ist daran so anstrengend?

Phileon: Für den Laien sieht es ganz einfach aus. Der Interviewer hat seinen Spaß, nickt manchmal freundlich und stellt die eine oder andere Zwischenfrage. Die Arbeit, die dahintersteckt, läßt sich schwer beschreiben und der Interviewer merkt erst nach dem Gespräch, wieviel Energie es ihn gekostet hat. Das ist Kraft, die die Interviewperson teilweise bekommt, der Dialog reicht weit über den verbalen Bereich hinaus und es findet auch ein Austausch an Energien statt. Das merkt auch die Interviewperson erst im nachhinein, wenn sie gutgelaunt aufsteht und ihres Weges geht. Es kommt selten vor, daß die Interviewperson während oder nach einem guten Tiefeninterview Abnützungserscheinungen zeigt, der Interviewer dagegen immer.

Sophia: Woran liegt das?

Phileon: Es findet vermutlich eine Art „Energieaustausch" statt. Der Interviewer hört zu und versetzt sich in die Lebenswelt des Gesprächspartners auf eine sehr intensive Art und Weise. Das passiert sogar bei auf den ersten Blick eher unspektakulären Themen wie Autowerkstätten oder europäische Währungen. Die Interviewperson erhält die Möglichkeit, ihr Herz auszuschütten. Das, was sie ausschüttet, muß irgendwo aufgefangen werden und das kostet den Interviewer Kraft, da er den ganzen „Behälter" gefüllt mit Emotionen halten und ausbalancieren muß, er will ja schließlich nichts verschütten. Des weiteren muß der Interviewer auch noch seine eigenen Emotionen unterdrücken.

Sophia: Was passiert mit der Interviewperson?

Phileon: Für die ist das meistens eine neue, fast immer aber eine interessante Erfahrung. Die meisten Interviewpersonen sind erfreut, daß endlich einmal jemand zuhört und sich für ihre Meinungen interessiert und vor allem für ihre Gefühle. Ebenso wie ein Therapeut wertet der Interviewer die Person im Gespräch auf. In unserem hierarchischen Organisationsprinzip haben wir gelernt, daß den oberen jeweils zugehört wird und alles, was sie von sich geben, akzeptiert wird. Man widerspricht weder dem Chef noch der Interviewperson.

Es ist ein Manko unserer Zeit, daß man diese Form von Kommunikation in vielen Fällen nur mehr in der Familie findet, es sind manchmal noch die Eltern und der Partner, die zuhören können und es auch tun. Aber selbst das ist für manche Menschen nicht mehr möglich, sie heuern sich dann für viel Geld einen Psychotherapeuten an, der ihnen zuhört. Oft müssen auch Menschen aus der Dienstleistung sich dieser Funktion annehmen, der Bäcker, die Bankangestellte oder der Briefträger.

Sophia: Oder der Interviewer!

Phileon: Ja, der auch.

4. Das ist wiederum ein Nachteil des Tiefeninterviews, daß die Interviewpersonen auch manchmal abschweifen und der Interviewer dann die Aufgabe hat, sie zum Thema zurückzubringen. Das verlängert natürlich auch die Interviewdauer. Zeit ist in vielen Fällen ein Problem und für den Interviewer oft schon vor dem Interview eine Belastung, da man sich Termine für ein Tiefeninterview sehr sorgfältig ausmachen muß. Sie sollen in entspannter, ruhiger Atmosphäre stattfinden und es muß genug Zeit vorhanden sein. Hier stößt man auch auf die größten Widerstände, da die Menschen die Situation eines Tiefeninterviews meistens nicht kennen und daher oft vorsichtig sind. Auch hier zeigen sich die Qualitäten und die Ausbildung des Interviewers.

Sophia: Gibt es noch weitere Nachteile?

Phileon:

5. Ja, das Tiefeninterview ist kostenintensiv. Wie gesagt, es erfordert viel Vorbereitung und eine qualifizierte Ausbildung der Interviewer. Einen

Fragebogen kann ich an jeden ausschicken, der lesen und schreiben kann. Das ist beim Tiefeninterview nicht der Fall. Aber nicht nur die Erstellung ist aufwendig, sondern auch die Auswertung. Das Interview muß transkribiert und dann händisch ausgewertet, d.h. mindestens einmal vollständig durchgelesen werden.

Die Nachteile des Tiefeninterviews:
1. Es ist zeitaufwendig: 1-2 Stunden;
2. Es sind gut geschulte Fachkräfte notwendig;
3. Es ist energieaufwendig und kostet vor allem dem Interviewer viel Kraft;
4. Es verlangt eine kostenintensive Erstellung und Auswertung;

Sophia: Du hast vorher drei Bereiche aufgezählt, in denen die mehrdimensionale Ursachenforschung mit Erfolg angewendet wird. Welche

Unterschiede der Methode

gibt es zwischen diesen drei Bereichen?

Phileon: Bei der *Strukturanalyse* muß gewährleistet sein, daß das Sample der Mitarbeiter einer Organisation alle wichtigen Bereiche umfaßt. Hier muß der Projektleiter (Forscher) die Möglichkeit haben, Leute seiner Wahl für die Mitarbeit auszusuchen. Auch die Auswahl der Interviewpersonen muß zusammen mit dem Forscher vorgenommen werden. Am Schluß jedes Interviews wird die interviewte Person noch gefragt, wen sie von ihren Bekannten, Kollegen etc. für ein Interview vorschlagen würde („Sagen Sie mir bitte, wen müssen wir noch interviewen, wenn wir Wichtiges erfahren wollen?").

Oft ist dem Auftraggeber nicht bekannt, welche Personen am besten Auskunft über die Problematik geben können. Manchmal ist der Auftraggeber sogar selbst in die Problematik involviert oder er kann die Problemfelder eben nicht selbst lokalisieren – weshalb er eine Untersuchung benötigt. Die Auswahl des theoretical samplings bleibt dem Forscher überlassen und wird bei jeder neuen Forschung nach anderen Gesichtspunkten zusammenzustellen sein. Trotz der Gemeinsamkeiten, die viele Organisationen aufweisen (Größe, Hierarchiestruktur, Produkte etc.), hat jede einzelne eine eigene, unverwechselbare Form, die es mit einer genau darauf abgestimmten Methode zu erforschen gilt.

Es ist bei dieser Form der Forschung unumgänglich, daß der Forscher gewisse „detektivische" Fähigkeiten besitzt, sozusagen ein „G'spür" für fehlende Bereiche und Aspekte. Diese Fähigkeiten entstehen in der Regel aus dem persönlichen Erfahrungsschatz und müssen in das wissenschaftliche Gebäude miteinbezogen werden.

Der Forscher benötigt einen Sinn für Blockaden, Intrigen, informelle Hierarchien und für Konflikte. Auch hierfür kann es keine Normierung geben und kein Ausbildungsschema. Die beste Grundlage ist hier die Erfahrung mit den verschiedenen Formen der Problematik.

Als zweiten Bereich gibt es die *Produktanalyse.*

Auch hier erfolgt ein theoretical sampling, das in groben Zügen in ausführlichen Vorgesprächen mit dem Auftraggeber erarbeitet wird. Meistens hat dieser schon recht genaue Vorstellungen, welche Zielgruppe er erforscht haben will. Es ist aber auch möglich, ohne jedes Auswahlkriterium seitens des Auftraggebers mit der Arbeit zu beginnen. Dann spielt jedoch die Reflexionsphase nach der ersten Interviewwelle eine besonders wichtige Rolle. Zu diesem Zeitpunkt muß dann das Sampling neu überdacht und an die bereits gewonnenen Erkenntnisse angepaßt werden. Diese Anpassung hat unter Umständen mehrmals zu erfolgen. Hier ähnelt die Vorgangsweise wieder der Strukturanalyse.

Dritter Bereich: Gesellschaftspolitische Studien – Die *Sozialanalyse*

Die Auswahl der Interviewpersonen ist hier zugleich einfach und schwierig. Einerseits ist die Bereitschaft, ein Interview zu geben, schichtspezifisch verschieden. Menschen mit höherer Bildung verfügen im allgemeinen über ein breiteres Spektrum sprachlicher Ausdrucksfähigkeit und zeigen daher weniger Scheu vor einem Interview. Andererseits ist die Menge der potentiellen Interviewpersonen wesentlich höher und die Interviewer genießen in den meisten Fällen die Möglichkeit freier Auswahl. Ein breitgestreutes Sample kann man auch deshalb erreichen, weil einzelne Interviewer im Idealfall zu verschiedenen Personengruppen Zugang haben.

An diesem Punkt ist eine zusätzliche Überlegung angebracht: Um gesellschaftspolitische Phänomene erforschen zu können, ist ein breitgestreutes Sample meistens gar nicht notwendig. Gesellschaftliche Phänomene sind sehr häufig dergestalt, daß sie die meisten Mitglieder einer Gesellschaft irgendwie betreffen, als Beispiel kann hier die Atomkraftfrage oder der EU-Beitritt dienen.

Es gilt daher, den jeweiligen persönlichen Zugang der Interviewpersonen zu erforschen und ihre Beziehung zu dem problematisierten Bereich zu analysieren. Auch hier ist die prozeßhafte Abfolge der Datenerhebung samt ihren Reflexionsmöglichkeiten zu beachten. Wie bei den vorangegangenen Methoden besteht natürlich auch hier die Möglichkeit, durch ergänzende Interviewphasen die fehlenden Informationen zu bekommen, wobei man entweder das Sample erweitert oder bei bestimmten Problemen noch weiter „in die Tiefe" fragt.

Sophia: Du hast im Laufe des Interviews auch noch von einer anderen Methode als der mehrdimensionalen Ursachenforschung gesprochen. Was hat es damit auf sich?

Phileon: Ja,

Die Methode der qualitativen Ursachenforschung

Sie ist aus der mehrdimensionalen Ursachenforschung entstanden und übernimmt deren Prämissen. Sie wurde deshalb entwickelt, weil es in der mehrdimensionalen Ursachenforschung einige Faktoren gibt, die sie für bestimmte Bereiche unbrauchbar macht.

1. Da wäre zum Beispiel einmal der Preis. Eine komplette Studie kostet sehr viel Geld und kann, sofern es eine Produktforschung ist, meistens nur vom Vorstand eines großen Unternehmens genehmigt werden, da nur er das notwendige Budget bewilligen kann. Das macht alle Forschungen, die nicht über diese Schiene laufen können, unmöglich.
2. Der zweite Punkt ist der Aufwand: es werden in der mehrdimensionalen Ursachenforschung viele verschiedene Experten benötigt, um die wichtigsten Bereiche abdecken zu können. Auch das macht die Studie kostenintensiv und langwierig. Außerdem sind die notwendigen Experten nicht immer zu haben.
3. Der dritte Punkt betrifft die Folgeforschung. Eine Firma, die sich eine mehrdimensionale Ursachenforschung geleistet hat und die Ergebnisse auch umsetzen konnte, hat oft Interesse an einer weiteren Erforschung einzelner Bereiche durch qualitative Studien. Sie will allerdings in den seltensten Fällen noch einmal das Geld für eine große Studie ausgeben. Für die Erforschung von Detailbereichen ist eine große Forschung dann auch nicht mehr notwendig.

Aus diesen Gründen wurde eine neue Form der Motivforschung entwickelt, die sich zwar an die mehrdimensionale Ursachenforschung anlehnt, aber in der Methode ein wenig abweicht. Die neue Methode wurde schon des öfteren erprobt und weiterentwickelt.

Die Aufgabenstellung war folgende: Wir brauchen eine Forschung über ein teilweise bereits bekanntes Gebiet, es darf aber keine quantitative Meinungsforschung sein und es darf nicht viel kosten.

Sophia: Wo liegt jetzt der Unterschied?

Phileon: Genau genommen ist es ein anderes Produkt. Man kann natürlich nicht um einen Bruchteil des Geldes genau die gleichen Ergebnisse erzielen, die Abstriche erfolgen in der Tiefe der Analyse. Als Fragemethode wird z.B.

ein halbstrukturierter Fragebogen genommen, der aber aus offenen Fragen besteht, 6 Stück an der Zahl. In so einem Fall ist die Dauer der Interviews nur etwa eine halbe Stunde und auch die Auswertung ist leichter, da die Kategorien von Anfang an feststehen, mit der Option der Erweiterung.

Es gibt aber ebenfalls ein interdisziplinär zusammengesetztes Auswertungsteam.

Sophia: Wann wird gerade diese Form der Befragung gewählt?

Phileon: Wenn etwa eine genügend große Zahl an Interviewern zur Verfügung steht. Es ist aber möglich und auch bereits erprobt, andere Formen der Befragung zu machen. Dies hängt ganz vom Wunsch des Auftraggebers und von seiner Geldbörse ab. Gemeinsam ist allen Methoden, daß die Fragen nur offen gestellt werden und somit die Kriterien einer qualitativen Motivforschung erfüllen. Gemeinsam ist auch die interdisziplinäre Auswertung.

Die „qualitative Ursachenforschung" orientiert sich methodisch und wissenschaftstheoretisch an der „mehrdimensionalen Ursachenforschung", sie ist jedoch vom Aufwand her weniger kosten-, zeit- und arbeitsintensiv. Die Interviews sind in der Regel kürzer und strukturiert, manchmal werden auch qualitative Fragebögen verwendet. In der Folge ist auch die Auswertung weniger komplex und damit einfacher.

Sophia: Und der wichtigste Unterschied?

Phileon: Man geht nicht so sehr in die Tiefe der Motivdimensionen. Es werden zwar auch Tiefeninterviews gemacht, aber meistens lediglich in einer Stückzahl von 5 bis 10. Diese dienen dazu, die wichtigsten Motivdimensionen kennenzulernen. Daraus werden dann die Fragen zur weiteren Erhebung gebildet. So kann man das Risiko reduzieren, wesentliche Bereiche von vorneherein gar nicht zu berücksichtigen.

Sophia: Ich möchte noch einmal beim Unterschied zur mehrdimensionalen Ursachenforschung einhaken. Was kann die qualitative Ursachenforschung besser und was schlechter?

Phileon: Neben dem Kostenvorteil ist noch ein weitere Punkt entscheidend: in der mehrdimensionalen Ursachenforschung versucht man einem „Gesamtphänomen" auf die Spur zu kommen. Die Ergebnisse dienen neben ihrer praktischen Umsetzbarkeit auch als Ausgangsbasis für weitere Forschungsarbeiten. Sie ist jedoch nicht notwendig, wenn es um die Klärung einzelner, oftmals ganz spezifischer Fragen geht. In diesem Fall ist die methodisch „leichtere" Form der qualitativen Ursachenforschung überlegen, da sie nicht konkretere, sondern deutlicher abgegrenzte Ergebnisse bringt. Es gibt Auftraggeber, die sagen: wir wollen nicht alle Grundlagen unserer Branche oder unseres Arbeitsfeldes erforscht haben, sondern Antworten auf ganz spezifische Fragen. Diese Auftraggeber wollen dann auch keine ausführliche Studie in der Länge von 200 Seiten, sondern einen kurzen Bericht über die Motive und deren Hintergründe ganz bestimmte Fragen betreffend. Man kann zusammenfassend sagen: die qualitative Ursachenforschung ist für spezielle Forschungsfragen schneller, genauer und billiger.

Sophia: Eine wichtige Frage noch: Gibt es eine Betreuung der Umsetzung von solchen Studien?

Phileon: Jeder Bericht ist nur so gut, wie er verstanden und angenommen wird. Deshalb ist der letztendlich wichtigste Aspekt die Anschlußfähigkeit der Erkenntnisse an die auftraggebende Organisation. Ausführliche Diskussion, Schulung der Beteiligten, Mitarbeit bei der Strategieerstellung und vieles mehr sind die logische Folge solcher Studien. Wird dem letzten Punkt zu wenig Beachtung geschenkt, kann eine noch so gut gelungene Studie sinnlos sein.

Die Betreuung bei der Umsetzung einer qualitativen Motivforschung kann verschiedene Bereiche umfassen: Präsentation und Diskussion des Berichts, Schulung der Beteiligten, Mitarbeit bei der Strategieerstellung oder auch Folgestudien.

Sophia: Wir kommen jetzt zum Schluß des Interviews.

Phileon: Wie lange sitzen wir denn jetzt schon?

Sophia: Wenn man die Seitenzahl dieser Arbeit mit einem normalen Interview vergleicht, ungefähr 8 Stunden. Darf ich Dich noch bitten, mir eine

Zusammenfassung

der wichtigsten Punkte unseres Gesprächs zu machen?

Phileon: Gerne, vor allem für all diejenigen, die das Werk zwar nicht lesen, aber trotzdem wissen wollen, was drinsteht.

Sophia: Geht das überhaupt?

Phileon: Nein, nicht bei einem so komplexen Thema. Aber man kann einen ersten Einblick bekommen, welche Themen wie behandelt werden und welche Kernfragen für eine weitere Diskussion wichtig sind. Und ob man das Buch überhaupt lesen soll.

Sophia: Wie fängt man an?

Phileon: Thematisch müssen wir sofort fragen: *was ist ein Motiv* – und worin unterscheidet es sich von z.B. einer Meinung?

Ein Motiv ist ein Gefühl, das ein Bedürfnis widerspiegelt. Wenn dieses Gefühl zu einem Auslöser von Handlungen wird, die das Ziel haben, ein Bedürfnis zu befriedigen, dann spreche ich von einem Motiv. Ein Motiv ist real und kann sich in verschiedensten Ausformungen in den Handlungen des Menschen zeigen.

Die nächste Frage heißt: *Woraus entstehen eigentlich Motive?* Wir können uns an dieser Stelle von Ernest Dichter helfen lassen, der z.B. zum Unterschied von männlich und weiblich gesagt hat: *„Es ist durchaus möglich, daß letzten Endes dieser biologische Unterschied der Ausgangspunkt aller Motivationen in der Welt der Dinge ist."* (Ernest Dichter, 1964, S. 308) Im Werk werden die daraus ableitbaren Motivformen erklärt und dargestellt, welche Motivsubstitutionen es gibt und wie man sie erkennen kann.

Die Frage, die sich dann klarerweise sofort stellt, lautet: *was bringt dann die Erforschung der Motivwelt,* man könnte ja auch nur die Handlungen der Menschen beobachten? Dann kann man allerdings keine Prognosen von Veränderungen machen bzw. erfolgte, beobachtete Veränderungen nicht erklären. Letztlich muß beides geschehen – man muß einerseits die Motivdimensionen der Menschen erforschen, anderseits ihre tatsächlichen Handlungen beobachten und dazu natürlich auch noch die Quantifizierung hinzunehmen, die in vielen Fällen beschreibt, *wer wann was* tut. *Warum* er es tut, das klärt die qualitative Motivforschung. Die quantitative Forschung gelangt an diesem Punkt an ihre Grenze, denn sie kann nur erforschen, wieviel von etwas, oder besser: wie häufig etwas (eine Meinung, ein Motiv) in einer bestimmten Gruppe von Menschen auftritt. Sie kann aber noch nicht bekannte Motive nicht finden und schon gar nicht erklären. Sie kann somit sozialen Wandel und gesellschaftliche Trends nicht voraussagen und somit auch nicht den zukünftigen Markt für Produkte beschreiben. Die qualitative Motivforschung kann dies bis zu einem bestimmten Grad schon, unter anderem deshalb, weil ihr Forschungsansatz den Auftraggeber, seine Motive, seine Sicht der Dinge sowie Veränderungsnotwendigkeit und -potential von Organisationen miteinbezieht.

Anhand ausführlicher Kritik an den „marktüblichen" quantitativen Methoden kann man in der Arbeit erkennen, wo die Möglichkeiten qualitativer Motivforschung liegen.

Jetzt stellt sich die Frage: *welche Bereiche können die Methoden der qualitativen Motivforschung abdecken?* Hier haben wir drei unterschiedliche Aufgabengebiete:

–   Die *Produktanalyse* – hier werden die Motivstrukturen der Menschen eine bestimmte Produktform betreffend analysiert. Organisationen, die sich und ihre Produkte weiterentwickeln wollen, brauchen diese Art der Forschung, wenn sie im 21. Jahrhundert einen Konkurrenzvorsprung erarbeiten wollen. Fragebögen zum ankreuzen oder Telefoninterviews genügen nicht mehr.

– Die *Strukturanalyse* – ein Unternehmen hat Probleme mit seiner Sozialstruktur, zwei Abteilungen können nicht miteinander oder es gibt ständig Konflikte zwischen dem Verkauf und der Produktion etc. In diesem Fall kann eine Motivanalyse helfen, die Schwachstellen zu finden und Lösungsansätze zu entwickeln. Diese Form der Forschung hat schon oft Ruhe, Ordnung und Erfolg in krisengeschüttelte Unternehmen gebracht.

– Die *Sozialanalyse* – welche gesellschaftlichen Grundströmungen verändern sich wie? Mittels Tiefeninterviews können etwa Motive zum „Euro" oder ähnliches erkannt und dargestellt werden. Ein unverzichtbares Mittel etwa für PR-Agenturen, die ihre Aufgabe ernst nehmen.

Die nächste wichtige Frage ist die der *wissenschaftlichen Einbettung* der qualitativen Motivforschung. Sie funktioniert über philosophische Denkmodelle, die den Vorzug haben, daß sie den Menschen als In-dividuum, also als unteilbares Ganzes, aber auch als Teil einer gesellschaftlichen Gesamtheit betrachten können. Dies bleibt den Einzelwissenschaften wie der Psychologie, der Soziologie oder den Wirtschaftswissenschaften verwehrt. Die zentrale Frage ist die nach den *Widersprüchen in der Motivstruktur der Menschen*. Die Antwort darauf gibt die *Dialektik*, mittels deren Methoden die für das Thema der Motivforschung zentrale Frage des Widerspruchs von Qualität und Quantität abgehandelt wird – eingebettet in die Erkenntnisse schlauer Leute von Platon bis Hegel.

Die *Dialogphilosophie* wiederum ist notwendig, um die zentrale Methode der Datenerhebung in der qualitativen Motivforschung verstehen zu können: das offene bzw. das Tiefeninterview. In der Frage der Auswertung erhält die qualitative Motivforschung Schützenhilfe von der *Hermeneutik* (Lehre der Auslegung und Interpretation von Texten) sowie von der Möglichkeit *interdisziplinärer Zusammenarbeit* mittels *gruppendynamischer Methoden*.

Sophia: Gut, vielen Dank. Gibt es noch etwas, das wir vergessen haben?

Phileon: Ja, ich möchte noch einige Leute erwähnen, die mir diese Arbeit überhaupt erst möglich gemacht haben. Mein Dank gilt all jenen Personen, die direkt oder indirekt zur Entstehung dieser Arbeit, die in ihrer Urfassung meine Dissertation war, inzwischen aber wesentlich erweitert wurde, beigetragen haben: Hans-Dieter Klein, Franz Martin Wimmer, Gerhard Schwarz, Bernhard Pesendorfer, Traugott Lindner, Elisabeth Schwarz, Rudolf Bretschneider, Herbert Laa, Monika Hänslin und Walter Schmid.

Sophia: Die kenne ich ja gar nicht!

Phileon: Ja, natürlich, also, das sind...

Hans-Dieter Klein	... als Doktorvater
Franz Martin Wimmer	... als zweiter Betreuer
Gerhard Schwarz	... als Vater und „bester Bäcker der Straße"
Bernhard Pesendorfer	... als oftmals angezapfte Quelle der Weisheit
Traugott Lindner	... als Interviewlehrer und energischer Kritiker
Elisabeth Schwarz	... als Mutter und hilfreiche Korrekturkraft
Rudolf Bretschneider	... als wertvoller Rezensent aus der benachbarten Branche
Monika Hänslin	... als Kollegin und Kritikerin
Herbert Laa	... als Kollege und Diskussionspartner
Walter Schmid	... als Kollege und konstruktiver Kritiker

Sophia: Gut, dann sage ich vielen Dank für das Interview!

Glossar

Das Glossar beschreibt die für die Motivforschung wichtigsten Ausdrücke. Teilweise wurden die Definitionen dem Duden entnommen und durch Spezifika der Motivforschung ergänzt. Kursiv die von Lamnek übernommenen Definitionen (vgl. Lamnek, Band 2, S. 380ff.)

Analytisches Interview: In den Sozialwissenschaften am häufigsten verwendete Form; versucht vor allem soziale Sachverhalte zu erfassen; die Analyse der Äußerungen im Interview erfolgt auf der Basis theoretisch-hypothetischer Gedanken im Sinne von Hypothesenprüfung.

Auswertungsobjektivität: Sie ist dann gegeben, wenn verschiedene Forscher bei gleichen Tests und gleichen Probanden zu gleichen Auswertungsergebnissen kommen. In der Motivforschung wird sie durch Explikation sowie Forschungsdokumentation ersetzt, da eine gleiche „Versuchsanordnung", wie sie in der Naturwissenschaft möglich ist, nicht hergestellt werden kann.

Dialektik: Lehre von den Widersprüchen, von der „inneren Gegensätzlichkeit"; Philosophische Arbeitsmethode, die ihre Ausgangsposition durch gegensätzliche Behauptungen (These und Antithese) in Frage stellt und in der Synthese beider Positionen eine Erkenntnis höherer Art zu gewinnen sucht.

Dialog: Gespräch, das zwischen zwei Personen oder Gruppen geführt wird, um sich und die gegenseitigen Standpunkte kennenzulernen, abwechselnd geführte Rede und Gegenrede.

Durchführungsobjektivität: Unabhängigkeit der Untersuchungsergebnisse von bewußten oder unbewußten Verhaltensweisen des Durchführenden im Verlauf der Untersuchung. In der Motivforschung ist dies nicht zu erreichen.

Empirische Sozialforschung: Erforschung menschlichen Sozialverhaltens auf Grundlage von Erfahrungswerten (Beobachtung, Experiment – Interview, Fragebogen etc.)

Erkenntnis: Durch geistige Verarbeitung von Eindrücken und Erfahrungen gewonnene Einsicht.

Erkenntnisprozeß: Vom Forscher und auch von der Interviewperson „erlebte" Weiterentwicklung von Strukturzusammenhängen, die zu erweitertem Verständnis führt.

Erkenntnistheorie: Verschiedene (wissenschaftliche) Ansätze versuchen das Phänomen des menschlichen Erkennens zu erklären. Teil philosophischer Arbeit.

Ermittelndes Interview: Der Befragte wird als Träger abrufbarer Informationen, die den Interviewer interessieren, verstanden. In der qualitativen Motivforschung ist die Interviewperson mehr als nur Träger abrufbarer Informationen und muß auch als Individuum betrachtet und behandelt werden.

Evaluation: Bewertung; begleitende Forschung und Bewertung von wissenschaftlich-praktischen Projekten (z.B. Schulversuche).

Explikation: Weitestmögliche Offenlegung der Einzelschritte des Untersuchungsprozesses durch den Forscher sowie ständige Überprüfung derselben während des Forschungsprozesses. Bekanntgabe der Regeln, nach denen die erhobenen Aussagen interpretiert und in welcher Form sie in Daten verwandelt werden. In der Motivforschung dürfen die Ergebnisse den Aussagen der Interviewpersonen nicht widersprechen. Dies ermöglicht die Nachvollziehbarkeit der Untersuchung.

Exploration: In der empirischen Sozialforschung eine Vorstufe für standardisierte Erhebungen, die dazu dient, den Objektbereich zu erkunden, um sinnvolle Hypothesen formulieren und Erhebungsinstrumente konstruieren zu können. In der Motivforschung erfolgt diese Vorstufe oft durch ein Tiefeninterview mit dem Auftraggeber bzw. seinem Stab.

Fidelität: Beurteilung der Güte von Daten in Bezug auf das zu lösende Problem.

Forschungsdokumentation: Auflistung der methodischen Einzelschritte einer Studie als Teil des Forschungsberichtes. Genaue Darlegung der Gründe für Veränderungen während des Prozesses sowie Darstellung der Art und Weise der interdisziplinären Zusammensetzung und -arbeit des Forschungs- bzw. Auswertungsteams.

Forschungsleitfrage: Von Auftraggeber und Projektleiter gemeinsam gefundenes und diskutiertes Erkenntnisinteresse. Zentrale, alle anderen Fragen sowie die Methodik bestimmende Leitfrage.

Frage, geschlossene: Antwortmöglichkeiten sind implizit in der Frageformulierung selbst oder explizit durch die Angabe von Kategorien dem Befragten vorgegeben. In Fragebögen werden meist geschlossene Fragen verwendet, ebenso bei Telefoninterviews.

Frage, offene: Der Befragte muß seine Antwort selbst formulieren. In den verschiedensten Formen des qualitativen Interviews werden vor allem offene Fragen verwendet.

Fremdverstehen: Nach Schütze in der Phänomenologie das Verstehen des Anderen durch das Sich-Hineinversetzen, durch das Einfühlen, was durch vorgängige Gemeinsamkeiten möglich ist. Man tut so, als würde man selbst die Handlung des Anderen vollzogen haben.

Gültigkeit: Maß für die Übereinstimmung des durch ein Meßverfahren Erfaßten mit dem theoretisch gemeinten Objektbereich.

Hermeneutik: Wissenschaftliches Verfahren der Auslegung und Erklärung von Texten (in der Motivforschung: Interviews, Hypothesen, Theorien), Kunstwerken und Musikstücken. Metaphysische Methode des Verstehens menschlichen Daseins (Existenzphilosophie).

Hermeneutik, objektive: Komplettes Forschungsdesign, das sowohl Anweisungen über die Auswahl der Untersuchungseinheiten, über die Art der Erhebung und die Charakteristika der Interpretation umfaßt. Die von mehreren Interpreten sequentiell durchgeführte Feinanalyse stellt das eigentliche inhaltsanalytische Verfahren der objektiven Hermeneutik dar.

Ideologie: An eine soziale Gruppe, eine Kultur oder ähnliches gebundenes System von Weltanschauungen, Grundeinstellungen und Wertungen. Im Gegensatz zur Philosophie nicht ohne gleichzeitige Erschütterung oder Zerstörung hinterfragbar.

Informatorisches Interview: Dient der deskriptiven Erfassung von Tatsachen aus den Wissensbeständen der Befragten. (z.B. Experteninterview)

Inhaltsanalyse: Analyse von Material, das eine Form fixierter und reproduzierbarer Kommunikation darstellt, deren Inhalte vom Wissenschafter erfaßt werden können. Es werden aber auch andere Repräsentationsformen menschlichen Verhaltens oder sozialen Handelns analysiert: Akten, historische Dokumente oder Bilder, auch Gestik, Mimik und Motorik als Inhalte von Filmen. In der Motivforschung werden entweder Fragebögen oder Interviewtonbänder analysiert.

Inspektion: „Intensive, konzentrierte Prüfung des empirischen Gehalts aller beliebigen analytischen Elemente, die zum Zwecke der Analyse benutzt werden, wie auch eine entsprechende Prüfung der empirischen Beschaffenheit der Beziehungen zwischen solchen Elementen." (Blumer, 1973, S. 26)

Intensivinterview: Offenes oder unstrukturiertes Interview. Die Interaktion zw. Interviewer und Befragten ist frei von Antwortvorgaben und einer festen Abfolge der Fragen. In der qualitativen Motivforschung werden verschiedene Formen des Interviews benützt, die meistens der Methode des Intensivinterviews folgen.

Interdisziplinäre Zusammenarbeit: Wissenschafter verschiedener Disziplinen arbeiten gemeinsam an einem Problemkreis bzw. einer Forschungsaufgabe. Durch den Austausch von disziplinär methodisch bestimmten Hypothesen entsteht in den einzelnen Wissenschaftern ein mehrdimensionaler Blick auf Verfahren und Inhalte. In der qualitativen Motivforschung werden Teams in Gruppengröße eingesetzt.

Interview: Sozialwissenschaftliche Forschungsmethode zur Datenerhebung, bei der ein Interviewer (als Agent des Forschers) in direktem Kontakt mit einem zu Interviewenden (Versuchsperson) Fragen stellt, um unter kontrollierten Bedingungen Informationen zu gewinnen.

Kategorienbildung: Entwicklung eines Systems, nach dem das erhobene Material auf seine Eigenschaften hin untersucht und unter bestimmte Begriffe subsumiert wird. Zentrales methodisches Auswertungsmerkmal der qualitativen Motivforschung

Leitfaden-Interview: Unstrukturiertes Interview, bei dem sich der Interviewer eines mehr oder weniger ausgearbeiteten Leitfadens zur Gestaltung des Interviews bedient; ihm bleibt die Reihenfolge und Formulierung der Fragen im wesentlichen selbst überlassen,

Maß: Zwischen Qualität und Quantität vermittelnder, gesellschaftlich gesteuerter, kollektiv generierter und verbindlicher Bewußtseinsinhalt. In der qualitativen Motivforschung wird das Maß durch den Interviewer von der Interviewperson erfragt, in der quantitativen Motivforschung ist es vom Forscher festgelegt.

Mehrdimensionale Ursachenforschung: Spezieller Zweig der qualitativen Motivforschung, in dem durch Verwendung unterschiedlichster disziplinärer Betrachtungsweisen eine widersprüchliche Deutung von Daten erzeugt wird, die ihrerseits wiederum neue Motivstrukturen offenlegen soll.

Meinung: Durch Erfahrung entstandener und Motive beeinflußter kognitiver Bewußtseinsinhalt.

Meinungsforschung: Erforschung von Meinungen, v.a. politisch.

246

Metaebene: „Zwischen-Ebene". V.a. in Psychologie und Philosophie sowie in der Kommunikationstheorie verwendeter Ausdruck für den Vorgang der Abstraktion vom direkt Sichtbaren und der Reflexion auf die unmittelbar gegebene Kommunikationsebene. Es erfolgt quasi eine individuelle oder kollektive Beobachtung dessen, was man selbst gerade tut oder denkt. In der Motivforschung wird der Sprung auf die Meta-Ebene vor allem in interdisziplinären Gruppendiskussionen verwendet.

Methode: Systematisches Verfahren bei der Entwicklung wissenschaftlicher Probleme, Aussagen etc. sowie deren Überprüfung an der Realität.

Methodik: Befaßt sich mit methodischen Fragen: „Es besteht nun ein Unterschied zwischen methodischen und methodologischen Fragen. Methodische Fragen setzten die Gültigkeit und Brauchbarkeit einer Methode zur Erkenntnisgewinnung als gesichert an und betreffen als Frage nun die praktizierten Vorgangsweisen selbst, insofern diese der angegebenen Methode entsprechen oder nicht entsprechen. Daß methodisches Fragen, Forschen, Interpretieren, Experimentieren den Gegenstand trifft, steht hierbei außer Frage." (Wimmer, S. 10)

Methodologie: Die Methodologie als Anwendungsfall der Wissenschaftstheorie beschäftigt sich mit der Frage, unter welchen Bedingungen wissenschaftliche Erkenntnis auf einem bestimmten Erkenntnis- und Objektbereich (also eine bestimmte Disziplin) bezogen, möglich ist.

Motiv: Definition wissenschaftstheoretisch nicht eindeutig: *„Überlegung, Gefühlsregung, Umstand o.ä., durch den sich jemand bewogen fühlt, etwa –* Das Bedeutungswörterbuch; Bd. 10; Mannheim/Wien/Zürich 1985*s Bestimmtes zu tun."* (Duden) Handlungsrelevante Motive sind unsere – bewußte oder unbewußte – Antwort in der Auseinandersetzung mit den Grenzen unserer menschlichen Existenz. Zentrales Motiv, auf welches alle anderen Motive zurückzuführen sind, ist die Abwehr jener Umstände, die unsere Existenz bedrohen oder sie in ihrer Entfaltung einschränken. Diese theoretische Annahme setzt voraus, daß es für jeden Menschen so etwas wie Selbstbehauptung und Selbstentfaltung geben muß. Was dem im Wege steht, motiviert: Es veranlaßt zum Handeln.

Ein Motiv ist ein Gefühl, das ein Bedürfnis widerspiegelt. Wenn dieses Gefühl zu einem Auslöser von Handlungen wird, die das Ziel haben, ein Bedürfnis zu befriedigen, dann spricht man von einem Motiv. Ein Motiv ist real und kann sich in verschiedensten Ausformungen in den Handlungen des Menschen zeigen.

Motivdimension: Bereiche der menschlichen Psyche, die von einem Motiv beeinflußt werden. Vgl. auch Orientierungsfeld.

Motivforschung: Zweig der Markt- und Meinungsforschung, der die Komponenten des Verbraucher- und des politischen Verhaltens untersucht. Im Gegensatz zur quantitativ orientierten Marktforschung begnügt sie sich nicht mit den Äußerungen der Befragten, sondern versucht tieferliegende (bewußte und unbewußte) Motive aufzudecken.

Motivlandschaft: Beschreibung der Zusammenhangsstruktur verschiedener Motive, die für eine Handlung relevant sind. Vgl. auch Orientierungsfeld.

Motivstruktur: Die Art und Weise des Zusammenhangs verschiedener Motive.

Motivwelt: Siehe Motivlandschaft.

Narratives Interview: Form des Interviews, das darauf abzielt, den Befragten seine selbsterlebten Erfahrungen erzählen zu lassen, wobei es besonders auf die Erfassung seiner Relevanzgesichtspunkte ankommt. Der Interviewer soll dabei möglichst wenig, besonders in der Phase der Haupterzählung, eingreifen. Der Forscher hat kein vorab entwickeltes theoretisches Konzept, dieses wird nachträglich auf den Äußerungen des Befragten aufgebaut. In der qualitativen Motivforschung werden Elemente des narrativen Interviews häufig benützt.

Offenes Interview: siehe qualitatives Interview

Operationalisierung: (operationale Definition) Definition eines Begriffs durch Angabe von Operationen (oder Techniken), mit deren Hilfe entscheidbar ist, ob das mit dem entsprechenden Begriff bezeichnete Phänomen vorliegt.

Organisationsentwicklung: Strukturelle, strategische, soziale, volks- und betriebswirtschaftliche Weiterentwicklung einer Organisation.

Orientierungsfeld: Darstellungsform einer Motivlandschaft, bei der davon ausgegangen wird, daß es eine bestimmte Anzahl an Motiven gibt, die ein bestimmtes Thema (Produkt) betreffen. Durch mehr oder weniger tiefgehende Erforschung der Motive kann man eine mehr oder weniger genaue Grenze der relevanten Motive ziehen und mehr oder weniger genaue Anhäufungen finden.

Paradigma: a.) Allgemein: Beispiel.
b.) Von Kuhn (1967) eingeführter wissenschaftshistorischer Begriff für eine klassische wissenschaftliche und von den Mitgliedern einer Disziplin als vorbildlich anerkannten Leistung, durch die eine wissenschaftliche Tradition begründet wurde (Beispiel: Kopernikanisches Weltbild). Häufen sich die Probleme („Anomalien"), die sich innerhalb des P. nicht lösen lassen, so kann es zu einer „Krise" und zum Auffinden eines neuen P. kommen („wissenschaftliche Revolution").

c.) Methodologisch: beispielhafte Handlungsanweisung zur Durchführung eines bestimmten Forschungsansatzes, für den Einsatz einer bestimmten Methode, Anleitung für eine Analyse.

Phänomenologie: Lehre von den Erscheinungen. Im engeren Sinn versteht man darunter das durch keine ontologische Voraussetzungen eingeschränkte Aufweisen von Gegebenheiten. Für die Sozialwissenschaften bedeutet dies das Bemühen um eine möglichst vorurteilslose Erfassung der sozialen Wirklichkeit.

Produktanalyse: Erforschung der für ein oder mehrere Produkte relevanten Motive. Darstellung ihrer Struktur und Vernetzung sowie der genauen Art und Weise, wie die Motive in handlungsrelevanter Form in (Teilen) einer Kultur in Erscheinung treten.

Produktentwicklung: Durch neue Erkenntnisse aus der Motivforschung ermöglichte Weiterentwicklung eines Produktes mit dem Ziel, das Verhältnis Produkt-Konsument-Produzent zugunsten eines höheren Absatzes zu verdeutlichen und zu optimieren.

Prozeßreflektion: Hinterfragen der Methoden und Vorgangsweisen eines Forschungsprozesses.

Qualitative Motivforschung: Erforschung von (neuen, noch unbekannten) Motiven mittels qualitativer Methoden wie der Datenerhebung mittels Tiefeninterview und der Auswertung in interdisziplinär zusammengesetzten Teams.

Qualitative Sozialforschung: Zweig der Sozialforschung, der sich mit der Erforschung neuer, noch unbekannter Phänomene sozialen Zusammenlebens beschäftigt. *Sammelbezeichnung für Verfahren, die sich am interpretativen Paradigma orientieren.*

Qualitatives Interview: Es ist lediglich ein Rahmenthema festgelegt, es gibt keinen Fragebogen, kein festes Frageschema; der Interviewer ist in der Formulierung der einzelnen Fragen völlig frei, er stellt lediglich Zwischenfragen zur Präzisierung etc. Es dient insbesondere der Exploration von Sachverhalten und der Ermittlung von Bedeutungssystemen der Befragten. Es ist in den meisten Fällen eine Einzelbefragung. In der qualitativen Motivforschung ist das qualitative Interview die am häufigsten verwendete Form der Datenerhebung.

Qualität: das „was" von Etwas im Gegensatz zum „wieviel" von Etwas (zur Quantität).

Quantifizierung: Zählung, Erhebung des „wieviel" von Etwas.

Quantitative Motivforschung: Zweig der Motivforschung, der sich mit der Zählung und Gewichtung von bereits bekannten Motiven beschäftigt.

Quantitative Sozialforschung: Zweig der Sozialforschung, der sich mit der Zählung und Gewichtung von sozialen Phänomenen beschäftigt. *Sammelbezeichnung für Verfahren, die durch eine Orientierung am naturwissenschaftlichen Paradigma charakterisiert sind.*

Quantitatives Interview: Sozialwissenschaftliche Methode zur Datenerhebung: „planmäßiges Vorgehen mit wissenschaftlicher Zielsetzung, bei dem die Versuchsperson durch eine Reihe gezielter Fragen oder mitgeteilter Stimuli zu verbalen Informationen veranlaßt werden soll." (Scheuch 1967, S. 70) Vor allem mittels Fragebögen in der quantitativen Motivforschung eingesetzte Methode.

Quantität: Das „wieviel" von Etwas im Gegensatz zum „was" von Etwas (zur Qualität).

Reliabilität: Zuverlässigkeit

Repräsentativität: Eigenschaft von Zufallsstichproben, die die Struktur der Gesamtheit, aus der sie entnommen wurden, widerspiegeln. Schlüsse von einer Stichprobe auf die Gesamtheit erfordern eine Zufallsauswahl, bei der sich der Stichprobenfehler berechnen läßt und bei der jedes Element die gleiche Chance hat, in die Auswahl zu gelangen. In der qualitativen Motivforschung spielt Repräsentativität (repräsentativer Sample) keine Rolle, dagegen verwendet man einen theoretischen Sample.

Sample, statistisch: Stichprobenverfahren, mit dem Einheiten einer Grundgesamtheit ausgewählt werden, die möglichst genaue Rückschlüsse auf die Grundgesamtheit zulassen.

Sample, theoretisch: Bei einem theoretischen Sample wird die Frage gestellt: Welche Personen welcher Zielgruppen sind zu befragen, damit man eine möglichst große Vielfalt an relevanten Aussagen erhält? *Systematische Auswahl der Untersuchungseinheiten danach, einen Fall zu finden, der die theoretischen Konzepte des Forschers komplexer, differenzierter und profunder gestalten kann. Vorgehen: die Untersuchungseinheit wird z.B. aufgrund ihrer Eignung als extremer oder idealer Typ ausgewählt.*

Sozialanalyse: Methode der qualitativen Motivforschung, bei der mittels qualitativer Interview gesellschaftlich relevante Strukturen erforscht werden. (z.B. Motive über den EU-Beitritt Österreichs etc.)

Standardisiertes Interview: Eine mündliche Befragung, bei der Frageformulierung und die Abfolge der formulierten Fragen genau vorgeschrieben wird.

Abweichungen durch den Interviewer sind nicht gestattet, weil mit der Standardisierung gleiche Situationen für alle angestrebt werden, um eine maximale Vergleichbarkeit zu erzielen. Wird vor allem in der quantitativen Motivforschung verwendet.

Strukturanalyse: Methode der qualitativen Motivforschung, bei der mittels qualitativer Interviews oder qualitativer Fragebögen die soziale Struktur eines Unternehmens durchleuchtet wird. In Folge können etwa Konflikte, Seilschaften, Stärken und Schwächen einer Organisation dargestellt und bearbeitet werden. Teil der Organisationsentwicklung.

Strukturiertes Interview: siehe standardisiertes Interview

Substitutionskette: Denkmodell zur Rückführung von Aussagen interviewter Personen auf dahinterliegende, zugrundeliegende Motive (Geschwindigkeit steht für Mobilität steht für Freiheit steht für Leben und Tod...)

Theorie: System von Begriffen, Definitionen und Aussagen, um Erkenntnisse über einen Bereich von Sachverhalten zu ordnen, Tatbestände zu erklären und wissenschaftlich begründete Prognosen zu treffen.

Tiefeninterview: Der Forscher ist auf der Suche nach solchen Bedeutungsstrukturierungen, die dem Befragten möglicherweise nicht bewußt sind. Die Äußerungen des Befragten werden vor dem Hintergrund einer bestimmten theoretischen Vorstellung – etwa der Psychoanalyse – betrachtet.

Typisierung: 1.) In der empirischen Sozialwissenschaft häufig (vgl. Kategorienbildung).
2.) Zuordnung zu einem Typus. Von einer T. spricht man in der Regel dann, wenn einzelne Aspekte eines gefundenen Phänomens gedanklich gesteigert als wesentliche Merkmale des Phänomens herausgestellt, als überindividuell angesehen und in ihrer spezifischen Konstellation als typisch bezeichnet werden, ohne daß sie immer in reiner Form in der sozialen Wirklichkeit zu finden wären. Die zugrundeliegende Handlungsfigur wird dabei als Prototyp eines strukturellen Phänomens, des Handlungsmusters aufgefaßt.

Typologie: „Eine Menge von Objekten wird mit Hilfe von Merkmalen definiert, von denen man weder weiß, ob sie hinreichend sind, noch, ob man eine vollständige Klassifikation vornehmen kann. ... Typologien sind ein Vorgriff auf explizite Theoriebildung, sie haben zunächst heuristischen Wert, d.h. sie stimulieren Erkenntnisse und Forschungsprobleme." (Friedrichs 1973, S. 89) Die Logik der Konstruktion von T. bezeichnet man als Taxonomie.

Unstrukturiertes Interview: siehe qualitatives Interview

Validierung: vgl. Gültigkeit

Verifikation: Erfolgsmessung der Umsetzung(smöglichkeiten) eines For-schungsergebnisses.

Zentriertes Interview: Halb-standardisiertes Interview; der Interviewer hat die Anweisung bestimmte Themen und Gegenstände (in Form von Fragevor-schlägen) im Verlauf des Gesprächs zu behandeln.

Literatur

Aristoteles, Metaphysik – Schriften zur ersten Philosophie; Reclam, Stuttgart 1984, S. 113

Baacke D./Schulze T. (HG); Aus der Geschichte lernen; Zur Einübung pädagogischen Verstehens, München 1979

Blumer Herbert; Methodolgische Prinzipien empirischer Wissenschaft; in: Gerdes K. (HG) 1979

Blumer Herbert; Der methodologische Standort des symbolischen Interaktionismus. In: Arbeitsgruppe Bielefelder Soziologen (Hg.): Alltagswissen, Interaktion und gesellschaftliche Wirklichkeit; Westdeutscher Verlag, Opladen 1981

Bogumil J./Immerfall St.; Wahrnehmungsweisen empirischer Sozialforschung. Zum Selbstverständnis des sozialwissenschaftlichen Forschungsprozesses; Frankfurt am Main 1985

Bonss W.; Die Einübung des Tatsachenblicks; Zur Struktur und Veränderung empirischer Sozialforschung, Frankfurt am Main 1982

Bühler-Niederberger D.; Analytische Induktion; in: Flick, U./Kardoff, E. von/Keupp, H./Rosenstiel L. von/Wolff S. (Hg.): Handbuch qualitative Sozialforschung; München 1991, S. 446-450

Danner H.; Methoden geisteswissenschaftlicher Pädagogik; München, Basel 1979

Dichter Ernest; Handbuch der Kaufmotive; Wien/Düsseldorf 1964

Dilthey W.; (1961a) Gesammelte Schriften, Band 5; Die geistige Welt 1; Stuttgart 1961

Duden – Das Bedeutungswörterbuch Bd. 10, Mannheim/Wien/Zürich 1985

Filstead W.J.; Soziale Welten aus erster Hand; in: Gerdes K. (HG) 1979

Fleck Ludwik, Enstehung und Entwicklung einer wissenschaftlichen Tatsache, stw 312, Suhrkamp Verlag, Frankfurt am Main 1980, 3. Auflage 1994

Friedrichs J., Methoden empirischer Sozialforschung, Reinbek bei Hamburg, 1984

Froschauer Ulrike/Lueger M.; Das qualitative Interview – zur Analyse sozialer Systeme; Wien 1992

Girtler Roland; Methoden der qualitativen Sozialforschung. Anleitung zur Feldarbeit; Wien, Köln, Graz, 1984

Gadamer Hans Georg; Wahrheit und Methode, Grundzüge einer philosophischen Hermeneutik, J.C.B. Mohr (Paul Siebeck), Tübingen 1990

Giesen B./Schmid M.; Basale Soziologie: Wissenschaftstheorie; München 1976

Glaser B.G./Strauss A.L.; Discovery of Substantive Theory: A basic strategy underlying qualitative research; in: American Behavioral Scientist 8, 1965

Goethe Johann Wolfgang; Faust – Der Tragödie zweiter Teil, Reclam, Stuttgart 1971

Goldthorpe J.H.; A revolution in Sociology? in: Sociology, 1973

Habermas Jürgen; Ein Literaturbericht: Zur Logik der Sozialwissenschaften; Beiheft 5 der Philosophischen Rundschau; wiederabgedruckt in: Habermas Jürgen, 1970, S. 71-310

Hegel, Georg Wilhelm Friedrich, Wissenschaft der Logik 1, Werke 5, stw 605, Suhrkamp Verlag, Frankfurt am Main 1986

Heidegger Martin; Sein und Zeit; Tübingen 1963

Heintel Erich; Gesammelte Abhandlungen, Band 3

Heintel Peter; Motivforschung und Forschungsorganisation – ein neuer, integrativer Forschungsansatz; (Aufsatz, Veröffentlichungsort unbekannt)

Hentig, Hartmut von; Polyphem oder Argos? in: Interdisziplinarität; Praxis – Herausforderung – Ideologie; HG Jürgen Kocka, Frankfurt am Main, Suhrkamp 1987

Hübenthal Ursula; Interdisziplinäre Zusammenarbeit; Stuttgart, Steiner Verlag 1991

Kant, Immanuel; Vorrede zur Kritik der reinen Vernunft, Reclam, Stuttgart 1966

Kant, Immanuel; Beantwortung der Frage: Was ist Aufklärung? Werke Bd. 4, S. 170-176, Verlag Bruno Cassierer, Berlin 1922

Kleining G.; Umriß zu einer Methodologie qualitativer Sozialforschung; in: Kölner Zeitschrift für Soziologie und Sozialpsychologie 2/1982

Konegen N./Sondergeld K.; Wissenschaftstheorie für Sozialwissenschaftler, Opladen 1985

Lamnek Siegfried; Qualitative Sozialforschung, Beltz – Psychologie Verlags Union, 2. überarbeitete Auflage, Weinheim 1993, Band 1+2

Lindner Traugott; Schulungsunterlagen für Interviewer, 1987

Mao Tse Tung; Vier philosophische Monographien, Verlag für fremdsprachige Literatur, Peking 1971

Matthes J.; Einführung in das Studium der Soziologie, Reinbek bei Hamburg 1973; 2 Auflage 1976

Mayring P.; Einführung in die qualitative Sozialforschung; Beltz PVU, 2. Auflage, Weinheim 1993

Mayring P.; Qualitative Inhaltsanalyse – Grundlagen und Techniken; Weinheim 1988

Mergenthaler Erhard; Die Transkription von Gesprächen. Eine Zusammenstellung von Regeln mit einem Beispieltranskript; Ulm 1986

Müller U.; Reflexive Soziologie und empirische Sozialforschung; München 1979

Oevermann U. u.a.; (1979a) Die Methodologie einer „objektiven Hermeneutik" und ihre allgemeine forschungslogische Bedeutung in den Sozialwissenschaften; in: Soeffner H.-G. (HG) 1979

Pesendorfer B./Arnold U.; Acht Fragen, diskutiert von Uwe Arnold und Ber Pesendorfer; St. Gallen und Klagenfurt, Oktober 1991

Postman Neil, Das Technopol, S. Fischer Verlag GmbH, Frankfurt am Main 1992

Schütze F.; Was ist „kommunikative Sozialforschung"? in: Gärtner A./Hering S. (HG) 1978

Schwarz Gerhard; Versicherungsmotive im Massengeschäft, Studie nach der Methode der Mehrdimensionalen Ursachenforschung im Auftrag der Wiener Allianz Versicherung, Wien 1975

Soeffner H.-G. (1982a); Statt einer Einleitung: Prämissen einer sozialwissenschaftlichen Hermeneutik; in: Soeffner H.-G.; (Hg.) Tübingen 1982

Van Rossum Walter: Mobile Denkfabrik; Das neu gegründete „Collège international de philosophie" in Paris; in: Die Zeit, Nr. 43 von 19. Oktober 1984

Vetter Helmuth (HG); Die Philosophen und Freud; Wiener Reihe; Oldenburg, Wien/München 1988

Wimmer Franz Martin; Verstehen, Beschreiben, Erklären. Zur Problematik geschichtlicher Ereignisse, Verlag Karl Alber GmbH; Freiburg/München 1978

254

Index

Printed by Books on Demand, Germany